Ad Ahmed

Francesca Bellino

Il prefisso di Dio

Storie e labirinti di Once, Buenos Aires

Prefazione di Luis Bacalov
Introduzione di Ivana Costa

infinito edizioni

Prima edizione: novembre 2008
Infinito edizioni S.r.l.
Castel Gandolfo (Roma)
Posta elettronica: info@infinitoedizioni.it
Sito Internet: http://www.infinitoedizioni.it

ISBN 978-88-89602-44-7

Copertina: Enrico Pugni
Impaginazione e grafica: Infinito edizioni
Immagine di copertina: Ariel Gabriel La Rosa

Finito di stampare nel mese di ottobre 2008
da Stampa Editoriale Srl – Manocalzati (Av)
SS Variante 7/bis, zona industriale di Avellino
Tel. 0825.62.69.66

Indice

Il vero viaggio di scoperta
non consiste nel cercare nuove terre,
ma nell'avere nuovi occhi
Marcel Proust

9 **Prefazione** di Luis Bacalov
11 **Introduzione** di Ivana Costa

17 **Undici: il mistero del nome**
27 **Il ballo dell'11 dicembre**
47 **Dio riceve a Buenos Aires**
65 **Un ghetto aperto**
87 **Il terrorismo islamico arriva in America Latina**
105 **Cromañón: l'Inferno in terra**
117 **Il centro del labirinto**
131 **San Expedito: il fast-food delle grazie**
149 **La Memoria**
163 **Non solo tango**
179 **L'Undicesimo Comandamento**
189 **Glossario**
191 **Ringraziamenti**

Once, Buenos Aires
Av. Corrientes
Lavalle
Av. Corrientes
Av. Corrientes
V. Gómez
V. Gómez
Sarmiento
Sarmiento
Aguero
Anchorena
Jean Jaures
Ecuador
B. Sur Mer
Av. Pueyredon
Paso
Larrea
Azcuenaga
Pasteur
T.te Gral J.D. Perón
T.te Gral J.D. Perón
Stazione di Once
Brné Mitre
Brné Mitre
Plaza Miserere
Av. Rivadavia
Av. Rivadavia
Yrigoyen
Yrigoyen
Yrigoyen
24 de Noviembre
Gral Urquiza
La Rioja
Catamarca
Alsina
Alsina
Moreno
Moreno
Av. Jujuy
Misiones
Saavedra
Alberti
Matheu
Pichincha
Av. Belgrano
Av. Belgrano

Prefazione

di Luis Bacalov[1]

Pensavo, leggendo le prime pagine de *Il Prefisso di Dio*, di trovarmi tra le mani un racconto sugli ebrei di un quartiere di Buenos Aires senza nome chiamato el Once, uno dei tanti paradossi della città dove sono nato.

Certo la parte dedicata al variegato e multiforme mondo ebraico *porteño* del *barrio* Once è oggetto di molte pagine agili e seducenti, ma continuando a leggere ci si trova davanti a un labirinto storico-socio-politico-letterario-artistico-filosofico-e ancora altro che mi fa pensare alla forma musicale chiamata *Rondò* (A-B-A-C-A-D-A etc) cara alla prima Scuola di Vienna e alle sue propaggini posteriori, dove A si occupa di ebrei e B-C-D-etc. di altro e altri.

Che si ritorni ad A raccontando el Once è necessario e inevitabile, data l'importanza nella storia del quartiere della presenza ebraica. Direi di più: senza ebrei non c'è el Once a partire dal grande flusso migratorio cominciato a metà del secolo XIX, diventato fortissimo e inarrestabile dal 1880 in poi. Ma siccome el Once fa parte di un mondo molto più esteso, *Il Prefisso di Dio* finisce per raccontarci, oltre a una città, anche una nazione, con la sua ascesa e il suo declino, con le sue catastrofi e le sue recenti riaccese speranze.

Ma arrivato all'ultima pagina, di colpo ho avuto la sensazione che questo libro fosse come una metafora dell'*Aleph*, e che anche Buenos Aires lo fosse, anche se non certamente l'unico, «un punto dove tutti i punti convergono».

Baires non è solo *parrillada*, *churrasco* ed *empanadas*; è talmente Genova, che focaccia si dice *fugassa* e farinata *fainà*, è Italia come non lo è nessuna città italiana: non c'è praticamente nessuna cucina regionale italiana, spagnola, sefardita, askenazita, mitteleuropea (e, di recente, anche coreana, giapponese e cinese) assente nelle trattorie e nei ristoranti.

[1] Luis Enríquez Bacalov, nato a Buenos Aires, è pianista, compositore, direttore d'orchestra e arrangiatore. Per le sue composizioni ha ricevuto numerosi riconoscimenti, tra cui il Premio Oscar nel 1995 per la colonna sonora del film *Il Postino* di Micheal Redford, interpretato da Massimo Troisi.

El Once è anche Teatro, Tango, Letteratura, Chopin e Beethoven, Scienza, Università…

Un viaggio in compagnia de *Il Prefisso di Dio* apre le porte forse meglio di qualunque guida turistica non solo a el Once e a Buenos Aires, perché Francesca Bellino racconta questi luoghi e storie con la partecipazione vitale e affettuosa di una scrittrice attenta e desiderosa di spaziare oltre e oltre e oltre ancora.

Buon viaggio.

Luis Bacalov

Introduzione

Once[1]

di Ivana Costa[2]

Si calcola che, dei quasi 13 milioni di persone che passano ogni giorno da Buenos Aires, quasi nove milioni abitino nella località denominata dagli urbanisti *Agglomerato Buenos Aires*, il quale include, oltre alla Città, i *partidos* (dipartimenti) vicini alla capitale, che la circondano a nord, sud e ovest, formando un anello immaginario chiuso a est dal Rio de la Plata. Per entrare in città, lavorare, sbrigare le pratiche, curarsi, studiare nelle facoltà dell'immensa Università di Buenos Aires, oppure per passeggiare, assistere a spettacoli nei diversi circuiti teatrali del centro, visitare le gallerie d'arte o gli invitanti Musei portegni, per fare esami, presentare petizioni alle autorità, fare visita ai parenti della capitale, recarsi nei grandi centri commerciali, richiedere borse di studio, persino per proseguire il viaggio verso un'altra destinazione e per un'innumerevole quantità di altre cose necessarie, i nove milioni di persone che hanno la residenza in una delle località che circondano Buenos Aires usano il treno: il mezzo più rapido ed economico per entrare in città.

Fino ai vent'anni, quando mi trasferii per stabilirmi in un quartiere portegno, vissi a San Antonio de Padua, piccola e graziosa città organizzata intorno a una basilica francescana e al suo seminario, i quali adottarono lo stesso nome dell'altra basilica, superlativa, che in Italia ospita al suo interno gli affreschi di Giotto. La nostra San Antonio da Padua si trova a 20 chilometri dal centro, a ovest del *Gran Buenos Aires*. Nel 1970 i miei genitori scelsero la casa dove ancora vivono, nella nostra Padua, proprio perché è situata a circa 300 metri dalla stazione ferroviaria della linea *Sarmiento* che, per decenni, ci ha portati senza sosta a Buenos Aires. Un requisito fondamentale per le abitazioni degli immigrati italiani (mio padre se ne andò

[1] Traduzione di Chiara Vitalone.

[2] Ivana Costa insegna Storia della filosofia antica all'Università di Buenos Aires ed è responsabile delle pagine di *Ideas* all'interno della rivista culturale *Ñ* del *Clarín*.

dalla sua città natale, Belluno, nel 1951, i miei nonni materni sono friulani e marchigiani) era essere situate vicino alla stazione del treni, la cui ultima destinazione era la stazione *Once de Septiembre*, la porta della città per tutto l'ovest bonaerense. El Once, perché è così che tutti la conosciamo, è stata per me, come per molti milioni di persone, l'inizio del nostro viaggio e del nostro destino nella città.

L'accesso, verso e da ovest, non ha sempre avuto come punto di partenza e di arrivo la stazione di el Once. La stazione principale della ferrovia *Sarmiento*, la prima costruita in città, pensata per collegarla a una parte economicamente rilevante della periferia ma anche per incoraggiare il traffico, nei fine settimana, delle famiglie più abbienti verso le ville e le case di campagna, fu, dall'ultima decade del secolo XIX, la *plaza* del Parque, attuale *plaza* Lavalle, situata in pieno centro, tra i Tribunali federali e il centenario Teatro Colón. Il trasferimento della ferrovia *Sarmiento* alla stazione *Once* coincise con il ritardo dei primi piani per la costruzione del gran teatro lirico. Le prime immagini della stazione fanno un po' sorridere, come qualsiasi foto storica di una città che vede, in pochi anni, moltiplicare per dieci il numero dei suoi abitanti: i carri con i cavalli, il mercato (ancora in piedi) con le bancarelle per la vendita delle mercanzie, tre o quattro alberi nella vicina *plaza*, l'attuale *plaza* Miserere...

Per essere stata la prima stazione principale delle quattro grandi linee ferroviarie urbane e suburbane, *el Once* è stata anche la meno favorita architettonicamente. Le stazioni di *Retiro* – che collega la capitale con i *partidos* del nord e del nord-ovest bonaerense – e di *Constitución* – che unisce i *partidos* del sud, e che ha un treno che arriva fino al Mar del Plata, lo stabilimento balneare più famoso della costa atlantica, a 512 chilometri dalla città – furono costruiti dopo, in un periodo realmente prospero per la capitale rioplatense, da ingegneri inglesi che conferirono alle stazioni principali un'impronta caratteristica, riconoscibile e di una bellezza, ormai, alquanto decaduta ma un po' nostalgica, che permette di riconoscere una visibile parentela strutturale tra le ferrovie portegne e quelle di diverse città europee. *El Once*, che al tempo della costruzione di *Retiro* e *Constitución* era già stata completata, aspettò fino alla ristrutturazione degli Anni '50 per avere una nuova facciata, molto meno aggraziata di quella delle stazioni principali sorelle e, a medio termine, molto meno durevole. *El Once* si imbruttì molto più velocemente, rispetto al processo di disfacimento che investì anche le altre due. Una volta, visitando Medellín, città molto carina, vidi che la stazione centrale della linea ferroviaria, già scomparsa, che univa quasi tutte le città principali della Colombia, e che oggi è stata riciclata come centro culturale, conserva ancora una parte della banchina, con la copertura e i lampioni. Sono identici a quelli che, a fatica, sopravvivono a el Once. Non è superfluo ricordare che anche in Argentina c'erano ferrovie che univano Buenos Aires – da queste stesse stazioni principali – al resto del Paese, ma furono "privatizzate", vale a dire smantellate, negli Anni '90, e rimangono in piedi solo le linee che arrivano ai *partidos* del conurbano. Un documentario del regista e senatore Fernando Solanas, *La última estación*, può dare al lettore l'idea dell'incomunicabilità, della povertà e dell'abbandono prodotti dallo smantellamento.

Gli specialisti potranno parlare molto meglio di me della situazione di el Once. Sociologi come Francis Korn ricordano ancora quelle giornate di persecuzione degli ebrei nei primi Anni '30, e hanno scritto belle pagine al riguardo. Le enciclopedie storiche della città, come *Buenos Aires Ciudad Oculta*, o volumi di racconti, come quelli scritti da Alvaro Abós sulla Buenos Aires letteraria, ricostruiscono bene gli aneddoti, i periodi e le statistiche che definiscono el Once. Francesca Bellino ha trovato negli aneddoti, tra i dati dispersi che ha raccolto premurosamente, il racconto di un'epopea immigratoria. O forse di tante epopee contemporanee: della collettività ebraica, di quella coreana, della gente di provincia che migra verso la città, o quella dei boliviani e dei peruviani, che popolano l'Abasto con i loro balli e i piatti tipici.

Il mio approccio, invece, che vuole incoraggiare il lettore a immergersi nelle pagine seguenti, non può che essere in prima persona, perché el Once che ho dentro è quello vissuto nel corso degli anni. Il ricordo più vecchio che conservo della stazione *el Once*, sempre sovraffollata o – a volte – minacciosamente solitaria (quando non c'è folla nella stazione, è perché è l'alba e diventa pericolosa, o perché i treni non passano e viaggiare si trasforma in un calvario), risale all'infanzia. Allora – erano i primi Anni '70, anni di violenza politica, prima del colpo di stato del 1976 – le maestre raccomandavano ai più piccoli di non raccogliere le penne dal pavimento della stazione: potevano essere bombe, dicevano. E così, oltre ad aspettare con ansia il treno e calcolare, durante l'interminabile attesa, ogni genere di avventata manovra strategica per riuscire a trovare un posto e non viaggiare in piedi, schiacciata come una sardina, l'attesa a el Once aveva anche un elemento da film dell'orrore. Con il tempo, el Once si è riempita di molti altri significati, che in generale la mia memoria riassume nei diversi itinerari degli autobus che, partendo dalla stazione, promettevano il paradiso e l'inferno urbano.

Per me, el Once è il tragitto, nervoso ed eccitante, dell'autobus 115, per arrivare all'*Instituto Cambridge* nella *calle* Tucumán e dare l'esame di inglese (esattamente di fronte, nella stessa *calle*, anni dopo, seguii le prime lezioni di italiano, presso l'Associazione Dante Alighieri). El Once è la metà del mio viaggio senza speranza, attaccata alla mano di mia madre, prima in treno, poi in metropolitana, per ogni visita periodica agli ortodontisti dell'Ospedale odontologico nella *avenida* Rivadavia, lungo quattro anni della mia vita (ricordo una volta lo sconcerto nell'accorgermi, quando erano già passati 20 dei 40 minuti di viaggio da Padua a el Once, che mi ero dimenticata l'apparecchio sul lavandino di casa...).

El Once è l'entusiasmo delle prime uscite da sola con gli amici, la prima in assoluto per andare alla mostra di scultura della mia amica e compagna di banco Ingrid Jeppesen, in una galleria nella *calle* Libertad. Le altre per andare a teatro con gli amici di scuola: la prima volta per un *musical*, *El diluvio que viene*, a cui assistetti accodandomi a mia sorella maggiore e ai suoi compagni; la seconda, vissuta con i miei compagni di corso, fu un'opera di Dario Fo, *Morte accidentale di un anarchico*, rappresentata in un teatro del circuito *off*, che mi incantò.

El Once è stato testimone dell'estasi dopo la prima lezione di Storia della filosofia antica all'Università di Buenos Aires (il tema era il concetto di anima in Omero), e dell'ulteriore felicità di scoprire che anche il professore titolare della materia, il caro Conrado Eggers Lan, scomparso prematuramente, correva dall'antica sede della facoltà, nella *calle* Marcelo T. de Alvear, per prendere, come me, il treno che partiva da el Once alle 23,15 (Eggers Lan, autore della traduzione in castigliano di *La Repubblica e altri dialoghi*, come *Il Fedone*, *Il Critone* e *L'apologia di Socrate*, con cui ho avuto la fortuna di lavorare dal 1991 fino alla sua morte, scendeva proprio una stazione prima di me, a Ituzaingó). Forse fu a el Once che mi propose di unirmi ai gruppi di studio della classe: la lettura del *Timeo* platonico e delle testimonianze e frammenti dei pitagorici.

El Once è correre, con il corpo pieno di adrenalina e un articolo nello zaino, fino alla scuola di giornalismo nella *calla* Lavalle, a pochi isolati dall'Amia. El Once è scappare, tra una lezione e l'altra, alla *Cinemateca Hebraica* nella *calle* Sarmiento, per vedere un film di Bertolucci, o uno di Fassbinder nel *Centro Rojas* a Corrientes, o uno di Tarkowsky nella *Sala Leopoldo Lugones* del Teatro San Martín, i tre cinema di culto più straordinari che la città ha avuto, o che in ogni caso ha ancora. El Once era il luogo di accesso all'universo vivo, e la via più rapida verso il rifugio alla fine di un giorno intenso. El Once diventò, soprattutto, la disperazione di arrivare di notte, stanca e lontana da casa, in uno spazio inospitale, in cui in treni non funzionano (e chissà quando funzioneranno). El Once divenne la constatazione, ogni volta più triste, della miseria che cominciò a devastare il Paese negli Anni '80, e che ancora oggi è lontana dall'essere sradicata: i ragazzi che dormono sulle piastrelle fredde, le donne buttate sulla strada, circondate da bambini vagabondi. El Once sono le targhe commemorative dei morti, per l'attentato atroce e irrisolto dell'Amia; il "santuario" dei ragazzi morti nella discoteca *Cromañon*, tragedia terribile che, sotto il manto oscuro della morte inutile, divide i portegni. El Once sono gli hotel dove vivono, un po' ammucchiati, spesso maltrattati, e a volte schiavizzati, i boliviani e argentini di provincia che approdano qui alla ricerca di un futuro migliore. Ma el Once è anche un quartiere affascinante, pieno di energia vitale, di creatività e di arte dell'arrangiarsi. Un quartiere che non si arrende. Il libro tratta di queste battaglie, passate presenti e future.

Ivana Costa

Capitolo primo
Undici: il mistero del nome

Io sono l'Eterno tuo Dio,
che ti trasse dalla terra d'Egitto,
dal luogo ove eri schiavo
(Primo Comandamento secondo la tradizione ebraica,
tratto dal testo dell'Esodo)

Un imprevisto è l'unica speranza per il successo di un viaggio. Non sono mai stata una viaggiatrice organizzata, di quelle che fanno programmi e prima di partire hanno già fissato dieci appuntamenti e controllato minuziosamente orari, coincidenze, percorsi, soste, pernottamenti. Per me l'essenza dell'esplorazione di un Paese straniero risiede nell'accadimento improvviso. Non ho mai cercato niente dai luoghi, ma li ho sempre attraversati sperando che avessero riservato un dono per me.

L'imprevisto del mio viaggio a Buenos Aires narrato in questo libro si chiama Undici e il regalo offertomi dalla città è stato l'invito a giocare contemporaneamente a nascondino e a caccia al tesoro in un contesto in cui la cosa da cui nascondersi e quella da cercare coincidevano. Questa cosa porta il nome di el Once. Non lo avevo mai letto su mappe, guide turistiche o annunci di giornale. L'avevo solo sentito ripetere spesso da molti argentini incontrati in Italia. Tutti lo nominavano con grande enfasi, facendo riferimento a diverse storie, tragici fatti di cronaca e fantasiose leggende metropolitane, ma la mia memoria aveva salvato solo il nome: el Once, el Once, el Once! Ma che cos'è, el Once?

Once è un numero – Undici – e a Buenos Aires si riferisce a un quartiere che ufficialmente non compare sulla cartina geografica. L'invito al gioco da parte della città mi arriva appena metto piede in Argentina, un 11/11 alle 11 del mattino. Il primo caffè con una bottiglietta di acqua minerale acquistati all'aeroporto, dopo essermi imbarcata dalla porta 11 ed essermi seduta sulla poltrona 11A, mi costa esattamente 11 *pesos*. Ancora frastornata dal lungo volo, non faccio caso a questi richiami, ma quando il tassista che mi accompagna in centro, dopo aver ascoltato una notizia alla radio, mi parla del *barrio* Once, tutte le coincidenze cominciano ad allinearsi e a offrirmi alcuni indizi del percorso che mi avrebbe condotto, di lì a poco, tra le *cuadras* di questo quartiere invisibile che porta il nome di un numero.

A Buenos Aires è facile spostarsi e arrivare ovunque. Le sue strade larghe e lunghe sono percorse da decine di taxi gialli che sfrecciano veloci e si fermano al semplice richiamo della mano, come a New York. Faccio un cenno e, poche ore dopo il mio arrivo, dimenticando i temi delle inchieste commissionatemi dal direttore del giornale per cui lavoro, sono già tra le strade di el Once pronta a giocare a nascondino e a caccia al tesoro.

«El Once si trova a ovest, vicino al centro della città, identificato con l'obelisco che domina *avenida* 9 de Julio e confina con le aree dell'Abasto e di Balvanera. Ma attenzione, spero che non rimarrai delusa! – dice il tassista – El Once non è un vero *barrio*, *no tiene onda*, è una zona anonima tanto che gli argentini lo ignorano». Chiedo al tassista di scendere sulla *calle* Bartolomé Mitre perché mi colpisce il caos. Mi trovo, infatti, subito immersa in una grande *mezcla*, come direbbe un argentino, un miscuglio disordinato ricco di elementi contrastanti, chiese cattoliche e sinagoghe, tango e melodie yiddish, *ceviche* di tonno peruviano ed *empanadas* di carne argentina, negozi di tela e *kioskos*. Immediatamente avverto nel quartiere l'esistenza di regole precise ma non dichiarate e di confini ben delineati che io non potevo ancora vedere. Il quadro coloratissimo e imperfetto che si disegna davanti ai miei occhi mi suscita spaesamento e inquietudine e allo stesso tempo pace e armonia. È l'ignoto e la casa. Attrae e respinge. Mi sento come in un Castello con molte stanze da cui è possibile spiare l'Infinito. Davanti a ogni porta immagino una chiave, ma non quella giusta per entrare. Le chiavi delle stanze sono state scambiate e confuse, come quelle descritte da un dotto ebreo al teologo cristiano Origene quando gli parla di Sacre Scritture: «Trovare le chiavi giuste che aprono le porte è compito grande e difficile insieme»[1].

Pur non essendo contemplato su mappe e guide turistiche, dunque, el Once non mi sembra affatto un quartiere fantasma. Al contrario, mi appare subito un'area seducente, intrigante, vivace, dinamica, pregna di storia e, inoltre, conosciuta da tutti. Aveva ragione Julio Algagaras, un collega del quotidiano *Clarin*, che ha spesso definito el Once «*un barrio alluvional*», un quartiere alluvionale capace di travolgerti in un Altrove dai contorni indefiniti. I suoi profumi, colori e rumori mi travolgono immediatamente.

La prima regola del buon viaggiatore dice che per scoprire un luogo bisogna essere disposti a perdersi. Inizio così a girovagare senza meta tra le *cuadras* del *barrio* pensando alle chiavi da abbinare alle porte. Entro in un negozio di orologi su Bartolomé Mitre. Il proprietario mi chiede: «Sei una

[1] Origene, *Selecta in Psalmos* (sul Sakmo I), in Migne, Patrologia Greca, XII 1080.

turista o una viaggiatrice?». Non rispondo e continuo a guardare, curiosa e imbarazzata, la vetrina. Non sono abituata a ricevere domande: di solito sono io a farle. Lui non si arrende e continua a rivolgermi la parola: «Perché vuoi comprare un orologio?». Ancora silenzio da parte mia. «C'è chi pensa che il tempo amplifica l'orizzonte delle emozioni, che dà loro forza. Benvenuta a el Once, l'unico posto di Buenos Aires dove il tempo non esiste». «"La vita umana e l'Universo che la racchiude – diceva il grande scrittore argentino Jorge Luis Borges – rappresentati metaforicamente da un labirinto cinto a sua volta da un altro labirinto più grande, che è il tempo, sono privi di un inizio e di una fine". Questo è el Once: il *barrio* senza confini e senza tempo. Benvenuta *señorita*!». Ringrazio l'orologiaio e vado via senza comprare nulla pensando che se, come diceva Borges, «ogni incontro casuale è un appuntamento», quell'uomo mi ha dato una chiave per entrare in una delle stanze del Castello misterioso.

Geograficamente el Once si trova nel punto dove si incrociano due importanti strade di Buenos Aires, Jujuy e Rivadavia. È uno dei maggiori centri commerciali della città frequentato sia dai *porteños* sia da persone provenienti dalla periferia. Allora perché questo quartiere non compare su nessun documento ufficiale? Perché viene chiamato così? Per soddisfare queste curiosità entro in una piccola libreria di volumi usati al civico 86 della *calle* Azcuenaga, gestita da 30 anni da Jorge Portela, un uomo sulla settantina, un sognatore dall'aria stropicciata che mi accoglie con gentilezza e mi aiuta a perdermi tra le pagine di libri ingialliti e polverosi ammucchiati sugli scaffali.

El Once è l'abbreviazione di *Once de septiembre*. Questo nome fu ufficializzato da un decreto siglato dal governatore Pastor Obligado nel 1853 per denominare sia la stazione del quartiere, una delle più grandi della città insieme a *Retiro* e *Constitución*, sia il mercato che sorgeva nella stessa piazza, *plaza* Miserere. La data 11 settembre si riferisce al giorno in cui, nel 1852, il comandante Valentín Alsina guidò la rivoluzione contro il tiranno Justo José de Urquiza per ottenere la secessione di Buenos Aires. Solo successivamente il nome *Once de septiembre* fu preso in prestito dagli abitanti della città ed entrò nel gergo comune per denominare l'intera area che sulle mappe viene indicata come Balvanera, in onore della Madonna venerata in Spagna nella regione della Rioja.

Pochi cittadini conoscono l'origine del nome. La maggior parte di loro forse non se lo è neanche mai chiesto, altri lo associano al *Dia del maestro*, il giorno dell'insegnante, che si festeggia nella stessa data. Questa celebrazione fu ufficializzata dalla Conferenza interamericana sull'istruzione tenutasi a Panama nel 1943, nella quale si decise di dedicare una festa al docente Domingo Faustino Sarmiento, presidente dell'Argentina dal 1868 al 1874, scomparso l'11 settembre 1888. Con il passar del tempo il nome del quartiere fu semplificato, diventando per tutti el Once. Una fortunata coincidenza, vista la connotazione apocalittica assunta dalla data *Once de septiembre*, così ricorrente nella storia contemporanea. Che cosa cela questa denominazione, che m'intriga e spinge a cercare le tracce di un mistero occultato, un enigma arguto, un sapere proibito?

Se è vero che la storia delle persone e dei luoghi è custodita nel nome, come mi aveva detto una donna indiana incontrata a Cochin, nel Kerala, allora era proprio nell'appellativo el Once che andavano scovate le chiavi giuste per accedere alle porte del quartiere. Veronica, una giovane architetta di Buenos Aires che per *hobby* studia la Qabbaláh ebraica per metterla in relazione ad altri suoi campi di interesse, l'astrologia, l'alchimia, i tarocchi e la geometria, mi descrive el Once come un «*barrio magico*» che da anni attira l'attenzione sia di studiosi di Qabbaláh ebraica e cristiana sia di esperti di numerologia e appassionati di geometrie segrete. «A el Once si tengono corsi settimanali con grandi maestri che insegnano a cercare significati, simbologie e parallelismi in combinazioni numeriche e lettere» ribadisce Veronica, che incontro per un caffè in un bar della *calle* Azcuenaga. Mi mostra alcuni libri che sta leggendo in quei giorni e, con il suo modo di parlare appassionato e preciso, sottolinea che «l'esistenza dei numeri precede quella degli esseri umani. Andare a caccia dei loro segreti legami è come sbirciare nell'agenda di Dio. Nei numeri è racchiusa la musica che suona, in silenzio, il Creatore dell'Universo». Con voce ritmata e decisa poi aggiunge: «L'11, che in ebraico si dice *ahat e'sre*, è una cifra ripetuta. Secondo la numerologia è il primo Numero Maestro, capace di dominare sull'intelligenza dell'uomo e di governarla. È simbolo di forza spirituale e appartiene alle grandi menti e alle grandi personalità, negli aspetti sia positivi sia negativi. È il Grande Bene e il Grande Male e rappresenta la conoscenza e l'intuizione, ma anche l'imposizione e l'obbligo ed è simboleggiato dalla stella a undici punte. Anche la somma della data 11 settembre, il nome esteso del *barrio* Once, porta sempre a undici: 9+1+1 fa 11. Questo numero, inoltre, per la tradizione cabalistica è associano al mito di Lilith, la figura demoniaca femminile che fu compagna di Adamo prima di Eva, creata dalla terra e non dalla sua costola».

Per gli ebrei pronunciare il nome di Dio è tabù. Lilith è considerata una diavolessa, infatti, non solo perché, secondo molte credenze popolari ebraiche, è stata una seduttrice che abusava sessualmente degli uomini in sonno, ma anche perché si narra che un giorno in cui era infuriata urlò il nome di Dio e poi prese il volo abbandonando il giardino del Paradiso prima della cacciata dell'uomo, rifugiandosi sulle coste del Mar Rosso. Il mito di Lilith mi ricorda l'incontro con una poetessa libanese di religione cristiana, Joumana Haddad, autrice di un libro in arabo dal titolo *Il ritorno di Lilith*, che mi aveva già offerto la possibilità di aprire una porta sull'aspetto più demoniaco del numero 11 associato appunto al mito di Lilith.

Lascio sedimentare le numerose suggestioni del primo impatto con il quartiere e continuo a esplorarlo rincorsa dall'11. Qualche giorno dopo il mio arrivo Veronica mi presenta Jacob, un anziano ebreo di el Once, una figura curva e zoppicante, dal viso affilato e le guance rosse. Pur mettendomi in guardia rispetto ai millantatori e agli ignoranti che si sono appropriati di storie e tradizioni della cultura ebraica, con tono di voce benigno e protettivo mi spiega molte cose. «Lilith è temuta come un diavolo notturno che assume le sembianze di donna per indurre adulterio, stregoneria e lussuria – dice Jacob – Nel Talmud, uno dei testi sacri dell'ebraismo, infatti, si dice: "Non si può dormire soli in casa, e chiunque dorma in una casa da solo è preso da Lilith", per spiegare la possibilità che questa donna con ali e capelli lunghi seduca gli uomini che dormono. Per la Qabbaláh Adamo ha conosciuto Eva dopo aver incontrato Lilith e ha rifiutato di vedere Eva, dopo il peccato originale, per ben 130 anni. Durante questo periodo ha disperso il proprio seme a terra facendo così nascere tanti demoni».

Ascolto Jacob incuriosita ma, alla parola Qabbaláh, lo interrompo per chiedergli di parlarmene approfonditamente. «Sempre più persone oggi si riempiono la bocca con questa parola trasformandola in una moda – sottolinea subito – Attenta, la Qabbaláh non c'entra niente con la numerologia. Esiste un'enorme differenza tra quella ebraica e quella cristiana, a partire dal fatto che sono scritte in due lingue diverse. Per noi la Qabbaláh è una sapienza seria che si esprime con il linguaggio del *midrash*, metodo di interpretazione della Scrittura, e non ha niente a che fare con gli atti magici che molti pensano di imparare ai vari corsi diffusisi nel mondo. La Qabbaláh è la nostra mistica e si occupa di re-interpretare la Bibbia ebraica e in particolare il Pentateuco, ossia la Torah scritta, i Salmi, il Cantico dei Cantici, il libro di Ruth e i Proverbi di Salomone. Letteralmente significa "tradizione", ossia tradizione delle cose divine. Chi la studia non comunica la sua esperienza agli altri ma vive appartato occupandosi di ricercare il divino all'interno della tradizione. I suoi studiosi sono, allo stesso tempo, conoscitori e trasformatori del testo sacro: sotto i loro occhi questo acquista nuove dimensioni perché contiene infiniti strati di senso. Le dottrine cabalistiche si riferiscono alla sfera delle emanazioni divine, o *sephiròth*,[2] nella quali si dispiega la forza creatrice di Dio. Per i cabalisti l'universo misterioso delle divinità è un mondo di linguaggio fatto di lettere e nomi che esprimono una ricchezza di senso. Quindi la Torah, considerata un organismo vivente, contiene cinque strati di senso: letterale, haggiadico, filosofico-allegorico, del mistero teosofico e della geometria, ossia l'interpretazione basata sul valore numerico delle 22 lettere dell'alfabeto ebraico. La stessa Torah è paragonata a una noce con un guscio esterno e un nucleo interno. Voglio salutarti con alcune parole del rabbino Adin Steinsaltz: "La Torah è la parola di Dio all'uomo, ma per noi esiste anche il Talmud, la cosiddetta legge orale, che è la risposta dell'uomo al divino". Insomma, l'uomo è alla pari con il Creatore perché può discutere con lui».

La conversazione con Jacob mi fa perdere ogni speranza di riuscire a entrare in un'Accademia rabbinica, la *Ieshivá*, per intervistare un cabalista, ma le sue spiegazioni mi regalano un'immagine utile per il mio viaggio. El Once d'ora in poi appare davanti ai miei occhi come una noce. Il quartiere, infatti, è impregnato di dualità, a partire dal nome, uno ufficiale che nessuno usa e uno ufficioso utilizzato da tutti. Molti luoghi hanno più di un nome e alcuni nomi non possono essere pronunciati se non in circostanze particolari. Per questo alcuni insediamenti in passato nascevano con un nome che rimaneva segreto e un secondo che serviva per proteggere quello ufficiale. Nell'antica tradizione egizia questo valeva anche per le persone. Ognuno riceveva due nomi: uno tenuto nascosto e l'altro reso pubblico. Questo significa che il vero nome è quello mantenuto segreto. Si dice, inoltre, che se si viene a conoscenza del vero nome di una divinità, la si ha in pugno. Il *barrio* Once mi propone anche questo rompicapo.

Insieme a una cartina di Buenos Aires che non uso, in borsa porto con me una copia dell'*L'Aleph*[3] di Borges. Quando Jocob lo vede il suo viso si illumina e mi spiega che «l'*aleph* è la prima lettera dell'alfabeto ebraico nel quale ogni lettera corrisponde a un valore numerico. I maestri della mistica ebraica dicono che Dio creò il mondo basandosi sull'alfabeto ebraico.

[2] *Sephiròth* significa calcolo, numerazione. Le *sephiròth* sono manifestazioni allusive dell'energia divina, per i mistici sono i dieci attributi di Dio, i gradi per mezzo dei quali Dio agisce nel Creato.

[3] La lettera *aleph* corrisponde al numero 1 e simboleggia Dio, Uno, Unico e Eterno, ed è legata anche ad Adam, il primo Uomo, la più nobile creazione di Dio sia nella religione ebraica sia in quella cristiana.

Questi considerano ogni lettera sia nella sua unità significante, sia nelle sue molteplici prospettive e combinazioni. Per i cabalisti nell'*aleph* c'è la radice spirituale di tutte le altre lettere e questa racchiude nella sua essenza l'intero alfabeto, quindi tutti gli elementi del discorso umano»[4]. Deduco che questa lettera simboleggia la visione estatica del Divino e dell'Universo perché, come spiega Jacob, è stata la prima lettera usata da Dio sul Monte Sinai quando pronunciò il primo dei Dieci Comandamenti consegnati a Mosè. Sarà per questo che Borges, molto attratto dalla matematica e dai significati nascosti, ma anche dalla Qabbaláh e dall'ebraismo al punto di aver affermato di «essersi pensato frequentemente come un ebreo», fece dell'*aleph* il simbolo di uno dei suoi personali segreti da inseguire. «Per la Cabala – sottolineò lo scrittore – quella lettera rappresenta l'*En Soph*, l'illimitata e pura divinità: fu anche detto che essa ha la figura di un uomo che indica il cielo e la terra, per significare che il mondo inferiore è specchio e mappa di quello superiore».[5]

El Once è il quartiere di Buenos Aires maggiormente popolato da ebrei. Vi abita circa l'80% della comunità ebraica d'Argentina, la più grande dell'America Latina e terza nel mondo dopo Stati Uniti e Francia. L'atmosfera che si respira nelle sue strade però non è quella del ghetto chiuso e soffocante, separato dal resto della metropoli, ma di uno spazio aperto, armonioso e luminoso, un *gueto abierto*, simile a «uno di quei punti dello spazio che contiene tutti i punti», a un «luogo dove si trovano, senza confondersi, tutti i luoghi della terra, visti da tutti gli angoli»,[6] come quello descritto da Borges nell'*Aleph* nel 1949.

El Once può essere uno di quei luoghi dove «ogni cosa è infinite cose». Nonostante il suo perimetro sia strutturato come un reticolato, con viali e strade che formano angoli retti a ogni incrocio, come in tutta Buenos Aires, qui è possibile perdere l'orientamento come in un labirinto di infiniti sentieri. Basta percorrere una delle strade che da *plaza* Miserere portano nel cuore commerciale dell'area per smarrirsi e faticare a ritrovare la direzione desiderata. Ordine e disordine si rincorrono, giocano a nascondino e restituiscono la sensazione di essere scrutati da infiniti occhi. «Se lo spazio è infinito – diceva il venditore di Bibbie che bussò alla porta di Borges nel

[4] Gershom Scholem, *La Kabbalah e il suo simbolismo*, Piccola Biblioteca Einaudi, Scienze Religiose, Torino, 1980 e 2001.
[5] Jorge Luis Borges, *L'Aleph*, Adelphi, Milano, 1998.
[6] Ibidem.

racconto *Il Libro di sabbia*[7] – siamo in qualunque punto dello spazio. Se il tempo è infinito, siamo in qualunque punto del tempo».

Percepisco el Once come una di quelle aree poetiche sospese tra norma e assurdo, tragedia e magia, concretezza e superstizione, affari e preghiera. È come un'isola di Memoria e Avvenire. Tra una *cuadras* e l'altra, infatti, avverto proprio il senso borgesiano del tempo, un tempo che si biforca perpetuamente verso innumerevoli passati e futuri. Antico e moderno convivono in un perfetto equilibrio, così come coabitano nello stesso ambiente la comunità ebraica con quelle araba, coreana, peruviana, boliviana. Le loro tradizioni, le lingue e i riti religiosi coesistono gli uni a fianco degli altri, mantenendo intatte identità, storia e dimensioni spirituali.

Per comprendere il *barrio* Once, dunque, dovevo seguire almeno due strade, quella verso il Passato e quella verso il Futuro, e lasciarmi guidare dalle tracce luminose perché, «se tutti i luoghi della terra si trovano nell'*Aleph*, vi si troveranno anche tutti i lumi, tutte le lampade, tutte le sorgenti di luce»[8].

Un'altra importante chiave per aprire le porte di el Once mi arriva da un volume comprato in una libreria dell'*avenida* Corrientes. Il titolo è appunto *El Once*[9], scritto dall'autore ebreo Marcelo Birmajer. «A Once ci sarà dato l'Undicesimo Comandamento – leggo – Non una nuova proibizione, ma il modo per usare gli altri dieci, così finalmente potremo metterli in pratica. [....] Entusiasmato da questa possibilità non sono mai andato via dal mio quartiere. Ho sperato, e spero ancora, che questo Undicesimo Comandamento sarà dato a un terreno incolto che non esiste più e che il mendicante cieco di un occhio, che mi metteva paura quando ero un bambino, lo leggerà a tutti noi con il suo occhio mancante».

In quale angolo di el Once è nascosto l'Undicesimo Comandamento? Qual è la chiave per accedere a questa sapienza? Le strade a volte disegnano delle lettere sul terreno e, se si riesce a leggerle insieme, si scopre un segreto. Devo forse cercare quelle lettere guardando in giù, o devo alzare lo sguardo in su, o può bastare guardare i volti della gente che abita il quartiere?

Ecco un altro incontro casuale. O un appuntamento? Su un marciapiede della *calle* Junín osservo un mendicante, uno dei tanti che abitavano i bordi delle strade di el Once. Il mio sguardo si posa su di lui perché è meno malandato di altri barboni incontrati a Buenos Aires e nel suo viso in quel

[7] Jorge Luis Borges, *Il Libro di sabbia*, Adephi, Milano, 2004.
[8] Jorge Luis Borges, *L'Aleph*, op. cit.
[9] Marcelo Birmajer, *El Once. Un recorrido personal*, Aguilar, Buenos Aires, 2006.

momento mi sembra di vedere il mendicante cieco di un occhio dell'infanzia di Birmajer. L'uomo mi sorride, ma io non mi fermo. Continuo a vagabondare ansiosa fino a sera. Quando cala la notte il quartiere si spopola. El Once ha due facce, quella diurna e quella notturna. A differenza delle altre zone della città che pullulano di gente in strada e nei locali fino all'alba, qui tutti si rifugiano nelle case. I negozi di *chinos*, *coreanos* e *judíos* chiudono. Restano aperti solo alcuni ristoranti di cucina peruviana o *kosher*. Le strade diventano scure e silenziose, losche e misteriose. Ogni tanto si vede passare un *cartonero*[10] che fruga nella spazzatura o qualche ragazzo che si dirige verso l'*Associazione Hebraica* per un spettacolo o un film in programmazione. I poliziotti sorvegliano attenti gli edifici delle istituzioni ebraiche e qualche automobile suona il clacson sfrecciando sulla carreggiata.

Torno sulla *calle* Junín per incontrare di nuovo il mendicante che mi ha sorriso, ma non c'è più. Nello stesso punto, però, intanto ha aperto un locale notturno che lavora a partire dalle 22,00. La sua enorme insegna illumina gran parte della strada. Mi attrae ed entro. Faccio subito un giro del locale per cercare la *toilette*. È nel seminterrato. Frettolosamente scendo le scale e mi trovo di fronte una donna sulla cinquantina in grembiule blu, gonna bianca e capelli raccolti. Si occupa della pulizia dei bagni, ma in quel momento sta facendo una pausa e maneggia delicatamente un mazzo di Tarocchi di Marsiglia. Non ha le sembianze di una fattucchiera, né indossa gli abiti appariscenti e pacchiani tipici delle maghe di professione, eppure è chiaro che trascorre le sue notti in quel buio sottoscala facendo da tramite tra le carte e i tormenti dei frequentatori del locale. Il bagno è il luogo più intimo e privato che esista, ideale per affrontare segreti e vergogne. Forse per questo motivo la maga metropolitana ha scelto quel posto scuro per traghettare le persone nella profondità del loro inconscio. Sapevo che i Tarocchi non prevedono il futuro, ma svelano il presente o un passato incompreso e rimosso. Per verificarlo le chiedo se può leggermi una carta.

La maga lascia ricadere i capelli sulle spalle e, con fare deciso, mi porge il mazzo. Scelgo una carta e velocemente la giro. Raffigura un personaggio femminile che sembra domare una bestia aprendole delicatamente le fauci.

[10] Il fenomeno dei *cartoneros* è una conseguenza della crisi economica del 2001. Sono gruppi di persone che cercano di sopravvivere raccogliendo nella spazzatura cartone e carta da rivendere alle cartiere.

«È la carta della Forza. La numero XI – dice – quella che apre la strada delle energie inconsce. Simboleggia appunto la forza, ma non quella bruta dei muscoli, quanto quella spirituale e psicologica. Rappresenta un nuovo inizio, un ricominciare. Essendo la prima carta del secondo ciclo decimale, racchiude in sé tutto il potenziale dell'ultima, l'arcano XX, il Giudizio, che rappresenta la nascita di una nuova coscienza e si corrisponde, così come alla numero I, anche alla numero XXI, il Mondo, raffigurante la realizzazione suprema. Questo lavoro di consapevolezza avviene attraverso il rapporto con le forze istintive».

«Sarebbe l'istinto, insomma, la chiave per la nuova coscienza?» chiedo. La donna della carta, infatti, sembra attingere energia pulsionale dell'animale per utilizzarla a suo piacimento. I sei denti aguzzi della bestia si ripetono nelle sei punte rosse del cappello della figura per marcare forse la possibilità di una relazione tra spirito e materia, cielo e terra. Subito dopo, la mia attenzione è attratta dalla forma del cappello"a otto". «È il simbolo dell'Infinito, come quello del Bagatto, la carta numero I – dice la maga – Tra le due carte, infatti, c'è un'analogia. Sono entrambe figure creatrici, ma mentre il Bagatto agisce dalla vita in su con gli strumenti che ha sul tavolo per dar vita alla sue creazioni, la Forza lo fa verso il basso, lavora con la terra, più esattamente con la parte istintuale». «Come nel tango! – esclamo – La donna muove il corpo dalla vita in giù, l'uomo guida la *partner* con la parte alta del corpo». Osservo ancora il cappello della Forza e noto che sulla corona predomina il giallo, il colore preferito da Borges. «È il colore della coscienza» specifica la maga. Sia l'unghia dell'alluce, sia quella del pollice, invece, sono dipinte di rosso. «È un colore attivo che manifesta vitalità, mentre le unghie simboleggiano l'eternità perché continuano a crescere anche dopo la morte».

La maga fa una pausa e io incalzo con un'altra domanda. «La carta numero XI, quindi, indicherebbe la possibilità di raggiungere la coscienza dell'Infinito?». «L'arcano XI ti dice che per aprirti alla nuova coscienza è necessario contattare le forze istintive e che per elevarsi bisogna ancorarsi saldamente alla terra e al presente – risponde la maga – Ti dice che lo spirito si incarna nell'animalità perciò questo aspetto dell'essere non va mai negato o trascurato. Osserva: infinita è la comunicazione tra spirito e materia, come si intuisce dal movimento delle mani nude sul muso della bestia, una danza a forma di 8, infinita e armonica. Racchiudiamo in noi tutti i segreti, dobbiamo trovare la forza di svelarli. Ma ora c'è altra gente che aspetta il suo turno. Devo lasciarti».

Capitolo secondo

Il ballo dell'11 dicembre

Non avrai altro Dio che me,
non ti farai o adorerai alcuna immagine o figura
(Secondo Comandamento secondo la tradizione ebraica,
tratto dal testo dell'Esodo)

Non c'è niente di più accogliente dei bar, a Buenos Aires. Il profumo del caffè che fuoriesce dagli ampi locali del *barrio* Once diventa subito la traccia da seguire per entrare nelle viscere del quartiere. Ogni sosta per un espresso mi avvicina a una storia. Quel giorno, mentre frugo tra i volti della gente che staziona o attraversa frettolosamente l'*avenida* Rivadavia, la strada più grande del mondo che attraversa tutta la capitale argentina, nell'angolo con la *calle* Rincón vengo attratta dalle enormi vetrate di un bar e dal brulicare di gente al suo interno. Entro e vengo accolta da una melodia di tango, un fortissimo profumo di *medialunas*, i cornetti argentini appena sfornati, e un vociare a tratti assordante.

A Buenos Aires i *café* sono numerosi e sempre affollati. Sin dall'inizio del '900 sono stati veri laboratori di illusioni e rifugi per cedere alla nostalgia, i luoghi prediletti dai *porteños* per sospirare e sognare. Ancora oggi ci si incontra nei bar per disquisire, discutere, escogitare, esaminare, dissertare, dubitare, immaginare e cercare i segreti della vita. Un amico mi aveva detto che negli ultimi anni si è diffuso addirittura un fenomeno chiamato *Talk Time*[1] che raduna ogni pomeriggio intorno ai tavolini dei *café* della città tanti stranieri che hanno voglia di scambiarsi la conoscenza delle proprie lingue.

Non sapevo di essere entrata in uno dei principali ritrovi storici dei *tangheros* della città, il *Café de los Angelitos*, fino a quando un uomo seduto a fianco a me al bancone non mi rivolge la parola chiedendomi: «Parteciperai al *Dia Nacional del Tango* l'11 dicembre?». Non rispondo, ma lo guardo con interesse, ansiosa di saperne di più perché quella data mi fa sentire nuovamente rincorsa dall'11 e, se pur qualcosa mi invoglia a sfuggirgli come si fa nel gioco del nascondino, allo stesso tempo sento il desiderio

[1] L'iniziativa è stata ideata da Felipe Fliess e ha lo scopo di far imparare e migliorare le lingue straniere a persone che non possono permettersi una scuola.

di essere acciuffata per scovare il suo significato e vincere la caccia al tesoro. Senza accorgersene questo signore in abiti eleganti, dal volto magro e l'espressione triste celata da un paio di grandi occhiali scuri, mi sta dando una nuova chiave per aprire una delle stanze del Castello.

Dal 1977, ogni 11 dicembre interi quartieri fermano le normali attività per far festa a suon di violini e *bandoneón*. La gente scende in piazza per onorare e glorificare il Dio-Tango, la musica *porteña* che ha reso Buenos Aires famosa nel mondo. Manifestare i propri sentimenti in strada, infatti, per gli argentini è una pratica abituale. Una sorta di convocazione invisibile li spinge fuori di casa per urlare dolori e gioie, dissenso e approvazione. Durante la giornata nazionale del tango si marcia e si grida per amore e gratitudine. Si canta, si balla, si suona e la folla ondeggia per ore, le teste e i piedi delle coppie di ballerini si muovono in sincronia, i bambini saltellano felici, i vecchi sventolano fazzoletti e striscioni, i musicisti battono il tempo della danza e delle marce che percorrono la città.

Quell'uomo dal viso umido e rugoso si chiama Julian. Partecipa alle celebrazioni del *Dia del tango* dal primo anno e frequenta quel bar dallo stesso periodo. «L'*esquina* del *Café del los Angelitos* è molto celebre. È stata resa immortale dal tango dedicato al bar, scritto nel 1944 da José Razzano e Cátulo Castello» dice cominciando a canticchiare il pezzo: *Rivadavia y Rincón! Vieja esquina / coqueteando su gris en la mesa que está / meditando en sus noches de ayer*[2].

Questa canzone esprime malinconia per un tempo che non c'è più. Anche l'espressione di Julian comunica la stessa emozione. A Buenos Aires rimpianti e nostalgie si possono leggere sui volti di molti. Rimpiangere il passato fa parte dell'identità *porteña*. Gli argentini, e in particolare i *porteños*, non nascondono mai quello che provano. Avevo intuito che non amano omissioni o menzogne, né si avvalgono di tranelli e sotterfugi nelle conversazioni, ma al contrario sono schietti, sinceri e autentici sia nell'esprimere opinioni e idee, sia nello svelare se stessi a chi incontrano. Se la strada è lo spazio per urlare i sentimenti, i *café* a Buenos Aires sono il posto non per cantare ed elogiare ciò che si possiede, ma per rimpiangere quello che non si ha più.

È evidente che quel giorno Julian ha voglia di parlare con qualcuno. «Come nasce il *Dia del Tango*?» gli chiedo curiosa. «È un giorno di festa

[2] Rivadavia e Rincòn! Vecchie strade / civettando nel grigio del tavolino / che ripensa alle notti di ieri.

e allegria» risponde subito impostando il tono di un nonno che racconta una favola alla nipote prima di dormire. Un cameriere che si destreggia tra i tavoli come se stesse sviando degli ostacoli lo interrompe chiedendogli se può portare via il bicchiere vuoto, ma lui non si lascia distrarre e prosegue il racconto. «La data si rifà al giorno di nascita di due grandi figure della nostra musica, il cantante Carlos Gardel, *la voz*, la voce, nato l'11 dicembre 1890, e il direttore d'orchestra e *músico* Julio De Caro, nato lo stesso giorno ma nove anni dopo. L'idea l'ha avuta nel 1965 il compositore Ben Molar, figlio degli ebrei don Loón e Doña Fanny Brenner, mentre andava a casa di Julio De Caro per festeggiarne il compleanno. Stava passando per l'*esquina del tango*, Corrientes ed Esmeralda, quando si ricordò che quel giorno era anche la festa di Gardel. «Perché non celebrare il tango oggi?», si disse, e dalla mattina seguente avviò le pratiche per concretizzare la sua idea. Presentò la proposta al segretario della Cultura della Municipalità della città di Buenos Aires, Ricardo Freixá, e poi aspettò ben 11 anni per avere una risposta positiva, arrivata il 29 novembre 1977. Quel giorno fu varato il decreto 5.830, che ufficializzava il *Dia Nacional del Tango* e autorizzava Molar a dar vita al festival che aveva immaginato al Luna Park di Buenos Aires. Il grande spettacolo, nato grazie al contribuito di cantanti e musicisti della città, andò in scena l'11 dicembre alla presenza di 15.000 persone. Entusiasta di questo successo, Molar osò ancora: chiese al segretario di Stato della Cultura, Raúl Alberto Casal, di istituire questa festa a livello nazionale. Il suo desiderio fu esaudito col decreto 3.781 del 19 dicembre dello stesso anno e oggi ancora festeggiamo il *Dia Nacional del Tango* in strada, nelle *milonghe* e nei club. Questo impegno fu riconosciuto a Molar nel 1997, quando la città di Buenos Aires lo dichiarò cittadino illustre per il suo apporto alla cultura popolare e fu dato il suo nome all'angolo tra Corrientes e Suipacha».

Grazie all'enorme diffusione del tango nel mondo, il *Dia Nacional del Tango* è stato esportato anche in altre nazioni. Buenos Aires rimane, però, il cuore dei festeggiamenti ed è sempre affollata da ballerini, cantanti, musicisti, appassionati e curiosi stranieri interessati a celebrare il tango nei luoghi dove ha avuto origine. Il *Café de los Angelitos* è uno di questi. È stato inaugurato nel 1890 da un italiano, Batista Fazio, come *Bar Rivadavia*, e ha vissuto più di un secolo di gloria fino al 1993, quando è rimasto chiuso per un periodo prima di essere completamente rinnovato e riaperto, il 19 giugno 2007. Da quel giorno Julian viene qui ogni mattina. Tornare in questa *esquina* per lui è un tuffo nella Memoria. «"Il passato è la sostanza di cui è fatto il tempo" scriveva Borges» ricorda Julian, mentre la radio trasmette un tango. Il suo ritmo accompagna sincronicamente i movimenti della barista che spolvera il bancone e allinea i bicchieri davanti a sé. L'anziano sembra frugare nella memoria e, dopo un attimo di silenzio, di getto, riprende il discorso: «La sera dell'inaugurazione mi sono sentito in una macchina del tempo che mi portava indietro, agli anni d'oro in cui trascorrevo notti intere con un grande gruppo di amici a bere *mate* e ascoltare tango. E che tanghi! Da qui passavano i grandi. Pensa che si esibiva spesso anche il mitico duo formato da Carlos Gardel e José Rozzano. Qualcuno racconta addirittura che la nostra grande coppia *criolla* fu scritturata proprio qui una notte del 1917, quando don Mauricio Goddart, direttore artistico dell'*Odeón*, li vide e se ne innamorò!».

Julian ricorda che qui non si incontravano solo tanghèri, ma anche politici, intellettuali e malviventi, perciò fu chiamato il bar *de malandras y caferatas*, di gente di malaffare. Un commissario di polizia che faceva spesso controlli al *Café de los Angelitos* definiva i malviventi *verdaderos angelitos*. Da qui deriva proprio il nome con cui poi è stato battezzato il bar, acquistato nel 1919 da don Angel Salgueiro per 75.000 *pesos*. Tra i suoi abituali frequentatori ricordo Gabino, il menestrello negro dell'inno a Paysandú, Higinio Cazón, José Betinotti, Roberto Cassaux, Florencio Parravicini, ma anche giornalisti e uomini della politica, tra cui i precursori del socialismo argentino. La Casa del Popolo di questi ultimi era a 50 metri più a est di Rivadavia. Si incontravano spesso Juan B. Justo e don Alfredo Palacios, o i radicali che avevano la sede all'angolo tra Rivadavia e Entre Ríos, o alcuni del vecchio partito di Alem. E si potevano anche incontrare personaggi come Carlitos, che veniva qui a celebrare le vittorie del suo celebre puledro, *Lunático*.

La struttura dove sono ambientate le storie che mi racconta Julian è stata demolita e i nuovi proprietari ne hanno costruita una nuova. Il *Café de los Angelitos* oggi si erge su tre livelli ed è grande il doppio del vecchio bar. I locali a Buenos Aires solitamente sono ampi, luminosi e ariosi. Il nuovo *Café del los Angelitos*, infatti, ha pareti alte nove metri, larghe vetrate e luci ovunque. L'arredamento richiama la vecchia mobilia e l'atmosfera conserva il fascino del suo passato glorioso. C'è sempre un tango nell'aria o uno spettacolo teatrale aperto a un pubblico anche di 300 persone. «La Storia non si cancella – sottolinea Julian – Mi fa piacere incontrare tanti turisti che visitano il locale come se fosse un santuario. Sono contento che esista gente curiosa di conoscere il nostro passato e vogliosa di onorare il Dio-Tango».

Julian è cieco. Ha perso la capacità di vedere in età adulta. Non ha mai visto il *Café del los Angelitos* rimodernato, ma ricorda perfettamente forme e colori della vecchia struttura. Ogni volta che vi entra, camminando pian piano appoggiato al suo bastone, sogna di essere il ragazzo che, quarant'anni prima, ogni sera faceva il suo trionfale ingresso da quella porta, quando poteva ancora vedere la luce. Ogni cucchiaino che tocca una tazza, ogni spiffero d'aria che entra dalla porta, ogni voce che sussurra una parola, ogni tacco che batte sul pavimento risvegliano in lui una memoria antica e disegnano nel suo spazio visivo interiore una figura, una scena, una situazione. Ogni tango suonato dalla radio o dalle orchestrine dal vivo lo porta indietro nel tempo, agli anni d'oro in cui la musica accompagnava i suoi sogni. L'archiviazione mentale delle esperienze fatte e dei luoghi visti è condizionata dal tempo ed è legata alle funzioni dell'ego, in tutta la sua vanità e grandiosità. È evidente che Julian, mentre mi parla, tesse la sua trama eroica mescolando ricordi sfocati e riformulazioni creative. Del resto, come ricorda T.S. Eliot, «il genere umano non può reggere troppa realtà». Distruggere le proprie illusioni è come distruggere parte della propria identità. È questa un'altra chiave per accedere al segreto di el Once?

Julian mi saluta recitando, con tono solenne e orgoglioso, una frase di Borges: «Tango che fosti felice, come anch'io lo sono stato, come racconta il ricordo, il ricordo o l'oblio». Appunto queste parole sul mio taccuino e ritorno in strada per continuare la ricerca dell'Undicesimo Comandamento con una melodia tanghèra che mi ronza nella testa e un inaspettato senso di perdita. Il tango, che a Buenos Aires è uno spirito che aleggia su tutti i luoghi, è la metafora del tempo che passa e della caducità delle cose. Il tango non è stato solo un mezzo di evasione e una modalità d'espressione per i *porteños*, ma è stato soprattutto una lingua, frutto dell'ibridazione di più idiomi, usata dagli immigrati per integrarsi nella società argentina. La professoressa e scrittrice Rosalba Campra definisce la lingua del tango «una creazione che mette insieme tanti registri in un discorso eterogeneo, un discorso pluri-linguistico che mescola tutto, *castellano*, lunfardo[3], dialetti dell'immigrazione, yiddish, diventando così l'espressione dell'eterogeneità della società *porteña*. Parole e frasi di tanghi fanno parte non solo della memoria collettiva della nazione ma anche del linguaggio comune di tutti i giorni, usato senza il bisogno di virgolette».

Il tango è accoglienza, scambio, interazione. Per questo è la musica dell'Ascolto. Anche per ballarlo bisogna sintonizzarsi con l'Altro, ricevere i suoi

[3] Il lunfardo è il dialetto di Buenos Aires.

messaggi, decodificarli e tradurli in movimenti. Nelle milonghe non si usano coreografie preparate. È una danza improvvisata. Si balla con persone mai incontrate prima. La donna segue le informazioni che arrivano dal corpo dell'uomo e l'uomo segue la musica guidando la donna nei movimenti ispiratigli dal suono del violino e del *bandoneón*. L'Ascolto è la prima regola assorbita anche dai musicisti delle orchestre tanghère. Per suonare in un *ensemble* è necessario esprimersi e simultaneamente ascoltare il suono degli altri componenti. Quest'arte dell'Ascolto mostra la necessità di accettare e rispettare le differenze personali che coesistono nell'orchestra, come nelle società, ed è proprio la diversità all'interno dei gruppi a favorire la convivenza e lo sviluppo delle identità, un bisogno accettato come primario tra i musicisti, come tra i cittadini di Buenos Aires.

Per tutto questo il tango, che Borges definiva «*el espejo de nuestra alma*», lo specchio della nostra anima, può essere inteso come specchio della società argentina e non è un caso, quindi, che un *barrio* plurale come el Once sia stato uno dei principali quartieri tanghèri della città. Qui sono nati artisti come Julio De Caro, José Razzano, Alberto Castillo e tra le sue *cuadras* da bambino giocava Carlos Gardel. Si racconta che il grande cantante abbia trascorso la sua infanzia in una casa nei pressi dell'Abasto, zona considerata un prolungamento di el Once, nota per i Grandi Mercati Generali, oggi trasformati in un enorme centro commerciale. Da quest'appartenenza derivano il soprannome che ha accompagnato Gardel per anni, *el Morocho del Abasto* (il brunetto dell'Abasto), e una serie di commemorazioni al suo mito tra le strade del quartiere. La stazione della metropolitana della linea B che ferma all'Abasto porta il nome del cantante, *Carlos Gardel*. Poco distante dal *subte*, nel 2000, è stata eretta una statua che lo raffigura nell'angolo tra la *calle* Dr. T. Manuel de Anchorena e la *calle* Carlos Gardel, strada a lui dedicata. La casa al civico 735 di Juan Jaurés, in cui abitava con la madre, oggi ospita un museo in suo onore. Intorno a questi monumenti celebrativi sono sorti tanti negozi di *souvenir* che vendono dischi, *t-shirt* e tazze con il suo volto sorridente stampato e ogni ristorante o club della zona suona la sua musica. Carlos Gardel è uno dei più importanti miti di Buenos Aires, insieme a Che Guevara, Eva Perón e Diego Armando Maradona. Dal 2003 l'Unesco ha dichiarato la sua figura Patrimonio culturale dell'umanità. La stima che musicisti e attori di generazioni, ambiti e nazioni diverse nutrono per lui è sorprendente. Basta citare il suo nome per scatenare esplosive reazioni d'amore, idolatria e venerazione. «Non è solo il maestro, ma anche un parente, uno di famiglia, un padre» sottolinea il cantante argentino Diego

Moreno, grande ammiratore del *Morocho del Abasto*, incontrato a Roma in occasione di un suo concerto all'ambasciata argentina.

Diego Moreno ha un aspetto tipicamente tanghèro, carnagione scura, capelli e occhi neri. Vive in Italia dal 1991. «A casa mia si respirava aria e Gardel» racconta con fierezza. «Per ogni artista argentino confrontarsi con la sua musica è un obbligo e un privilegio. La sua vita è perfetta, sembra disegnata a tavolino. La sua arte è sublime. Secondo me lui viveva nel futuro. Ha scritto tante canzoni e ognuna è un capolavoro. È il cantante che *cada dia canta mejor*, ogni giorno canta meglio». Moreno, come tanti altri artisti delle nuove generazioni, ha inciso un cd re-interpretando le canzoni di Gardel per omaggiare il maestro e ringraziarlo per avergli regalato la passione per il canto. A Buenos Aires tributi musicali e letterari dedicati al *Morocho del Abasto* fioccano in ogni dove. Dal giorno della sua tragica morte, avvenuta il 24 giugno 1935 in un incidente aereo a Medellin, in Colombia, il cantante e attore viene idolatrato con amore sconfinato. La cronaca riferisce che Gardel è morto carbonizzato nello scontro tra l'aereo su cui viaggiava, che stava decollando per raggiungere Cali, dove era atteso per un concerto, e un altro fermo sulla pista[4].

La vita del Divo del tango è piena di misteri e contraddizioni. Sfogliando i volumi che raccontano la sua storia mi trovo di fronte a due Gardel: due nascite, due temperamenti, due identità, due vite. Molte notizie sono contrastanti, i dettagli frammentati, le verità sembrano occultate e ogni binario porta sempre in due direzioni, come in una di quelle strade che si biforcano perpetuamente verso innumerevoli passati e futuri immaginata da Borges. Quel che passa per el Once è sempre doppio. Le leggende sull'esistenza di Gardel, terminata all'età di 44 anni (un multiplo di 11), incarnano alla perfezione la dualità di cui è impregnato el Once, *barrio* dove, secondo alcune testimonianze, il cantante da ragazzo avrebbe giocato in strada, venduto giornali porta a porta, fatto il garzone in bottega e raccolto piombi per le tipografie della zona. Pronta a perdermi in un nuovo labirinto, mi addentro nella vita dei due Gardel, ovvero Carlos Escayola e Charles Romuald Gardes.

Carlos sarebbe nato in Uruguay, a Tacuarembó, a 400 chilometri da Montevideo, in una data non certa, tra novembre e dicembre del 1884 o del 1887, dal colonnello Escayola, proprietario della fattoria Santa Blanca

[4] I funerali di Gardel si svolsero al Luna Park di Buenos Aires, ex stadio oggi trasformato in uno dei più grandi teatri della città. Fu un'apoteosi. Oggi il mito è sepolto, e venerato, al cimitero della Chacarita a Buenos Aires.

dove vivevano, e di Maria Lelia Oliva. Escayola avrebbe sposato tutte e tre le figlie del console italiano Giovanni Battista Oliva. Maria Lelia era la terza moglie, portata all'altare dal colonnello dopo essere rimasto vedovo di Clara e di Blanca. All'epoca della nascita di Carlos, lei era solo la cognata minorenne che Escayola aveva battezzato ai tempi del suo matrimonio con Clara. Carlos, quindi, sarebbe «un figlio del peccato». Charles, invece, sarebbe nato in Francia, a Toulouse, l'11 dicembre 1890, da Berthe, ragazza madre appena rientrata in Patria da un lungo soggiorno in America Latina per cercare fortuna. La donna avrebbe trascorso molto tempo a Tacuarembó e avrebbe lavorato nella fattoria di Escayola, con il quale avrebbe avuto un *flirt* dal quale sarebbe nato Charles, anch'egli figlio illegittimo. Berthe avrebbe poi deciso di trasferirsi a Buenos Aires con il figlioletto ed entrambi sarebbero sbarcati nel porto di Mar del Plata nel 1893. Leggo che durante uno dei tanti viaggi in Uruguay, Escayola avrebbe chiesto a Berthe di portare anche Carlos a Buenos Aires. Berthe accettò e, in molte versioni della storia di Gardel, lei risultò madre di Carlos pur essendo solo la sua tutrice. Charles e Carlos, quindi, sarebbero la prole dello stesso padre ma di madri diverse, «entrambi figli di uno scandalo». I due bambini, dunque, avrebbero vissuto insieme. Molti autori narrano della loro somiglianza fisica ed enfatizzano le differenze dei caratteri, che li fanno essere quasi come Dottor Jekyll e Mr. Hyde. Secondo i racconti di chi li ha conosciuti, raccolti in molti di libri in bella vista in tutte le librerie della città, Carlos sarebbe stato un bambino irrequieto che scappava continuamente da casa, non amava frequentare la scuola, imparava a scrivere copiando i giornali, prendeva brutti voti e veniva richiamato per cattiva condotta in classe. Charles, invece, sarebbe stato più assennato e disciplinato, portava alla mamma buone pagelle e parlava con naturalezza spagnolo e francese. I destini dei due ragazzi si sarebbero divisi dopo l'adolescenza. Leggo che Charles tornò in Francia per combattere per il suo Paese e morì sul fronte della prima guerra mondiale. Carlos, invece, sceglie la strada della musica. Sin dal 1907 frequentò i teatri della città. Si mostrò tenace e volenteroso e disposto a fare tutto pur di stare in compagnia di cantanti e attori. Si fece assumere come *claqueur*, macchinista, comparsa, in vari teatri, riuscì a farsi dare lezioni di canto, si intrufolò nelle sale da gioco e nei *club* dove si faceva musica. Scoprì di avere una voce da baritono e provò a usarla. In alcuni momenti sembrava un indemoniato, forse mosso da un senso di rivalsa verso il padre, cantante e chitarrista, protettore di artisti e titolare di un teatro a Tacuarembó.

È qui che comincia la storia del mito Gardel. Molti suppongono che Carlos abbia preso il cognome della madre Gardes e l'abbia trasformato in Gardel. Questa versione non hai convinto tutti i *fans* e studiosi del personaggio e la disputa sulla sua reale nazionalità continua ancora oggi. L'ultima pagina della leggenda è stata offerta da una ricercatrice argentina che nell'agosto 2008 si è presentata davanti a una commissione del Parlamento di Montevideo con una foto del piccolo Carlos, sostenendo che fosse stata scattata nel 1893 davanti a una scuola elementare della capitale uruguayana. Questa immagine è già conosciuta dagli argentini, che però sostengono si riferisca a una scuola di Buenos Aires. Del resto è alla capitale argentina che il mito ha dedicato il famoso tango *Mi Buenos Aires querido*, precisano orgogliosi i *porteños* ogni volta che viene messa in dubbio la nazionalità argentina del divo.

L'incontro tra Carlos Gardel e José Rozzano risale al 1911. Ancora 11! Insieme formarono un duo di successo che successivamente divenne un trio con il chitarrista Francisco Martino. I tre musicisti parteciparono a numerosi spettacoli e Gardel incise i suoi primi dischi di canzoni popolari argentine, *estilos*, *zambas*, *cifras*, *tonadas*, *milongas*. Nel 1914 Gardel e Rozzano debuttarono al Teatro Nacional di Buenos Aires e via via nei diversi teatri della capitale e delle maggiori città argentine. Da questo momento la carriera di Gardel esplose. Fioccarono riconoscimenti del suo talento e gli venne attribuita l'invenzione del *tango-canción*, il tango-canzone dove è *el alma que canta*, l'anima che canta. La sua voce duttile, pastosa e calda conquistò i cuori di intere generazioni e la sua immagine distinta con i capelli fissati con la brillantina, il cappello leggermente inclinato, il sorriso obliquo e la sigaretta in bocca, che fuma per finta, primeggiò su centinaia di poster e locandine in ogni luogo. Gardel diventò onnipresente. Riscosse successo anche al cinema e diventò un modello di bellezza, disciplina e discrezione. Per entrare nei ruoli cinematografici dimagrì e ingrassò anche di 30 chili, non mostrò mai in pubblico i suoi amori e venne preso come esempio per l'abilità di non essere dipendente di Bacco, Tabacco e Venere.

Secondo José Kudkovski, autore dei volumi *Buenos Aires, fervor y tango, una historia con judios* e *El Tango. Una istoria con judios*, entrambi pubblicati dalla *Fundación Iwo*, «Gardel non è considerato solo un grande cantante di tango e una delle più belle voci del mondo. Il suo grande e fondamentale apporto al tango è stato il dar vita a una maniera unica di cantare che rimane viva grazie a tutti gli artisti che ancora si ispirano a lui. Il tango, come tutto il canto cameristico, richiede tre caratteristiche: dizione, fonica ed espressione.

Il tango non deve mai *alzar la voz*, alzare la voce, deve raccontare solo una storia di tre minuti. Così ce lo ha insegnato Gardel». Di pari passo con le lodi alle sue qualità canore e al talento attoriale, si moltiplicavano negli anni i dubbi sulla sua vita e sulla sua morte. Perché Gardel non dichiarava mai l'età? Perché cambiò nome? Voleva nascondere di essere un figlio di N.N.? Era omosessuale? Perché esiste un alone di mistero sulle cause del suo decesso? Perché l'aereo si è scontrato con un altro? Era una sfida tra piloti di due compagnie rivali? C'era stata una sparatoria a bordo? È credibile la tesi dell'apparizione improvvisa di una violenta corrente di venti?

Dopo essermi persa abbastanza tra i misteri della vita di Gardel, mi dirigo curiosa verso la sua statua attraversando le *cuadras* del quartiere. Sembra che Borges sia stato ispirato da queste strade per scrivere il *Sonetto per un tango nella notte* in cui la musica lo conduce a una sensazione di identificazione con l'Universo. «L'infinito tango mi porta a tutto – disse lo scrittore – Alle stelle nuove. Al destino di essere uomo. E a quel chiaro ricordo che cercano ancora i miei occhi». Nel racconto *Uomo all'angolo della casa rosa*, Borges associò il tango al sogno, la sensazione estatica per antonomasia. «Il tango faceva la sua volontà: ci trascinava e ci smarriva, ci dava ordini e ci ritrovava. Eravamo travolti da questi piaceri, come in un sogno...», scrisse. Eh sì, l'infinito tango porta a tutto. In quel momento anch'io mi sentivo nella macchina del tempo di Julian, travolta dal piacere del sogno del tango delle origini.

I primi vagiti del tango argentino, dunque, si sentirono nel *barrio* Once. Esattamente nei bordelli popolati da *putas*, prostitute provenienti da Polonia, Russia, Romania, prevalentemente di origine ebraica. Sarà per questo che nel 1968 Astor Piazzola, insieme allo scrittore Horacio Ferrer, scrisse l'opera *María de Buenos Aires*. In questa preziosa *operita* di tango Maria è una sfortunata prostituta nata «un giorno che Dio era ubriaco». Sedotta dal tango in un sobborgo povero di Buenos Aires si ritrova in un bordello e la città per lei diventa un inferno. Ritorna alla verginità e viene ingravidata dalla parola di un poeta folletto e così il suo spirito rinasce in eterno. È questa la maledizione di Maria: morire per rinascere all'infinito dalle sue ceneri, come un'araba fenice, e come Buenos Aires. Piazzolla, infatti, usò la figura di questa prostituta per raccontare la storia della sua città.

Solo più tardi il tango dai bordelli si spostò nei *café* e nei *cabaret*. Uno di questi fu il *Garibotto*. Si trovava nell'angolo tra Pueyrredón e San Luis. Fu molto popolare tra il 1910 e il 1920, quando veniva frequentato da tanti musicisti ebrei, come Arturo Bernstein e il suo quartetto. Tra il tango e la comunità ebraica scattò un'immediata attrazione. Sin da fine '800 numerosi musicisti di grandi orchestre erano di origini ebraiche. Per loro, suonare insieme ad artisti argentini rappresentava un passo verso l'integrazione in un ambiente sociale ancora estraneo. Nonostante il grande talento musicale di questi artisti, essere ebreo implicava limitazioni pratiche: non era facile ottenere posizioni di primo piano perché venivano ingaggiati prevalentemente come strumentisti e raramente come cantanti. La loro pronuncia del *castellano* era troppo impregnata di accento yiddish e, inoltre, la maggior parte degli ebrei non ambiva diventare direttore d'orchestra, pianista o *bandoneónista*, figure di maggiore visibilità, ma prediligeva per tradizione il suono del violino. Si dice che gli ebrei preferissero il violino per la sua capacità di esprimere i sentimenti umani più profondamente e per l'agilità di trasporto. «Hai mai provato a scappare di notte con un pianoforte sulle spalle?» viene ripetuto spesso dai musicisti ebrei, ancora oggi orgogliosi di portare a tracollo un strumento piccolo e leggero, diventato uno degli elementi peculiari dell'«identità errante» ebraica. L'inscindibile legame tra il musicista ebreo e il violino è stato amplificato anche dal successo internazionale riscosso dall'opera letteraria di Sholem Aleichem, *Tevye der milkhiger* (La storia di Tewje il lattivendolo) e dalle sue trasposizioni teatrali, cinematografiche e discografiche.

«La storia del lattaio è stata rappresentata centinaia di volte anche a Buenos Aires con il titolo *El violinista en el tejado*, il violinista sul tetto, e ancora oggi è popolarissima» chiarisce Abraham Sokolowicz, grande appassionato di teatro e per molti anni addetto alla comunicazione della Daia, la Delegazione delle associazioni israeliane argentine. Con gli anni *Il violinista sul tetto* diventò uno dei *musical* americani più visti, con 3.242 repliche a Broadway. La storia contiene la metafora dell'equilibrio apparentemente precario in cui vivono gli ebrei erranti. Il tetto non è certo un luogo di stabilità e, per offrire una buona esecuzione, un suonatore di violino dovrebbe avere i piedi ben saldi a terra. Malgrado le difficoltà nel trovare e mantenere l'equilibrio desiderato, il protagonista riuscirà a suonare bene e il violino lo seguirà ovunque. Come un'ombra, con lui giocherà e danzerà all'infinito e non smetterà mai di cercare il tetto giusto su cui esibirsi. Quest'ultimo è metaforicamente qualsiasi città in cui l'esule ebreo approda. L'equilibrio, invece, è dato dall'essenza stessa dell'identità ebraica: essere senza patria, ma sentirsi a casa in ogni posto perché comunque radicato in un Libro e in una Legge.

La poca popolarità dei virtuosi musicisti ebrei all'epoca è legata anche all'uso di pseudonimi. I più talentuosi riuscirono a fare carriera, ma diventarono noti con nomi diversi dal proprio. La scelta di rendere invisibile l'origine ebraica era quasi obbligata: per essere ingaggiati dovevano andare incontro al gusto dominante del pubblico, che storceva il naso di fronte a interpreti della cultura argentina appartenenti ad altre tradizioni. Nonostante questo atteggiamento di prevenzione, però, l'universo tanghèro fu molto più libero da pregiudizi rispetto ad altri ambienti culturali della città. Una ragione che avvicinò gli ebrei al tango, come ricorda Julio Nudler[5], «risiede proprio nei valori culturali che predominano il tango, fatto più di *bohemia* che ambizione, più libertà che rigore, più romanticismo e distacco che competenza e rancore». Il mondo del tango, in molti casi, diventò proprio il rifugio contro l'intolleranza. Due grandi artisti come Osvaldo Pugliese e Santiago Antonio Velaz nel 1956 dedicarono a questo tema il brano *Judía*, un manifesto contro il pregiudizio e l'antisemitismo che celebrava l'amore tra persone di religione diverse: *Qué nos importa de ese mundo / sus religiones y sus clases / si nuestro amor es tan profundo / que nadie, nada, nunca nos podrá separar*[6].

I contenuti dei tanghi scritti da ebrei sono molto diversi da quelli degli argentini. Non parlano di amori perduti e malinconia, ma approfondiscono temi maggiormente legati all'attualità, alla vita quotidiana e all'identità ebraica. Un noto brano popolare dal titolo *Yiddish tango* ne sintetizza l'essenza: *Suonatemi un tango / un tango della mia gente dispersa / che possano capirlo anche i bambini / suonate questa danza con ardore. / Suonatemi un tango ebraico / che non sia né ariano né barbarico / che il nemico veda che posso ancora danzare / che posso danzare con ardore*. Ho scoperto *Yiddish tango* in Italia, a uno spettacolo dell'attore, autore e compositore Moni Ovadia, *Le storie del signor Keuner* di Bertold Brecht, riadattato insieme al regista Roberto Andò. Questo tango accompagna sul palcoscenico le storie raccontate da Ovadia, figlio di un violinista e una cantante di origini ebraiche residente a Milano, che da molti anni si dedica al recupero e alla rielaborazione del patrimonio artistico, letterario, religioso e musicale degli ebrei dell'Europa orientale, come se fosse «un domatore alla testa di un caravanserraglio che gira il mondo alla ricerca di preziose radici dimenticate».

La maggior parte dei musicisti ebraici con cui ho parlato tiene a sottolineare che per loro la musica non è mai considerata un lamento, ma è sempre collegata all'espressione del sentimento della gioia intensificata dall'esperienza religiosa e profetica, l'amore per Dio e per la natura. Dopo aver

[5] Julio Nudler, *Tango Judio*, La Salida, Buenos Aires, 2000.

[6] Cosa ci importa di questo mondo / delle sue religioni e delle sue classi / se il nostro amore è tanto profondo / nessuno, niente, mai ci potrà separare.

riascoltato la melodia di *Yiddish tango*, al mio ritorno in Italia, contatto Ovadia. «Il canto e la musica – spiega – sono storicamente la nostra principale forma artistica e di comunicazione sia perché nel mondo ebraico sono proibite forme espressive legate all'immagine, sia perché i suoni sono capaci di comunicare le emozioni profondamente e in maniera più vasta di qualsiasi altra arte. Non è un caso che gli ebrei siano tutt'oggi dei profondi conoscitori della musica e delle sue infinite strade d'espressione canora, essendo l'unica forma artistica lecita». Non è una casualità neanche che l'Antico Testamento sia pieno di allusioni musicali e che la liturgia nel Tempio e la lettura dei testi biblici siano sempre accompagnate da canzoni interpretate con grande coinvolgimento da cantori e musicisti sinagogali. Nel suo libro *Vai a te stesso*[7], Ovadia spiega che «il canto è il cammino che conduce al senso». «La *a*, il principio divino, è portatore di suono, rappresenta la pura intenzionalità locutoria – scrive – Ma per rivelarsi bisogna che si affidi alla propria interiorità sonora, al proprio *miluy*, e così come la nostra *f* diventa effe, la *a* diventa *àlef*; che prevede nel proprio seno la lettera *pe* o *fe*, che corrisponde a "bocca". Il suono rende possibile la rivelazione, la capacità di calarsi dentro se stessi per cogliere quel suono-senso, riconoscerlo come proprio è il miracolo che ha permesso all'essere umano di imboccare il cammino per la libertà. [...] La libertà si conquista con la parola».

Nell'arte ebraica, insomma, tutto è cantato a Dio. Giocando con gli anagrammi, Ovadia spiega che «la prima parola della Torah è "in principio", *bereshit*, il cui anagramma diventa *taev shir* e significa "voluttà di un canto". Il mondo è stato creato in principio per la voluttà di un canto. L'ultima parola, invece, è *Israel*. L'anagramma suona come *shir el*, ovvero "canto a Dio". *Omanut*, arte, ha la stessa radice di *emunà*, fede. Tutto è cantato a Dio». E poi si chiede: «Il grande dilemma dell'artista ebreo è fare della propria vita un'opera d'arte o fare dell'arte la propria vita?».

Sfogliando una serie di libri dedicati al tango *judío* scopro che il Gardel del mondo ebraico è Jevel Katz, un cantante, compositore, chitarrista, paroliere e attore, nato a Vilna nel 1902 e arrivato a Buenos Aires nel 1930. A differenza degli altri artisti ebrei, il suo nome conquistò subito la ribalta nazionale. Katz cantò e recitò in yiddish facendosi portavoce non della comunità ebraica ma il suo talento fu apprezzato trasversalmente da ebrei e *goi*, i non-ebrei. Addirittura Bentsion Palepade, un giornalista del quotidiano *Di Presse*, comparando il suo *appeal* con quello del mito Gardel, nel

[7] Moni Ovadia, *Vai a te stesso*, Einaudi, Torino, 2008.

1940 elogiò il cantautore *judio* scrivendo: «Mentre le canzoni d'amore di Gardel interessano solo persone giovani, Jevel Katz canta del presente e di argomenti sociali che interessano a tutti». Nel brano *Tango*, Katz paragonò le contorsioni della danza con le peripezie degli immigrati a Buenos Aires per sopravvivere in un sistema economico precario. In *Ikh zukh a tsimer* (Sto cercando una stanza) raccontò le difficoltà degli stranieri di trovare una casa dove abitare. La sua personalità rapì i più perché non è un semplice interprete di tanghi che mescolano cultura yiddish, *rancheras, rumbas* e *fox-trots*, ma anche un bravo parodista. Nel 1933 pubblicò un libro di canzoni *Argentiner glikn: parodyes un kupletn* ed ebbe grande successo. Guadagnò il soprannome di «filosofo della canzone» e divenne così popolare che la sua morte, a soli 38 anni, scosse tutti i cittadini e il suo funerale fu uno dei più affollati della storia dell'Argentina.

Parallelamente a Katz, altri musicisti ebrei si erano fatti strada in quegli anni scegliendo come modello Gardel e contribuendo ad alimentare il suo mito. Tra questi c'erano i cantanti José Roberto Goldfinguer in arte Carlos Aguirre, e Marcos Guillermo Piker, conosciuto come Guillermo Galve. Il primo, *hijo de polacos*, figlio di polacchi, nacque a Floresta nel 1938, ma visse a el Once sulla *calle* Ecuador. Lavorò come meccanico e in officina cantava, cantava, cantava. Si dilettò a interpretare *a capella* frammenti di tanghi per clienti e amici del *barrio* e una sera, mentre si esibiva al *Café Motivo*, venne ascoltato da Angel Roque Gatti e scritturato per introdurre il concerto dell'orchestra del cantante Ledesma. Così cominciò la sua carriera e nacque il suo pseudonimo, ma per i più rimase sempre *el ruso*.

Guillermo Galve, invece, nacque nel 1946. I genitori erano russi, proprietari di una farmacia e di un hotel che fu il primo palcoscenico del giovane Guillermo. È qui che esordì con il bolero *Escandalo* a tempo di tango. Dopo un concerto con l'orchestra di Col Angelo al *Centro cultural San Martin*, il *Clarin* lo definì «una rivelazione» e *Canal 11* lo ospitò in trasmissione dando il via al suo successo.

Gardel deve buona parte della sua reputazione ad artisti, produttori e giornalisti di origine ebraica. Una figura che contribuì in maniera decisiva a diffondere il suo mito dopo la morte fu Isaac Rosofsky, diventato Julio Jorge Nelson, un *ruso*, *speaker* radiofonico nato a Buenos Aires nel 1913. La sua storia si lega a quella di Gardel grazie alla trasmissione *Escuche esta noche a Gardel* condotta su *Radio Buenos Aires*. Quando il Divo morì, Isaac commentò in diretta ogni momento, dai funerali alla sepoltura nel cimitero della Chacarita e, anche negli anni seguenti, ogni suo programma fu dedicato al Re del tango, da *El bronce que sonrie* su *Radio Callao*, che poi portò a *Radio Mitre*, a *Una voz en el camino* e alla trasmissione televisiva *Yo te canto, Buenos Aires*, che chiudeva sempre con la stessa frase, diventata celebre: «*Hasta mañana, si Dios asì lo permite*. A domani, se Dio vuole».

Un altro personaggio che svolse un ruolo importante nella diffusione del mito Gardel fu il produttore Luis Feldman, nato nel 1933 da una famiglia ebraica. La sua attività sfatò il mito dell'ebreo affarista: investire sul tango non era un lavoro redditizio, eppure Luis, infervorato dall'amore per il Divo, dedicò la sua esistenza alla ricerca maniacale di filmati inediti del cantante e alla produzione di video che raccoglievano tutta la sua filmografia.

Tra gli altri musicisti ebrei che contribuirono allo sviluppo del tango a Buenos Aires c'è Arturo Bernstein, talento che dominava alla perfezione piano, *bandoneón*, violino e chitarra. Fu considerato il più importante *bandoneónista* del periodo della *Guardia Vieja*, ma il suo più grande apporto al mondo del tango risiede nella fondazione della prima *Academia sistematica y racional del bandoneón*. Poi c'è Raul Kaplún, uno dei più apprezzati violinisti di tango che, dal 1937, affermò il suono del violino come una voce cantante e creò la Scuola Virtuosistica del violino nel tango. E ancora Ismael Spitalnik, *bandoneónista*, direttore e compositore, una delle personalità più complete della storia del tango, che firmò *tango-milonga* come *Bien Milonga*, *Fraternal*, *Presencia tanghera*. E infine Symchia Bajour, l'introduttore nel tango del suono del violino classico.

Scrivere un tango a Buenos Aires significa aggiungere una pagina al grande libro di Storia della nazione. Pur privilegiando temi sentimentali, i tanghi registrano e riflettono il panorama politico, sociale ed economico del Paese. La lacrima è sempre in vetrina a Buenos Aires, come lo è la fierezza del fallimento. Negli Anni '30, nel cosiddetto «Decennio infame», a causa di una grande crisi, vennero scritti tanghi sull'attualità. L'ondata di licenziamenti, l'elevata disoccupazione e la riduzione dei salari spinsero Enrique Santos Discépolo a scrivere *Yira, yira* nel 1929, il racconto delle pene di un disoccupato che girovaga senza meta, mentre Juan Carlos Marambio Catán scrisse per Carlos Gardel, nel 1933, *Acquaforte*, canzone che narra l'aumento di salario negato a un operaio e di una donna che vende fiori per alleggerire la solitudine e la sofferenza della povertà. Nel 1935 Discépolo raccontò il senso di frustrazione, disagio e insicurezza del periodo con *Cambalache*, bottega di cianfrusaglie: *Oggi è chiaro che è lo stesso / essere retto o traditore / ignorante, saggio, ladro / generoso o truffatore. / Tutto è uguale... Niente è meglio... / Lo stesso è un somaro / o un grande professore. / Non ci sono bocciature / né graduatorie... / Gli immorali ci hanno raggiunto ... / Se uno vive nell'inganno / e l'altro ruba per ambizione / fa lo stesso che sia prete, / materassaio, re dei bastoni, / facciatosta o vagabondo.*

Tra gli Anni '30 e '50 il tango incontrò anche la censura. Fu un riflesso della paura. Questa forma di espressione spontanea e ribelle fece tremare gli uomini al potere, che intrapresero una crociata contro il lunfardo in nome della purezza della lingua. Questa battaglia ebbe le sue ripercussioni sui testi. La censura delle canzoni cominciò ufficialmente nel 1943 con la dittatura del generale Pedro Pablo Ramirez, ma già con Ramón Castillo si erano verificati episodi di controllo sulla programmazione radiofonica. L'avanzata del fascismo e del nazismo nel mondo venne accolta bene tra gli argentini, nonostante la neutralità della nazione nella seconda guerra mondiale. La censura radiofonica e la proibizione di mandare in onda canzoni con parole in lunfardo diventò più ferrea. Ogni brano da trasmettere necessitava un permesso della direzione generale delle Poste attraverso un ufficio specifico di Radiocomunicazioni. «Non sappiamo chi diede l'ordine. Pare non ci fosse nessun decreto ufficiale, eppure qualcuno prese molto seriamente l'incarico di censurare i testi in nome del buon costume e della salvezza della moralità della patria» racconta Carlos, un anziano *bandoneónista*, dall'aspetto atletico e grintoso che incontro nell'unica *milonga* di el Once, l'*Italia Unita*, situata sulla *calle* Perón al 2.500.

«Il lunfardo era considerato una lingua volgare usata nei postriboli della città» dice Carlos mentre sorseggia birra seduto da solo a un tavolino e osserva decine di coppie volteggiargli intorno. È insolito vedere un uomo seduto in atteggiamento di attesa. In tangheria solitamente sono le donne che aspettano dritte e attente che un cavaliere le inviti a ballare. Il richiamo avviene con un semplice sguardo. Basta un cenno e scatta la magia. Lei si alza, va verso di lui, i due si uniscono in un abbraccio avvolgente e i corpi cominciano a camminare in una perfetta sincronia.

«A questo punto della storia entrò in scena Gustavo Martinez Zuviria, noto come Hugo Wast» continua a raccontare animatamente Carlos. La *gomina* che ha nei capelli glieli fa luccicare a ogni movimento della testa. Tiene stretto tra le mani il bicchiere e sembra non aspettare più nulla. «Chi è Hugo Wast?» chiedo. «Il maggior esponente letterario antisemita della storia argentina, nonché il più grande carnefice del tango dopo il colpo militare fascista del 4 giugno 1943. Nominato primo ministro della Giustizia e dell'Istruzione pubblica sotto il governo di Ramón Castillo, è stato il fautore dell'obbligo dell'insegnamento religioso nelle scuole, che poi fece abolire nel 1954, e il creatore di una commissione presieduta da monsignor Gustavo Franceschi incaricata di salvaguardare la purezza dell'idioma argentino. Fu questa commissione a pronunciarsi contro i tanghi, proibendo l'uso di termini in lunfardo e riferimenti a droga e alcol nel cantato. Nel 1944 Hugo Wast, che era nato a Cordoba nel 1883, rinunciò al suo incarico di ministro, ma la sua assenza non eliminò la censura, durata almeno fino al 1949. Rimase valido anche l'obbligo dello studio della religione in classe a discapito degli alunni non cattolici. Fino al 1955 diresse inoltre la Biblioteca nazionale dell'Argentina».

Forse quella notte Carlos stava aspettando qualcuno a cui raccontare una storia, proprio come Julian al mattino. Ai *porteños* piace entrare in conversazione con gli stranieri. Il desiderio di essere «cosmopoliti» li porta a stringere rapporti e scambi più volentieri con chi arriva da fuori che con i compatrioti. È difficile trovare il silenzio a Buenos Aires. È una città che non sta mai zitta e che offre continuamente inviti alla comunicazione. Su ogni strada e a ogni angolo si incontra un *Locutorio*. Questi negozi sono ponti per altri mondi. Solitamente affacciano sulla strada e sono visibili grazie alle insegne luminose e decadenti. Entrandovi ci si trova di fronte a lunghe schiere di cabine telefoniche e computer. Da qui si chiama in tutto il mondo con pochi *pesos* e le telefonate spesso durano ore. Nelle cabine si crea un'intimità commovente. Boliviani, coreani, marocchini, libanesi, peruviani digitano lunghi numeri sulle tastiere logore e scolorite come se toccassero la mano della loro amata, o della mamma, o del loro Dio. Nessuno bada alla sporcizia e al cattivo mantenimento dei telefoni, dei computer e delle cuffiette che usa chi predilige *Skype*. Tutti mangiano, bevono e sudano mentre chiacchierano animatamente, confondendo lingue e dialetti. I *Locutori* sono un tappeto volante che conduce lontano, in un Altrove fatto di relazioni, sentimenti e affetti, costruendo un mondo di discorsi e lingue diverse che si accavallano e si confondono nell'oscurità delle cabine ma che, forse, dicono la stessa cosa.

La conversazione con Carlos mi intriga molto. «Cosa ha scritto Hugo Wast?» chiedo. «Era uno scrittore molto conosciuto in quegli anni. I suoi libri più famosi sono *El Kahal y Oro* e *Los protocolos de los sabios de Sion*, un'analisi dei ben noti e misteriosi Protocolli dei Savi di Sion. Con entrambi i volumi rese popolari in Argentina argomenti su cui si erano espressi prima tanti altri autori. Tra questi c'era il tema dell'ipotetico piano per la conquista del dominio del mondo da parte degli ebrei e l'esistenza di una società segreta che governava il popolo ebraico. Wast ha ribadito che nel Giudaismo si ignorava l'esistenza stessa del *Kahal*, l'autorità che governa nell'ombra, e riteneva che "pochi problemi erano difficili da risolvere, come quello del governo interno del popolo ebreo. Non vi è mistero più tenacemente tenuto segreto". Per gli ebrei, infatti, il Talmud è la Legge, ma per giudicare la sua osservanza sarebbe esistito il *Kahal* – che significa "assemblea, riunione, comunità" – il Tribunale supremo, espressione concreta del Talmud che risiederebbe a New York, "vero Vaticano ebraico". A questo sarebbero state subordinate le *Kehillah*, tribunali regionali, e il *Bet-Din*, tribunale creato per convocare a sé ogni causa e detenere il potere esecutivo, conformemente al Talmud, eseguendo le sentenze emesse dal *Kahal*. Quindi il Talmud sarebbe stato il potere legislativo, il *Kahal* il potere giudiziario e il *Bet-din* quello esecutivo. Wast ha sottolineato nei suoi libri, inoltre, che gli ebrei pensavano che non era necessaria la spada per la conquista del mondo per sopraffare il Cristianesimo, che si opponeva al dominio universale d'Israele, bensì solo un libro, il Talmud appunto. I sentimenti principali che avrebbero animato lo spirito talmudico sarebbero quattro: un'ambizione smisurata di dominare il mondo, un'avidità insaziabile di possedere tutte le ricchezze dei non ebrei, il rancore contro il non ebreo, specialmente contro il cristiano, l'odio verso Gesù Cristo».

Carlos viene distratto dall'arrivo di una *cortina*[8] di musica brasiliana e poi aggiunge: «Per Hugo Wast "essere ebreo non significa tanto professare la religione giudaica post-templare o post-biblica, ma soprattutto far parte del popolo ebraico; l'ebreo appartiene perciò a una nazione diversa da quella da cui è accolto e nella quale vive e prospera"».

Carlos è nato in una famiglia di origini ebraiche. Leggere i libri di Hugo Wast lo aveva fatto soffrire molto, per questo li ricorda così bene. «Sai, esistono anche alcuni tanghi anti-ebraici, quelli che narrano la figura di Giuda per esempio – dice – *Ojos muertos* di Rafael Iriarte, *Igual que Judas* di José Rotuolo e *Judas* di Carmelo Santiago e Carlos Marchisio». Poi improvvisamente la sua espressione cambia. I suoi occhi si addolciscono e sembra uscire da un mondo per entrare in un altro. Smette di parlare e mi invita a ballare. L'orchestra suona il walzer *Desde de la alma* e noi lo danziamo in perfetto

[8] La *cortina* è un brano di musica di vario tipo che intervalla il trittico di tanghi consecutivi, ed è usata dal *dee-jay* per permettere alla coppie di scambiarsi *partner* e ricominciare a ballare.

stile *milonguero*, il più diffuso nelle tangherie *porteñe*: i corpi sono vicini, le teste si sfiorano e i passi precisi e lenti sono prolungati. Niente acrobazie e figure complesse che piacciono tanto agli europei. La sfida con se stessi comunque rimane quella di mantenere un equilibrio mentre si disegnano sul pavimento degli *ocho*, otto, e ci si lancia in *cruses*, incroci, e *adornos* e *firulete*, abbellimenti, senza dimenticare che il tango è un piacere da condividere in pista con il *partner* per cercare l'unione nella coppia e non solo «un pensiero triste che si balla», come recita la definizione che ha fatto il giro del mondo, diventata nota nel periodo di Perón.

Durante il peronismo il tango acquista maggiormente i caratteri nostalgici ed evocativi del passato. Non si canta solo la nostalgia per la patria lontana, ma si rimpiange anche quello che sta per scomparire: la tradizione *criolla*, la vita del sobborgo, un periodo del Paese più fiorente e speranzoso, persino il momento in cui il tango era ballato da coppie di soli uomini, quando le donne lo disdegnavano considerandolo la danza della prostituzione.

Il tango degli esordi mitizza il concetto di margine identificato con l'*arrabal*, la zona periferica di Buenos Aires, e il suo abitante tipo, il *compadrito,* evoluzione tanghera dell'*orillero*, la figura della cultura *criolla*, nata prima dell'ondata dell'immigrazione e molto legata al mondo rurale. Ma mentre il primo è vistoso ed esagerato nel mostrare il suo coraggio, il secondo è umile, discreto e taciturno.

L'atmosfera evocata nei testi di questo periodo, la stessa dell'*Evaristo Carriego*, romanzo scritto da Borges nel 1930, è infatti quella di un universo umile popolato da personaggi coraggiosi e combattivi che, come nella danza, si sfidano in duelli di coltelli, simbolo della lotta per la sopravvivenza quotidiana e, allo stesso tempo, dell'inconscio piacere del litigio inteso come festa. Il sobborgo così diventò, come specifica la scrittrice Monica Fumagalli[9], «la patria mitica del tango, il perimetro simbolico di un passato evocato attraverso immagini convenzionalmente condivise come esempio del trascorrere del tempo: la gioventù perduta, la madre invecchiata, il primo amore, i giochi dell'infanzia, i simboli destinati ad alimentare l'illusione di un Paradiso perduto».

[9] Monica Fumagalli, *Jorge Luis Borges e il tango*, NYN, Milano, 2003.

Capitolo terzo

Dio riceve a Buenos Aires

Non pronunciare il nome del Signore Dio tuo invano
(Terzo Comandamento secondo la tradizione ebraica,
tratto dal testo dell'Esodo)

Da bambini si è sempre alla ricerca di un posto dove nascondersi. Un rifugio sicuro dove sentirsi protetti dallo sguardo indagatore degli adulti. Il nascondiglio preferito dei bambini del *barrio* Once, fino a poco tempo fa, era il *baldío*. Mentre alle femminucce non era permesso allontanarsi da casa da sole, i maschietti girovagavano liberamente tra le *cuadras* del quartiere e si ritrovavano a giocare in spazi all'aperto abbandonati e inutilizzati. Questi luoghi selvaggi e spesso puzzolenti, ricolmi di rifiuti, erbacce, giocattoli rotti, mattoni, pezzi di automobili e frammenti di mobilia, solitamente situati all'angolo tra due strade, a Buenos Aires vengono chiamati *baldío* e sono spazi molto ambiti da tutti i bambini. Sono territori mitici ricchi di suggestione e magia, fuori da ogni dimensione di civiltà e utilità, dimenticati dagli occhi dei grandi: posti perfetti per nascondersi, inventare giochi e sognare.

Il *baldío* dove si nascondeva lo scrittore Marcelo Birmajer si trovava nella *esquina* tra Tucumán e Uriburu. Per lui era il luogo del mistero, del fantastico, dell'ozio. Gli brillano gli occhi mentre mi descrive l'universo che ha scoperto quando, da ragazzino, andava ogni giorno lì per sviluppare la sua fantasia. Birmajer, classe '66, statura media, capelli corti, leggermente brizzolati in tinta con il maglioncino che indossa, è uno degli scrittori ebrei della nuova generazione, tra i più popolari sia in Argentina sia all'estero. È nato e cresciuto a el Once e ancora oggi vive e lavora qui. In molti suoi libri traspaiono l'amore per il quartiere e la grande conoscenza di questo *barrio* che non esiste sulle mappe, tanto che il regista Daniel Burman lo ha reclutato per scrivere la sceneggiatura del film ambientato proprio tra le botteghe di el Once, *El abrazo partido*[1].

Incontro Birmajer nel suo studio sulla *calle* Valentín Gómez. Computer sempre acceso, libri e giornali ammucchiati in ogni angolo, bollitore per

[1] Il film ha vinto l'Orso d'argento al festival di Berlino 2004 e il premio per la sceneggiatura al festival di Rotterdam nello stesso anno.

l'acqua e l'immancabile *mate* sulla scrivania ricolma di fogli, quaderni e volumi. Tra questi c'è il suo lavoro *Los tres mosqueteros*, appena tradotto in ebraico e pubblicato in Israele dall'editore Ketercon con il titolo *Shloshá mosqueterím*. Me li mostra con orgoglio insieme a un articolo dedicatogli dal *New York Times* dal titolo *The Woody Allen of the Pampas*. Il giorno seguente Birmajer ha in agenda una lezione con gli alunni della scuola elementare *Santiago Apostol* sulla *calle* Paso. Tema dell'incontro: *el Once*. Mi invita a seguirlo e la mattina dopo alle 8,00 sono già lì, in prima fila insieme ai bambini, curiosa di scoprire altri segreti del *barrio* e sapere di più sull'Undicesimo Comandamento.

Uno dei temi della conversazione con la classe è la scomparsa dei *baldío*. Quando questi spazi per sognare erano ancora numerosi a Buenos Aires, attiravano anche gli adulti. Oggi ce ne sono sempre meno, ma il ricordo di chi li frequentava è ancora vivo, come lo sono ancora le tante leggende su credenze, fantasie e fobie ambientate in questi luoghi misteriosi. Birmajer racconta che quello che succedeva, o che si immaginava succedesse, nei *baldíos*, faceva discutere gli abitanti del quartiere per settimane, come quando un gruppo di persone affermò di aver visto «la luce smorta e rossiccia del Demonio e la sagoma stessa del Maligno incarnate in una creatura con la faccia da bambino, corna come grissini e gambe di fauno» e questa visione provocò un'ipnosi collettiva per laici e credenti.

Assistere in prima persona a situazioni come questa ha offerto a Birmajer la possibilità di comprendere le dinamiche del quartiere, così in bilico tra concretezza e superstizione, degrado e speranza, norma e assurdo, tragedia e magia, affari e preghiera. Il suo sguardo ancora oggi è quello del bambino che gioca nel *baldío*, stupefatto dalla vita e meravigliato per qualsiasi scoperta. Anche a me l'atmosfera del *barrio* Once fa questo effetto: mi fa entrare in contatto con un mondo infantile che ricorda la *Rayuela*, il *Gioco del mondo* inventato nel 1963 dallo scrittore argentino Julio Cortázar, in cui spazio e tempo si confondono, e la favola di Pollicino, il bimbo che cerca di non perdersi nel bosco lasciando sassolini sul suo percorso. Anch'io cammino per el Once con questo spirito: lascio tracce sui miei taccuini e vado avanti senza timori, con la speranza di tornare a casa con il segreto nascosto nel quartiere e svelarlo ai miei lettori.

La prima regola del giornalismo per me è stata, sin dall'inizio, quella di rendere visibile l'invisibile. Ecco perché ho accettato l'invito di el Once al gioco, animata ancor più dall'intrigante seduzione provocata della saggezza e dall'immaginazione delle persone che incontro. Birmajer è una di queste.

Lo scrittore ama tessere fiabe e smarrirsi nella letteratura fantastica. Per ispirarsi ascolta a ripetizione la colonna sonora del film di Sergio Leone *C'era una volta in America*, ambientato in un quartiere ebraico di New York tra gli Anni '30 e '60, scritta dal compositore italiano Ennio Morricone. «Per me questa è la musica di el Once: esprime la metafora malinconica del fracasso e del trionfo dell'ambizione umana» dice sorseggiando lentamente il suo *mate*, poi aggiunge: «Nel corso della mia vita ho imparato che l'uomo ha bisogno del mistero come del pane e dell'acqua. Ha bisogno di case stregate, palazzi abbandonati, persone invisibili e non raggiungibili, strade senza uscita da evitare, illusione e incertezza e dèmoni nel *baldío*. Ho visto gente morire di noia per la troppa normalità». Nessuna società, infatti, ha sopravvissuto senza sciamani, indovini, maghi, astrologi e sacerdoti. Oracoli, amuleti, formule apotropaiche e pozioni hanno fatto sempre parte delle indispensabili tecniche per interpretare e influenzare le sorti della collettività e dei singoli. El Once è uno spazio impregnato di queste leggi dove messaggi nascosti, rivelazioni mistiche e presenze divine e malefiche sono a portata di mano, dietro ogni angolo.

Conversare con la collettività *judía* durante questi giorni a Buenos Aires, inoltre, mi sta insegnando a fare meno domande. Solitamente gli ebrei usano rispondere a ogni domanda con un'altra domanda. L'interrogazione continua è uno dei grandi assilli dell'ebraismo. Se le domande dei bambini mettono con le spalle al muro, quelle degli ebrei obbligano a stare sempre in cammino verso qualcosa. Esiste addirittura una barzelletta sull'argomento. Un non ebreo, un *goi*, chiede a un ebreo: «Perché voi rispondete sempre a una domanda con una domanda?». L'ebreo dice: «E perché no?». Parlare con Birmajer mi fa sentire come il protagonista di questa barzelletta. Ogni tentativo di introdurre il tema dell'Undicesimo Comandamento porta a un altro argomento. «Conosci *Il barone rampante* di Italo Calvino? È la mia novella preferita» mi chiede quando provo ad approfondire il Comandamento numero 11. Senza accorgercene stiamo parlando della stessa cosa. Tra i nostri interrogativi è nascosta l'idea del sogno di un mondo ideale che rifiuta le regole preconcette, si discosta da ciò che è considerato normalità e accetta le diversità. Un mondo come quello del barone Cosimo ideato da Calvino, dove la disobbedienza e la ribellione alla famiglia che lo conducono a vivere sugli alberi del giardino di casa, poi in quelli del bosco, diventa una disciplina morale, più difficile e rigorosa di quella che ha rifiutato. Il giovane Cosimo, come lo stesso Birmajer, un ebreo laico che non osserva le regole dell'ebraismo, segue la sua personale strada, la voce interiore più autentica, lontana dalle aspettative familiari e sociali, per dare il proprio contributo al mondo con libertà e coerenza.

«Le cose più durature sono quelle che non esistono: Dio, il Diavolo ed el Once. Chi può provare che sono reali? Però stanno sempre lì» dice lo scrittore prima di salutarmi e, stringendomi la mano, aggiunge: «*El Once es un barrio para esperar*», el Once è un quartiere per sperare. Questa frase mi gira in testa per tutto il giorno e, mentre ancora penso all'Undicesimo Comandamento, mi lascio travolgere dal caos sublime e orrifico della quotidianità di un normale giorno lavorativo a el Once.

Qgni bottega ha il suo prolungamento sulla strada. Non c'è negozio che non abbia tutta la sua mercanzia esposta sulle pareti esterne e in enormi scatoloni adagiati sul marciapiede. I negozianti di el Once sembrano voler mostrare tutti i loro prodotti e non mantener nulla nascosto all'interno. Sono pronti a fare trattative con i clienti anche sul marciapiede pur di vendere. Dopo la crisi economico-finanziaria del 2001 non è più facile fare grandi affari a Buenos Aires, ma i commercianti del *barrio* Once non hanno mai perso la speranza. «*El Once es un barrio para esperar*». La maggior parte dei negozi sono attività a conduzione familiare e le licenze passano di padre in figlio. Fare *shopping* qui è come una *fiesta*. Si trova mercanzia di ogni tipo e tutto è disponibile in ogni colore, modello, grandezza. È come un Paese dei Balocchi dove ogni cosa è possibile. Vuoi una collana? Su Uriburu ci sono decine di negozi di perline, bottoni e *paillettes* dove puoi scegliere forme, dimensioni e sfumature e farti montare all'istante il gioiello che hai immaginato. Ti serve un profumo? Sulla *calle* Pasteur trovi tutte le fragranze. Vuoi comprare biancheria intima nuova? Su Paso si susseguono vetrine con *lingerie* per ogni età e occasione. Hai bisogno di materiali di elettronica? Su Sarmiento c'è tutto l'occorrente in decine di centri fornitissimi. Hai voglia di tende diverse, un rivestimento per il divano o un vestito per un appuntamento galante? Su Lavalle ci sono stoffe, tele, drappi, tessuti per ogni esigenza. E poi su Azquenaga si può assistere a una carrellata d'altri tempi di negozi di abiti da sposa. Puoi entrare in uno di questi *atelier*, scegliere un modello, un tessuto e qualche accessorio, farti prendere le misure e dopo una settimana avere il tuo vestito matrimoniale cucito a mano pronto per essere indossato sull'altare. Girando l'angolo, poi, puoi scegliere in uno dei tanti *negocios* di decorazioni gli addobbi per la tua festa, gingilli vari per la sala del ricevimento, fiocchetti e pupazzetti per abbellire la torta nuziale o di compleanno.

«*Bueno, bonito, barato*» è il motto dei commercianti di el Once. Le botteghe di ogni strada sono specializzate in un prodotto. Tra palloncini colorati, stelle fluorescenti, insegne *kitsch*, manichini sgangherati, bambole di plastica, cappelli fuori moda, borse di pelle, alberi di Natale, portafortuna e biglietti della lotteria, qui trovi l'inimmaginabile, il superfluo e il necessario, oggetti che si mostrano e indumenti che si nascondono, ninnoli e *souvenir* per tutti i gusti. E ogni cosa è «buona, bella ed economica».

All'inizio del Novecento i negozi a el Once erano pochi e male organizzati, ma anche allora il commercio rappresentava l'anima pulsante del quartiere. La maggior parte dei prodotti era mercanteggiata da venditori ambulanti di origine ebraica, i cosiddetti *cuenténikes*, che giravano per le strade e nei *café* alla ricerca di clienti. La maggior parte di loro apparteneva alla classe medio-bassa e non portava a casa stipendi elevati, ma ognuno aveva un aspetto distinto, indossava abiti eleganti e parlava un *castellano* chiaro ed educato. Questi nomadi, riuniti spesso in cooperative, si distinguevano dalla valigia in una mano e un libro nero su cui appuntavano il numero dei prodotti smerciati, i soldi guadagnati e i crediti in sospeso nell'altra. Offrivano spesso alla clientela la possibilità di pagare a rate. Sono stati praticamente l'equivalente *porteño* del «peromante» italiano, il venditore ambulante ebreo che usciva dal ghetto per «andare per Roma» a esercitare la sua professione, «peromare». L'unica differenza tra questi due tipi di mercanti stava nel fatto che mentre a Roma si era costretti a uscire dal ghetto per lavorare, e quindi andare a Roma significava recarsi all'esterno del mondo della comunità ebraica, a Buenos Aires non sono mai esistite barriere e recinzioni tra gli spazi abitati da argentini e quelli popolati da ebrei. Di conseguenza, anche l'attività lavorativa si svolgeva in un territorio unico, accogliente e duro allo stesso tempo, ma in ogni caso libero dal senso di chiusura che si respirava nei ghetti europei. Anche i libri si vendevano in piazza o nei locali. La diffusione culturale a Buenos Aires, infatti, comincia in strada. Quest'atmosfera frizzante si è conservata anche quando, intorno alla metà degli Anni '30, i *cuenténikes*, aiutati dai *clapers*, ambulanti meno bravi nella vendita che venivano utilizzati solo per l'organizzazione della clientela, hanno acquistato le botteghe e sono diventati commercianti a tutti gli effetti.

Fino a qualche decennio fa, durante lo *Shabbàt*[2] le strade erano deserte il sabato a el Once. La maggior parte dei negozi gestiti da ebrei rimaneva

[2] La parola *Shabbàt* significa *smettere,* intesa come sospensione delle attività lavorative più che come riposo. Nel trattato *Shabbàt* del secondo ordine della *Mishnàh* sono elencati

chiusa e si incontravano poche persone in giro. Oggi è diverso. Moltissime attività commerciali funzionano normalmente; infatti un'insegna luccicante che si intravede tra alberi carichi di ombre con su scritto *Compro Oro* mi attira come una calamita. I negozi dove si compra e vende oro usato a el Once sono in ogni angolo perché questo metallo prezioso è da sempre considerato un buon investimento. L'oro non perde mai valore e i gioielli si portano facilmente in valigia, quando si parte.

Entro nel negozio e incontro Samuel. È seduto a gambe divaricate e ha il busto leggermente curvo. Mi scruta. Mi presento e mi lascio travolgere dalla tentazione di chiedergli qual è il senso dello *Shabbàt*. Non mi risponde con una domanda, come mi aspettavo, ma con una descrizione appassionatamente dettagliata. «Anche se oggi molti non rispettano la regola del riposo del sabato – spiega – lo *Shabbàt* è per l'ebraismo una ritualità importante. È considerato un dono, non solo per gli ebrei, ma per tutta l'umanità. Da qui nasce anche l'espressione "anno sabbatico", i dodici mesi in cui si fermano le attività del lavoratore. La santificazione del sabato è addirittura uno dei Dieci Comandamenti ed è considerato dalla comunità ebraica il giorno della più radicale libertà dell'essere umano. Sancisce il ritorno alla propria intima interiorità, alla propria nudità originaria».

Avevo notato anche a Roma che lo *Shabbàt* è una ritualità importante per gli ebrei della città, ma questi, a differenza dei *judíos* argentini, non sembrano provare piacere nel parlare di argomenti legati alle loro tradizioni, abitudini e vita quotidiana.

«Essere ebrei in Argentina è molto diverso che esserlo in Italia», conferma Nora Gluckmann, una donna di 83 anni che ha vissuto una vita molto intensa approfondendo architettura, pittura, psicoanalisi e mantenendo sempre viva la curiosità per le culture altrui. Nata a Buenos Aires da una famiglia di origine *judía*, si è trasferita in Italia da molti anni. Mi accoglie con un bellissimo sorriso nel suo appartamento a Roma. È avvolta in un abito di jeans e dimostra molti meno anni di quelli che ha. «È vero che tutti noi ci portiamo dentro la stessa sensazione di essere contemporaneamente

i 39 lavori proibiti: seminare, arare, mietere, legare covoni, trebbiare, spulare, cernere prodotti, macinare, impastare, cucinare, tosare la lana, lavarla, batterla, tingerla, filare, ordire, fare due staffe, tessere due fili, fare un nodo, sciogliere un nodo, cucire due punti, cacciare un capriolo, scannarlo, scorticarlo, salare la pelle, lavorarla, raschiare i peli, tagliarla, scrivere due lettere, cancellare per scrivere due lettere, fabbricare, atterrare, spegnere il fuoco, accenderlo, battere col coltello, trasportare da un recinto all'altro.

stranieri e a casa in ogni posto, ma a Buenos Aires tutti si sentono meno a disagio che in altre nazioni – dice – Noi *judíos* argentini siamo più aperti degli ebrei italiani. A Buenos Aires, in generale, c'è sempre stata più accoglienza verso il prossimo e una migliore convivenza con l'Altro. Parlo da argentina orgogliosa di esserlo: trovo che qui esista una democrazia vera, più che politica, umana, intesa più profondamente che in Europa perché libera dai pregiudizi interiorizzati dalla Storia, libera di un passato eccessivamente importante che rischia di far del presente una ripetizione e del futuro solo un sogno. Questo ci ha sempre permesso di vivere armonicamente insieme agli altri, senza scontri. Siamo più abituati a stare a contatto con gli stranieri senza considerarli "diversi". Diamo del tu a tutti, offriamo la nostra amicizia con generosità e la consideriamo di enorme importanza. Se a el Once dovesse esser custodito un Undicesimo Comandamento, secondo me, potrebbe recitare queste parole: Non considerare il tuo prossimo come un Estraneo».

La casa di Nora è lo specchio di quel che significa essere aperto verso l'Altro. Sulle pareti del suo studio convivono immagini di miti, eroi, filosofi di diverse tradizioni, immagini di dèi induisti, di musicisti amati, di Ingmar Bergman, di Sigmund Freud, e nella libreria volumi in varie lingue comprati nei suoi numerosi viaggi. Tra questi c'è anche un libro fotografico dello scrittore Julio Cortázar *Buenos Aires, Buenos Aires* che Nora mostra commuovendosi mentre legge la frase: «Dire Buenos Aires è dire il mondo». «Buenos Aires è la madre ideale inesistente: ricca, generosa, leggera e indifferente, ma è soprattutto l'abbraccio di un genitore che ti provoca voglia di stare e voglia di andare. È bellissima e orrenda. È l'amore e l'odio, ma è proprio questa ambiguità che ci attira verso di essa». Sin da quando Nora era bambina e giocava con i suoi coetanei, non si sentiva diversa dagli altri e non avvertiva la presenza di antisemitismo nei gesti delle persone che incontrava anche se sentiva ripetere con estrema facilità l'espressione «*judío de mierda*», ebreo di merda. Segretamente, però, la piccola Nora voleva sentirsi uguale alla maggior parte dei suoi amici, tanto che un giorno di Pasqua seguì la donna della pulizie di casa in una chiesa e prese la comunione con lei durante la messa. «È stato un gesto spontaneo e innocuo che però negli anni mi ha fatto sentire in colpa – spiega – ho avuto vari incubi e sono stata ossessionata dall'immagine di un dipinto che raffigurava il tradimento dell'ebreo che prende l'ostia». Con gli anni questa colpa è svanita e l'immagine rimasta nella sua mente è quella del nonno, «l'ultimo degli ebrei religiosi della mia famiglia *judía* laica, molto tipica a Buenos Aires», che, da grande amante dello sfarzo e del lusso, nel momento della preghiera sceglieva l'umiltà rimanendo solo davanti a un pezzo di pane e a una candela.

«Buenos Aires è ricca di cattolici che usano farsi il segno della croce in strada, in autobus, ovunque e soprattutto davanti a ogni chiesa che incontrano» racconta, invece, Fiammetta, nata a Roma ma emigrata in Argentina a 3 anni quando il padre, un avvocato molto conosciuto, ebreo lungimirante, decise di lasciare l'Italia prima dello scoppio della guerra, dopo aver perso in un solo giorno studio e professione, aiuto domestico ariano e la scuola pubblica per i due figli maggiori. «Non mostrare il segno della croce in pubblico – aggiunge – era un segno di evidente diversità che inconsciamente io sentivo senza aver mai subìto a Buenos Aires discriminazione o gesti di razzismo, in una società eterogenea e di immigrazione quotidiana. A mia sorella maggiore, con le trecce bionde e occhi celesti, chiedevano a scuola: "Ma sei italiana o sei *rusa?*". Le due cose insieme erano assolutamente incompatibili. Viceversa, in Italia l'antisemitismo di antica matrice cattolica è sempre palpabile, uomini e donne sfoggiano croci di ogni genere, anche se è assai raro vendere persone in strada farsi il segno della croce».

Sempre in Italia conosco Ruth Ajzen, una cantante dai capelli scuri e ricci, nata a Buenos Aires da nonni polacchi e ucraini che da molti anni vive a Roma con il marito e il figlio Matías. Per lei «l'antisemitismo è nel midollo della gente, basta grattare un po' ed esce fuori». A riguardo mi viene in mente un passo del racconto di Borges, *Due libri*, contenuto in *Altre inquisizioni*, che dice: «Ci sono diverse ragioni perché io non sia un antisemita: la principale è questa: la differenza tra ebrei e non ebrei mi pare, in genere, insignificante; a volte, illusoria o impercettibile. Nessuno quel giorno volle condividere la mia opinione; tutti giurarono che un ebreo tedesco differisce grandemente da un tedesco»[3].

L'infanzia di Ruth è piena di episodi di emarginazione ed esclusione e affollata da tanti momenti di paura come quando «a scuola arrivavano telefonate anonime che segnalavano la presenza di una bomba costringendo tutti a scappare. E noi scappavamo, terrorizzati!» dice. Ruth parla delle sue origini con amore, ma dietro ogni parola è nascosto un velo di tristezza, tanta rabbia e qualche lacrima stagnata. Da un po' di anni ha cominciato a cantare in yiddish. «Quando vivevo a Buenos Aires, di mattina frequentavo la scuola pubblica, di pomeriggio quella ebraica dove ancora si insegna il

[3] Jorge Luis Borges, *Altre Inquisizioni*, Adelphi, Milano, 1996.

pensiero, la filosofia, la storia, la letteratura, la lingua e i testi sacri del nostro popolo – racconta – Fino a 8 anni ho studiato lo yiddish, poi sono passata all'ebraico. Ho sempre cantato e, durante gli anni della scuola pubblica, facevo la solista. La nostra professoressa, Graziella, amava le diversità tra le persone e le valorizzava: fu lei la prima a darmi l'opportunità di cantare in yiddish. L'ho fatto per gioco, poi me ne sono dimenticata. Non avrei mai pensato che in età adulta avrei riutilizzato questa vecchia lingua per il mio lavoro. Oggi, invece, lo faccio, mi dà gioia e mi sorprende continuamente. Ne sono sicura: ogni volta che canto una canzone in yiddish tutta la mia famiglia, Lassù, brinda».

Lo yiddish è una lingua germanica che, dopo l'esodo degli ebrei durante la seconda guerra mondiale, viene parlata in tutto il mondo e scritta con i caratteri dell'alfabeto ebraico. Ha origine, quindi, dalla cultura ashkenazita diffusa nell'Europa centrale e orientale. Nell'uso comune è definita *mame-loshn*, lingua madre, per distinguerla dall'ebraico biblico e dall'aramaico, considerati *loshn-koydesh*, lingue sacre. È ritenuta una lingua antica e moderna allo stesso tempo, che assegna una forza speciale alla parola: non evoca o suscita fatti, ma li fa avvenire direttamente. «È una lingua responsabile delle cose che pronuncia» dicono gli ebrei. Con il passare degli anni, però, lo yiddish perde la sua aurea sublime e viene percepita come la lingua volgare degli esiliati. «Un tempo era usata da 11 milioni di persone, oggi in via d'estinzione» spiega la scrittrice ebreo-argentina Alicia Steimberg, conosciuta durante la presentazione di un suo libro a Roma.

«El Once per anni è stato *un barrio que hablava yiddish*, un quartiere in cui si parlava yiddish per le strade, nei *café*, nei negozi» sottolinea. Alcune delle storie raccontate nei libri della scrittrice sono state ispirate proprio dal miscuglio di persone che ha sempre abitato il *barrio* Once. Nata in una famiglia di origine ebraica, Alicia Steimberg, una donna piccola e forte, ironica e sempre sorridente, ha trascorso la sua infanzia anche a contatto con cattolici. Questa opportunità di confronto sviluppò subito in lei una grande curiosità per le differenze. Nel libro *Cuando digo Magdalena*[4] svela alcune di queste fascinazioni infantili vissute e discusse con il fratellino. «Per lui Dio era un *invertebrado gassoso* – racconta – perché non è fatto di carne e ossa, non è palpabile. È invisibile. Come el Once!». Dio ed el Once non esistono, eppure stanno sempre lì.

[4] Alicia Steimberg, *Cuando digo Magdalena*, Planeta, Biblioteca del Sur, 1992.

Quello che più mi colpisce maggiormente della presenza di Dio a Buenos Aires sono le sue molteplici manifestazioni e l'assenza di timore nei suoi confronti. Il Dio che abita tra le strade di questa città plurale è percepito come un vicino di casa, sempre pronto a ricevere chi ne aveva bisogno, più che come una divinità irrangiungibile nel Cielo. Mentre ascolto i racconti di Alicia sorseggiando un thé caldo, sfoglio il suo libro e vengo attratta dalla sua attrazione verso il Cielo dei cattolici perché questo aveva dei limiti ben definiti. «Se c'è qualcosa che mi fa paura è cercare l'Infinito, l'eternità – scrive Alicia – Il Cielo dei cattolici ha dei limiti ben definiti; occupa uno spazio tra altri spazi, Inferno, Purgatorio e Limbo, un luogo tanto noioso quanto mangiare soltanto la parte bianca dell'uovo, dove galleggiano tutti i bambini morti prima di essere battezzati. Inoltre il Cielo dei cattolici è diviso dagli altri cieli e gli Inferni di altre religioni, come dallo spazio nero e pieno di punti interrogativi e caratteri dell'alfabeto ebraico che rappresentano il Cielo degli ebrei. Però, nonostante lo spazio del Cielo dei cattolici sia chiaramente delineato – occupa una zona imprecisa tra la Terra e il pianeta Marte e ammette solo terrestri – questo spazio è certamente molto ampio, pulito e ben illuminato [...]. Quanto dovrebbe semplificare la vita pensare a questo Cielo!».

Gli antenati di Alicia erano musicisti e orologiai. «Per fare i musicisti dovevano fare gli orologiai. Le due professioni avevano in comune la sveglia: non c'è arte senza allarme che suona la mattina» dice. Da questa idea nacque il suo primo libro, *Músicos y Relojeros*, uscito nel 1971 e ristampato in cinque edizioni. La più recente è stata pubblicata nel 2008 dall'editore Alfaguara insieme al suo ultimo romanzo, *La música de Julia*. Strizzando gli occhi dietro gli occhialini rotondi, la signora Alicia, con fare dolce e ammaliante, all'improvviso esclama: «Da bambina non volevo sentirmi un'ebrea! Desideravo la vita delle altre, a partire dal nome. Mi sarebbe piaciuto chiamarmi Marta o Susanna e avere un cognome spagnolo o italiano, così diffusi a Buenos Aires. Vivevo un conflitto, come la maggior parte dei miei coetanei ebrei». «Essere uomo è un dramma – scrive, infatti, E. M. Ciorano[5] – essere ebreo, un altro ancora. Così l'ebreo ha il privilegio di vivere due volte la nostra condizione». Con il passare del tempo il «dramma» di Alicia ha assunto colori più tenui e «l'essere ebrea è diventato un valore grande e prezioso per la vita e la carriera». «Prima non volevo sentirmi diversa, oggi mi piace essere diversa» mi dice e quando le chiedo se si considerava una *yiddish mame*, il prototipo

[5] E.M. Cioran, *La tentazione di esistere*, Adelphi, Milano, 1984.

di mamma ebraica famoso come genitrice petulante, costantemente preoccupata, ansiosa e premurosa all'eccesso, mi risponde: «Qualsiasi donna di qualsiasi cultura può essere una *yiddish mame*»! In questo si sentiva uguale alle altre mamme del mondo, ma lontana dalla personalità della sua che la rimprovera continuamente di essere troppo vogliosa di novità. «"Modera la tua indole curiosa, bambina mia!" mi diceva la mamma, provando a insegnarmi che il desiderio di sapere era un peccato – prosegue – Eppure, allora come oggi, non c'è niente che mi renda più soddisfatta e gioiosa di conoscere una persona nuova, scoprire un luogo nuovo, provare un cibo nuovo. Da bambina più mi dicevano di non essere troppo interessata al mondo, più sentivo in me esplodere la voglia di conoscere tutto quello che mi circondava. Quando avevo 11 anni abitavamo in una *casa chorisa*, un appartamento grande e lungo con tante stanze da letto in fila. Ogni notte mi intrufolavo nelle camere dei parenti e aprivo i loro cassetti. Una delle scoperte che mi ha lasciato maggiormente un segno è stato un libro, *Il matrimonio perfetto*. Pensavo che leggerlo mi avrebbe fatto capire come siamo venuti al mondo, invece mi ha svelato che cos'è la passione sentimentale».

La curiosità è una benedizione, direbbe un saggio. È, infatti, la qualità principale che permette a uno scrittore di immedesimarsi con l'Altro e raccontare i personaggi che danno vita alle sue storie. La *señora* Steimberg continua a ficcare il naso ancora oggi in ogni luogo in cui approda e a osservare con attenzione ogni persona che incontra come una bambina ingenua che riceve in dono la curiosità e aprendo lo scrigno segreto, il famoso vaso di Pandora, si trova davanti *L'Aleph* di Borges. «La scala della cantina è ripida, gli zii mi avevano proibito di scendervi, ma qualcuno aveva detto che c'era un mondo di cose in cantina. Si riferiva, come seppi in seguito, a un baule, ma io capii che c'era un mondo. Scesi di nascosto, rotolai per la scala vietata, caddi. Quando aprii gli occhi vidi l'*Aleph*».

A Buenos Aires tutti invocano Dio. «Che Dio ti benedica», «Che Dio sia con te», «Che Dio ti aiuti», «Dio ti darà quello che ti meriti», «Solo Dio può salvarmi», «Solo Dio sa la verità» sono alcune delle espressioni che avevo sentito nel *barrio* Once. Queste vengono ripetute in ebraico, in *castellano*, in italiano e in arabo da *judíos,* cristiani e musulmani, credenti e miscredenti, praticanti e atei. A el Once ognuno invoca il suo Dio senza inibizioni, vergogne e timori. Non esiste scontro di civiltà in questo quartiere escluso dalle mappe. Le invocazioni si amalgamano nell'aria creando un'unica melodia che invade case, uffici e negozi. «Le benedizioni valgono più dei soldi» ripeteva spesso il rabbino della *calle* Ecuador. Sarà per questo che molti usano benedire l'amico incontrato per caso o il vicino di bottega mentre apre la saracinesca! L'espressione maggiormente ripetuta è «*Dios mio!*». L'intonazione può cambiarne il significato: da un'esclamazione di disperazione o fastidio di un commerciante arrabbiato può diventare l'urlo gioioso e stupito degli scolaretti all'uscita della scuola. Anche i giovani, infatti, ne fanno un uso comune pur non essendo particolarmente religiosi. Si fa appello a Dio per chiedere aiuto, per cercare perdono, per ringraziarlo di un favore, ma a differenza di altre popolazioni, gli argentini percepiscono Dio come una presenza a portata di mano. Uno dei detti popolari più noti qui sostiene addirittura che «*Dios atiende en Buenos Aires*», Dio riceve a Buenos Aires. Quest'espressione contiene quel pizzico di arroganza tipicamente *porteña* e vuole indicare che Dio frequenta Buenos Aires più che altre città dell'America Latina. «Sì, perché Dio ha l'ufficio a Buenos Aires!» mi dice un ragazzo incontrato in un bar della *calle* Uriburu. «È da qui che lavora per i suoi miracoli». Ridendo, il ragazzo, mi racconta anche una barzelletta sul tema: «A Buenos Aires un tizio voleva parlare con Dio per chiederli qualcosa. Un amico gli dice di telefonargli perché Dio risponde sempre. Così il tizio ci prova ma non ci riesce. Quando rivede l'amico si lamenta perché il suo consiglio non aveva funzionato, allora questo gli chiede: «Ma hai fatto il prefisso?» e il tizio esclama: «Ma come, non è una chiamata locale?».

Anche se per l'ebraismo il nome di Dio è considerato non pronunciabile, in questo coro di invocazioni ci sono anche quelle degli ebrei. Me lo conferma un'insegnante conosciuta nella scuola della *calle* Paso. «Il vero nome di Dio è considerato troppo sacro per essere nominato e scritto, allora lo sostituiamo con vari appellativi in base alla circostanza – dice la maestra – Nella lettura delle preghiere si usa *HaShem*, Il Nome o l'Eterno, o *Adonai*, Miei Signori, o *Elohim*, Coloro che hanno vita in se stessi o Dei. Il plurale maiestatis amplifica il senso di rispetto. Nella vita comune, invece, usiamo espressioni come *Baruch Ashem*, che vuol dire Benedetto sia il Signore». Naturalmente non le chiedo di svelarmi qual è il nome di Dio ineffabile, non lo avrebbe mai detto ad alta voce, ma facendo delle ricerche successivamente non è stato difficile scoprirlo: è composto dalle quattro lettere YHWH e viene chiamato tetragramma divino. Per essere un buon ebreo non bisogna rispettare solo questa regola, ma ben 613, dette *mitzvòt*, tutte contenute nella Torah, di cui 365 sono divieti e 248 precetti. «Come reagiscono i bambini al divieto di dire il nome di Dio?» chiedo alla maestra. «Spesso ricevono molte nozioni religiose dai genitori prima di venire a scuola e quindi già conoscono i Comandamenti dove si dice di non pronunciare il nome di Dio invano – risponde – A noi tocca insegnare loro le preghiere e il rispetto dei testi. Solitamente fotocopiamo alcune pagine della Torah spiegandogli subito che non dovranno mai coprire la pagina dove è citato Dio. Il nome di Dio va rispettato al punto che quando un libro sacro si deteriora non va mai buttato: deve essere portato al Tempio e, custodito in una scatola speciale chiamata *ghenizza*, sotterrato nella terra: il nome di Dio dovrà diventare polvere».

Gli ebrei pregano sia in casa, se sono presenti dieci persone di età maggiore ai 13 anni, sia in sinagoga. La più antica struttura costruita a Buenos Aires è il *Tempio Libertad Die Zilinder Iden*. Vado a visitarla e il rabbino mi racconta che l'edificio è stato fondato nel 1897 dagli ebrei della *Congregación Israelita de Buenos Aires*, oggi chiamata *Congregación Israelita de la República Argentina*. Qui ancora si possono incontrare ebrei che indossano il *sombrero de copa*, il cappello tradizionale alto. La sinagoga è situata nell'angolo tra Libertad e Córdoba, di fronte a *plaza* Lavalle e il 29 dicembre 2000 è stata dichiarata monumento storico nazionale. Il suo stile è un intreccio tra romantico e bizantino. Al centro dell'arco della facciata principale sono ben visibili la stella di David a sei punte, le tavole della legge con i Dieci Comandamenti del libro dell'Esodo e dodici medaglie che rappresentano le tribù d'Israele. L'edificio adiacente ospita il *Museo Judío de Buenos Aires Dr. Salvador Kibrik*, inaugurato nel 1967. *Plaza* Lavalle, sin dal 1895, era il centro della vita *judía*. Intorno a essa si svilupparono le prime attività commerciali: sartorie, negozi di lana, cotone e seta e centri tessili famosi in tutto il Paese e gestiti da ebrei di diverse provenienze tra cui anche marocchini e siriani, *los halabim* di Aleppo. Solo all'inizio del '900 la comunità ebraica ha invaso l'intero quartiere Once, famoso come «distretto 11» già dall'epoca definito *gueto abierto*, ghetto aperto. Successivamente si espanse ad altri distretti, dal 3 e 4 (Boca e Barracas) al 15 (Villa Crespo), fino a dar vita al fenomeno di «dispersione residenziale» che si è sviluppato dal 1936 e ha spinto gli ebrei fino a Belgrano, a nord della città.

«Abbiamo sempre avuto la libertà di scegliere quale sinagoga frequentare perché Buenos Aires è sempre stata ricca di sinagoghe in diversi quartieri, non solo nel *barrio* Once, ma anche a Villa Crespo e Belgrano» sostiene Emma, un'architetto di origini ebraiche, nipote di rumeni e figlia di argentini, trasferitasi in Italia 34 anni fa. «Naturalmente si sceglieva quella più vicina a casa perché occorreva andarci a piedi. Durante lo *Shabbat*, dal tramonto del venerdì sera non si possono usare mezzi di trasporto. Le sinagoghe più frequentate sono sempre state il *Templo Libertad*, che aveva un coro formato sia da uomini che da donne, e il *Gran Templo Paso*, al civico 423 della *calle* Paso. Ricordo un gran migrare verso le sinagoghe per partecipare alle cerimonie, ma l'immagine più forte che ho in mente è quella di molti anziani che prima di entrare in casa, alla fine della cerimonia, aspettavano anche ore davanti alla porta di casa prima che un non ebreo gli aprisse l'uscio. Quando si celebra lo *Shabbàt* non è permesso portare la chiave di casa con sè, nè girarla per aprire il portone».

Il servizio liturgico è recitato in ebraico a eccezione delle prediche dedicate a temi d'attualità, lette nella lingua locale. Le principali feste ebraiche sono legate alle stagioni e ad antiche tradizioni agricole pastorali. Il calendario ebraico comprende cinque feste maggiori di origine biblica. Le tre feste "del pellegrinaggio" o "del raccolto" (*Pesach*, *Shavuot* e *Sukkoth*) associate all'esodo dall'Egitto, e le due "feste penitenziali" (*Rosh HaShanan* e *Yom Kippur*). *Peasah*, la Pasqua, è la festa più importante del calendario ebraico. Fa riferimento alla morte dei primogeniti egiziani. Il rito rappresenta il sacrificio per il Signore passato oltre le case degli israeliti in Egitto quando colpì gli egiziani e salvò le case degli ebrei. La Pasqua, dunque, comincia la sera del 14 di *Nisàn* e termina la sera del 22 dello stesso mese. Si commemora la liberazione della schiavitù egiziana e si consuma pane azzimo, cioè non fermentato, in ricordo della fretta con la quale gli ebrei fuggirono dall'Egitto, e ci si astiene da qualsiasi altro cibo lievitato. La festa delle Settimane, la *Shavuot*, si celebra invece in sette settimane, ossia 50 giorni, dopo la Pasqua. Si commemora il dono della Torah e dei Dieci Comandamenti che Dio ha dato a Mosè sul Monte Sinai. La festa delle Capanne, *Sukkoth*, dura otto giorni e ricorda la vita del popolo d'Israele nel deserto durante il viaggio verso la Terra Promessa, la terra d'Israele, e consiste nel consumare i pasti in capanne dal tetto di rami o di paglia. Per la celebrazione sono utilizzate quattro specie di vegetali: il *lulav* (un ramo di palma), l'*etrog* (un cedro), un ramo di mirto e un ramo di salice. E poi c'è il Capodanno, *Rosh ha-shanàh*, celebrato il giorno di inizio dell'anno civile per commemorare la creazione e la sovranità di Dio nel mondo.

A partire dagli Anni '90 le preghiere degli ebrei di el Once si sono mischiate in particolare con quelle di boliviani, peruviani, coreani e cinesi approdati a Buenos Aires. Questi nuovi inquilini del quartiere invisibile rappresentano l'immigrazione recente della città, l'ondata di arrivi mossa non solo da disperazione e fame ma anche dal forte desiderio di migliorare la propria condizione di vita e dell'avviare buoni affari. Niente valigia di cartone per loro, né portafogli vuoti e mostri cattivi da cui fuggire, come era successo agli ebrei in fuga dalle persecuzioni religiose. Questi nuovi immigrati sono arrivati con il denaro necessario per avviare un'attività e tanti progetti da realizzare. I loro guadagni sono finalizzati anche a finanziare i familiari rimasti nella terra di origine. Pur non essendo facile avviare nuove attività nell'Argentina di oggi, soprattutto i cinesi e i coreani sono riusciti, in poco tempo, ad aprire supermercati e *kioskos* zeppi di prodotti di ogni tipo e le loro imprese hanno addirittura preso il posto di storici negozianti *judíos*. Tra i vecchi e i nuovi inquilini di el Once esistono grandi differenze nel modo di vivere e di sognare. Sia per i boliviani e i peruviani sia per gli immigrati orientali l'Argentina rappresenta un trampolino di lancio per altre terre: un Paese di passaggio per preparare le carte per trasferirsi in America o in Europa, «le vere Terre Promesse», o tornare nel proprio paese di origine con denaro da investire. La popolazione ebraica, invece, è arrivata a Buenos Aires con il desiderio di stanziarsi e trovare pace. Il suo obiettivo era prevalentemente quello di «salvare la discendenza»[6].

Le strade di el Once cambiano fisionomia da sud a nord. Per esempio la *calle* Junín a sud ha un aspetto umile e scruro mentre a nord si carica di luce, benessere e prestigio. È una *calle divisoria*, divide due mondi. Con l'arrivo delle nuove migrazioni, inoltre, sempre più ebrei hanno cominciato a desiderare di spostarsi verso nord e già in molti si sono trasferiti in altri quartieri consederati più *chic*, come la Recoleta, *barrio* Norte, Belgrano.

«*Once es un barrio para convivir*», è un quartiere per convivere. Non è un mosaico di identità incastonate una nell'altra. Non è un *puzzle* di culture come New York, ma è come una piscina in cui sguazzano allegramente uomini e donne, anziani e bambini, bianchi e neri, ricchi e poveri. Qui coabitano pacificamente la magia della cultura argentina e il lavoro costante e disciplinato tipico degli ebrei, l'espansività solare di peruviani e boliviani e la riservatezza e la silenziosità di cinesi e coreani. Per le *cuadras* di el Once si avverte il dualismo dei personaggi dello scrittore argentino Robert Arlt, impiegati e avventurieri, tristi e incantati, umiliati e sedotti. La convivenza e la fragile alternanza tra gloria e caduta si imparano a scuola. Le identità degli scolari siedono una affianco all'altra nei banchi, si scrutano, si conoscono, convivono con rispetto, ma non si fondono. Nessuno impone all'altro le sue abitudini sin da ragazzini. Il concetto di *fusion*, tanto caro agli Stati Uniti,

[6] Ricardo Feierestein, *Historia de los judìos argentinos*, Galerna, Buenos Aires, 2006.

non è una regola assorbita neanche nella cucina a el Once. Ogni pietanza preparata in casa o nei ristoranti del quartiere invisibile non viene alterata dal miscuglio di ingredienti. Le antiche ricette sono conservate e cucinate con rigore. Può capitare, però, di vedere un ebreo o un boliviano sorseggiare un'infusione di *mate*[7], la tipica bevanda di Buenos Aires, che si *toma* a colazione, nel pomeriggio o dopo cena rispettando una precisa ritualità. Come è comune sentir dire a un coreano, a un peruviano, o un libanese: «*Veremos por tomar Once*». È un'espressione arrivata dal Cile e diffusasi molto a Buenos Aires anche se non ha nulla a che fare con il quartiere Once. Indica il darsi appuntamento per mangiare qualcosa insieme, solitamente uno spuntino tra il pranzo e la cena. «Il modo di dire *Tomar Once* nasce dalle undici lettere della parola *Aguardiente*, nome di un liquore cileno fortissimo che bevevano soprattutto i minatori, molto usato in passato anche nelle campagne per indicare un momento di pausa dal lavoro. Once era il codice per darsi un appuntamento segreto per bere questo liquore – spiega Javier Correa, un documentarista cileno conosciuto in Italia e incontrato a Buenos Aires durante i miei giorni nel *barrio* Once – Oggi quest'espressione è entrata nel gergo comune e in tutto il Sud America si usa per dare appuntamento agli amici per fare un *break* e bere un *mate* o un caffè con qualche dolcetto, non più *Aguardiente*. È l'equivalente del thè delle 17,00 degli inglesi».

A el Once quest'espressione è ripetuta spesso. Sin da inizio '900, per sentirsi accettati dai *porteños* gli immigrati hanno cercato diverse maniere per integrarsi nella società. L'uso di un modo di dire o l'acquisizione di una abitudine quotidiana come tifare per il Boca Junior o il River Plate, o come cuocere l'*asado*, sono stati per molti stranieri passi importanti per avvicinarsi al mondo del vicino ed evitare di rimanere chiusi nella propria sfera comunitaria. Maghub, un uomo rugoso, longilineo, sdentato, dalle mani come tronchi e la pelle scura, è arrivato a Buenos Aires dalla Tunisia. È uno dei pochi arabi che abita a el Once, il resto dei suoi connazionali si divide tra i palazzoni del quartiere Palermo e altre zone più periferiche della città. Indossa un camicione e un pantalone bianco. Sul capo ha un cappellino bordeaux. Ha sposato un'ebrea nata da una famiglia russa che abitava sulla *calle* Paso e gestisce un negozio di *souvenir* su Pueyrredón. Non fuma più il narghilé. Quando ha voglia di una pausa beve il *mate*.

[7] Con *mate* si indica sia il contenitore ricavato da piccole zucche svuotate, lasciate essiccare e poi decorate, sia la pianta le cui foglie forniscono l'infusione più tradizionale delle culture rioplatensi.

Maghub è l'espressione del pluralismo del *barrio* Once: le identità individuali sono lasciate libere di esprimersi nel mutamento e di convivere senza rimanere nella terra paludosa della tradizione ereditata. Nel suo negozio si sente un capostazione. «Da qui passa il mondo intero, *Alhamdou Lelah*, grazie a Dio». Un lampo sembra attraversarli gli occhi mentre parla. «Io sto fermo al mio posto e aspetto l'arrivo dei treni – dice – Ogni persona mi porta un profumo, un sapore, un colore con la cultura e la lingua della sua nazione. Accolgo tutti con il sorriso, mi confronto con loro, mostro i miei prodotti, ma soprattutto viaggio intorno al mondo». Maghub è un musulmano ateo e non si sente a disagio tra gli ebrei. «Si può affermare la propria identità ben oltre la religione – sottolinea – Il vero infedele è chi non rispetta e insulta l'Umanità. Chi sputa al Cielo e poi è costretto ad abbassare la testa per non ricevere il suo sputo sul viso. Io non ho mai sputato al Cielo ma l'ho sempre guardato con domande e sfida, per questo sono un musulmano ateo e sono fiero di essere fedele all'Umanità perché il pensiero e la filosofia mi hanno insegnato che l'essere umano dovrà andare sempre verso un Assoluto più bello di quello che era prima. La fede non dovrebbe avere mai la precedenza sulla ragione. Non esiste scontro di civiltà a el Once. Poi noi arabi abbiamo molte cose in comune con *los judíos*, per esempio la pratica della circoncisione». Maghub è fedele all'Umanità quando va incontro agli altri. Ha sostituito il tradizionale thè di benvenuto offerto in tutti i Paesi arabi ai clienti con il mate argentino. «Ho sempre il bollitore sul fuoco e appena entra qualcuno preparo un mate. Tutti lo accettano volentieri, *Alhamdou Lelah*! Agli stranieri devo spiegare le regole del rito, in particolare quella per cui il *mate* deve sempre tornare prima a chi lo porge per primo per poi passare a un'altra persona». Il più grande piacere del bottegaio arabo è la condivisione. «È bello riconoscersi uguali e diversi dagli altri e dividere momenti e spazi. Mi viene in mente una *sura* del Corano, *Al-Kafirun* (I Miscredenti), in cui si dice: *O miscredenti! / Io non adoro quel che voi adorate / e voi non siete adoratori di quel che io adoro. / Io non sono adoratore di quel che voi avete adorato / e voi non siete adoratori di quel che io adoro: / a voi la vostra religione, a me la mia.* A el Once esiste il rispetto per le credenze altrui. La fede, però, si vive da soli e in silenzio. È l'unica cosa che non si condivide con gli altri».

«Qual è l'Undicesimo Comandamento?» gli chiedo. «Non so! – sbotta, ridendo – Ma posso dirti che per noi arabi l'11 è il numero della conoscenza di Dio che passa attraverso 11 tappe: la volontà che corrisponde alla padronanza di sé; l'astinenza e la musica che conducono alla purificazione;

il tempo, tappa del percorso tra la coscienza di sé e Dio; l'immagine di Dio riflessa in ogni creatura; la fine dell'inquietudine; la tranquillità perfetta e l'estasi permanente; l'estraniamento da se medesimi; la possibilità di salire verso Dio; la perdita della volontà; l'andata e ritorno a Dio; la contemplazione permanente che dà il potere di fare miracoli[8]. *In Sha Allah*, speriamo ragazza mia. *Rahmek Allah*, che Dio ti benedica!».

A Buenos Aires sono molto diffusi i matrimoni tra persone di credo diverso, un segno d'incontro tra le diversità. Tutti i rituali nuziali delle differenti cerimonie religiose vengono rispettate. Cercando la data del primo matrimonio celebrato secondo il rito ebraico a Buenos Aires vengo nuovamente rincorsa dal numero 11. Il primo contratto matrimoniale *judío*, il *ketubá*, è stato firmato l'11 novembre (11/11!) 1860. Gli sposi erano Elisabeth e Salomon Levy e la loro unione fu considerata un evento, tanto che il giornale *La revista de Buenos Aires* ne diede notizia. Tre anni prima, infatti, un decreto firmato da Valentín Alsina e José Barros Pazos legalizzava i matrimoni tra protestanti, ma non menzionava quelli tra giudei, clausola introdotta solo il 21 ottobre 1860. Il primo rabbino di Buenos Aires è stato Henry Joseph, un commerciante inglese arrivato in città alla fine del 1850. Dal 16 dicembre 1833 al 13 giugno 1886 registrò otto matrimoni, 26 nascite e 5 morti. Sua moglie era una protestante di nazionalità argentina e si convertì all'ebraismo nel 1883. Per la religione ebraica il matrimonio non è un sacramento ma un contratto che gli sposi firmano, la cui forma risale a più di duemila anni fa. È un'alleanza fra due persone con la partecipazione di Dio. Socialmente rappresenta il patto tra Dio e il popolo ebraico. La cerimonia avviene in due momenti, *Kiddhushin* e *Nessu'in*. Deve essere necessariamente preceduta dal contratto matrimoniale, *Kettubàn*, con la funzione di fissare gli obblighi del marito nella realizzazione della vita coniugale e familiare e prevede la costituzione della dote per la donna. La fase del *Kiddhushin* consiste nel dono di una moneta d'oro e dell'anello dallo sposo alla sposa alla presenza di due testimoni. Durante la *Nessu'in*, invece, si tiene la benedizione del vino e della libagione di esso da parte degli sposi in apposite coppe per iniziare la coabitazione. Oggi le due fasi sono state unificate.

[8] Nadia Julien, *Il linguaggio dei simboli*, Oscar Saggi Mondadori, Milano, 1996.

Capitolo quarto
Un ghetto aperto

Onora il giorno del sabato per santificarlo
(Quarto Comandamento secondo la tradizione ebraica,
tratto dal testo dell'Esodo)

Gael aveva una grande finestra che affacciava sul cortile della sinagoga. Da lì ogni mattina la bambina assisteva a una scena che rapiva la sua attenzione: la moglie del rabbino selezionava, chicco per chicco, il riso riposto in un enorme recipiente di terracotta che teneva fra le gambe. Curva su una sedia con gli occhialini sul naso, avvolta da eleganti vestiti di seta blu, la donna dai lineamenti giovanili e il volto stanco lavorava il riso per farlo diventare *kosher*.

Gael aveva 9 anni e non sapeva ancora cosa fosse la *kosherut*, la normativa ebraica sul cibo che regola l'alimentazione indicando quello che è consentito consumare agli ebrei, eppure riconosceva in quel gesto qualcosa di incantato. Era timida e non osava chiedere ai genitori il senso di quella ritualità appassionata, ma si lasciava ipnotizzare dalla ripetizione paziente del movimento delle mani che quella donna ricurva ripeteva per ore per togliere ogni imperfezione e impurità al riso prima di cucinarlo per la famiglia. *Kosher* in yiddish significa adatto, conforme, opportuno e si riferisce prevalentemente al consumo di carni.

Gael oggi ha i capelli grigi e gli occhi scuri, ma le guance ancora paffute. È nata a Buenos Aires da genitori di origini tedesche. La incontro per una *charla* nel suo appartamento sulla *calle* Alsína. La prima cosa che mi mostra durante il nostro incontro è l'elenco degli animali che gli ebrei possono mangiare. «Questa lista è contenuta nell'undicesimo capitolo del Levitico, il terzo libro della Torah» dice attirando subito la mia curiosità. Sono ancora rincorsa dall'11. Con lentezza e un leggero tremito delle labbra, inizia a raccontare la sua storia vissuta in un continuo altalenare tra regole imposte e desiderio di trasgredirle. «Ho capito il significato del cibo *kosher* solo da adolescente – sottolinea arrossendo – È stato un rabbino a spiegarmi i princìpi della normativa, non i miei genitori. Per loro non era importante quello che entrava nella bocca, quanto quello che ne usciva». Grazie al rabbino Gael ha imparato che «quando Dio creò l'uomo lo concepì vegetariano, pur se sovrano di tutti gli animali». Da qui derivano le regole scritte nella Torah per cui per agli ebrei è permesso mangiare solo le carni dei quadrupedi che hanno l'unghia fessa e che ruminino come il vitello. Non sono lecite, invece, quelle di maiale e coniglio. I volatili sono quasi tutti consentiti, salvo i rapaci, mentre sono proibiti gli animali che strisciano o hanno contatto stretto con il suolo, come il topo, il serpente, le lucertole e gli insetti. Tra gli animali acquatici si possono cucinare quelli che hanno pinne e squame, mentre non sono assolutamente permessi molluschi, crostacei e frutti di mare.

Tutti gli animali, però, anche quelli non proibiti, sono ritenuti *kosher* solo se vengono uccisi con il metodo di macellazione rituale ebraica *shechitah*. «Il macellaio, lo *shochet* – aveva specificato il proprietario di un negozio di alimentari di el Once – per esercitare il mestiere deve aver conseguito il titolo d'idoneità da un rabbino. Il suo ruolo consiste nel mozzare con un coltello affilatissimo la trachea e l'esofago dell'animale recidendo le arterie principali e causando perdita di coscienza e morte istantanea. Il sangue restante viene eliminato dalla carne attraverso un processo di lavatura, salatura e risciacquo e, subito dopo, si passa al *bedigat*, il controllo degli organi interni necessario per verificare se ci sono difetti o tracce di malattia che rendano la carne impura». A el Once i cibi *kosher* sono molto diffusi. Sin dalla fine dell'800, quando arrivarono nel Paese i primi ebrei, quest'area era ricca di negozi alimentari, pasticcerie e qualche ristorante noti come «posti *kosher*». Per questo motivo il quartiere divenne subito un punto di riferimento per tutta la comunità ebraica presente in Argentina, abituata a mangiare alimenti che trovava solo qui. El Once è ancora il fulcro della cucina *kosher* e nel grande centro commerciale dell'Abasto si può trovare addirittura un *McDonald kosher* di fianco a quello tradizionale.

«Man mano che crescevo, però, mentre imparavo a rispettare queste e altre regole dell'ebraismo – dice Gael – mi sentivo sempre più disorientata tra il bisogno di obbedire e la voglia di liberarmi dei dettami della mia cultura perché il comportamento delle persone con cui mi confrontavo non coincideva con le basi della mia educazione. Buenos Aires è per antonomasia la città che non rispetta regole. I *porteños* vivono nella indisciplina più totale su tanti aspetti». Chiedo: «Come si sente un giovane ebreo in questo contesto?». «Si prova disorientamento, appunto. Con il passare degli anni, però, mi sono accorta che la maggior parte degli ebrei della comunità di Buenos Aires accetta le regole dell'ebraismo, ma non sempre le mette in pratica – aggiunge – In particolare le nuove generazioni vivono libere dai vincoli religiosi ed è possibile incontrare un ragazzo *judío* che mangia una bistecca di maiale mentre sorseggia il *mate* o che cucina carne e latte nella stessa padella. Sai, nell'alimentazione ebraica è rigidamente proibito mischiare carne e latte. "Non far cuocere il capretto nel latte di sua madre" è scritto nella Torah. I più ortodossi, infatti, hanno in cucina addirittura due frigoriferi per evitare di conservare i due alimenti nello stesso posto. Questo vale anche per le pentole, gli scompartimenti, i cassetti, i lavandini, le spugne, le posate. Tutto può essere doppio nella case di molti ebrei, esattamente come nel quartiere Once».

Sapevo che una delle regole più ferree dell'ebraismo è lo *Shabbàt,* il giorno sacro in cui si dovrebbe rispettare il riposo assoluto dal lavoro e ogni altra attività. «Non sempre viene osservato – dice la signora chiudendo gli occhi – C'è addirittura qualcuno che usa i fornelli per cucinare nonostante quel giorno sia vietato accendere il fuoco. Tanti importanti imperativi come questi non vengono più seguiti rigidamente come un tempo. Ricordo, infatti, che spesso andavo a scuola il sabato. Anche il noto candelabro a sette braccia, *Menorah*, acceso il venerdì sera non è più presente in molte case, così come la *Mezuzzah*, la pergamena affissa agli stipiti delle porte contenente due brani dello *Shema*, preghiera fondamentale dell'ebraismo da recitare ogni giorno al mattino e alla sera. Nella mia famiglia le festività venivano rispettate sempre, ma il momento delle preghiere non era mai vissuto come un obbligo e da bambini non tutti le recitavamo».

L'ebraismo si è trasformato con il passare del tempo, come tutte le religioni. Soprattutto a contatto con società liberiste e plurali in continuo mutamento come quella argentina, gli ebrei hanno dovuto elaborare un nuovo modo di vivere l'ebraicità accettando l'idea «non soltanto che l'ebreo debba essere un buon cittadino dello Stato nel quale risiede, partecipando pienamente alla sua vita politica e sociale, ma debba anche contribuire, per quanto lo concerne, a mantenere aperto e dinamico il pluralismo culturale e religioso»[1].

«La storia della comunità ebraica in Argentina è lunga e ha attraverso tante fasi» spiega il regista ebreo-argentino Herman Szwarcbart nato da una famiglia di origini polacche, che contatto dopo aver visto il suo documentario *Pogrom en Buenos Aires* in cui racconta la ricerca delle sue origini partendo dalle narrazioni del nonno. Come tutte le comunità ebraiche molto grandi, infatti, anche quella di Buenos Aires non va considerata come soggetto unico e monolitico, ma è ed è stata formata da diversi gruppi, tesi

[1] Giovanni Filoramo, *L'ebraismo*, Edizioni Laterza, Roma-Bari, 2007.

fra tradizione e innovazione, religiosità e laicità, ortodossia e trasgressione, identità e alterità le quali, pur incarnando differenti concezioni di ebraismo, convivono in autonomia e indipendenza senza sovrapporre e confondere convinzioni, abitudini e usanze.

È chiaro che per imparare a conoscere la *colectividad judía* di Buenos Aires, qui chiamata semplicemente *la cole*, devo perdermi nei meandri delle sue origini. Torno, quindi, nella libreria di Jorge Portela sulla *calle* Azcuenaga, ma non trovo quello che cerco. È arrivato il momento di frugare tra gli scaffali più forniti di una grande biblioteca, il luogo ideale per perdersi nel labirinto infinito della Storia, per arrivare «a uno di quei punti dello spazio che contiene tutti i punti» teorizzati da Borges. Una cosa appare già certa, parafrasando E.M. Cioran: «Una città morta è una città senza ebrei. Efficaci come il fermento e il virus, ispirano un duplice sentimento di fascino e disagio». Nel *barrio* Once questi due sentimenti sono costanti.

Trascorro qualche giornata tra i libri della Biblioteca del Congresso e lo smarrimento iniziale viene presto sostituito dal piacere della conoscenza. «Prima di scrivere devi leggere» mi aveva detto all'Università la mia professoressa di giornalismo, e così mi immergo nella lettura. Per capire la comunità ebraica di Buenos Aires dovevo scomporla prima di tutto in base alla radice geografica. L'80% degli ebrei arrivati in città è ashkenazita, ossia proveniente da Germania, Francia orientale, Boemia, Italia settentrionale, Olanda, Ungheria, Polonia, Russia e altri Paesi dell'Europa orientale, mentre il restante 20% è sefardita, la cui origine sta nella penisola iberica ed è molto più religioso di quello ashkenazita. La religiosità è alla base delle altre differenziazioni interne alla collettività. Esiste la corrente ortodossa, presente sin dal 1891, che osserva rigidamente le regole nel rito, nell'abbigliamento e nell'alimentazione dell'ebraismo. All'interno di questo gruppo c'è un'ala più moderata e una ultraortodossa, la *Jabad Lubavich*, i cui adepti sono riconoscibili dagli abiti tradizionali: lunghe palandrane nere, cappelli rotondi ornati di pelo, *kipá*, *sombreros*, barba lunga e incolta. Poi c'è la corrente conservatrice o tradizionalista che rispetta la storia ebraica, ma accetta le moderne modifiche nel rituale. Questa ha interiorizzato l'incipit arrivato dal liberismo della scuola di Frankfurt e modernizzato la teologia *judía*. La corrente liberale o riformista, diffusasi dal 1964, è minoritaria. Modifica radicalmente i rituali ed è nota per aver fondato il *Tempio Emanu-El*. Infine c'è l'ala laica, che dal 1987 ha avuto come riferimento l'*Asociación Argentina por el Judaismo Laico y Humanista* che, appena nata, ha diffuso subito un manifesto che recita: «Il laicismo costituisce la colonna vertebrale dei grandi movimenti di massa della storia contemporanea del popolo *judío*: e in particolar modo lo è dell'assoluta maggioranza del movimento sionista, così come degli altri poderosi movimenti operai che ne disputavano la predominanza ideologica. [...] Non vogliamo che si ripeta la storia, né il ghetto, però allo stesso tempo [non vogliamo] rinunciare alle nostre caratteristiche ebraiche e umane»[2].

«Proprio perché la storia della comunità ha attraversato varie fasi ed è andata frammentandosi socialmente, economicamente, culturalmente e ideologicamente, anche l'identità *judía* è cambiata con il passare degli anni – spiega l'antropologo argentino Daniel Barman – Oggi puoi incontare *judíos* dei *country-club*, *judíos* che durante la crisi del 2001 sono finiti in miseria, *judíos* convertiti alla neo-ultraortodoxia di Jabad, *judíos* affini al movimento religioso conservatore – che è progressista – *judíos* assimiliati, *judíos* rinnegati, sionisti e antisionisti».

Una lunga chiacchierata con Alfredo Somoza, giornalista e antropologo italo-argentino, attualmente presidente dell'Icei (Istituto per la cooperazione economica internazionale), incontrato a Roma, mi conferma quest'immagine policroma della *cole*. «Ogni volta che vado a el Once, dove c'è uno dei nostri uffici, mi colpisce, rispetto al passato, lo spettacolo della quantità di ebrei ortodossi che popolano Buenos Aires. La crescita della presenza di famiglie di ortodossi – dice Somoza – è un fenomeno recente, visibile durante gli Anni '80 probabilmente grazie all'influenza dei rabbini statunitensi, molto più rigidi nel rispetto delle tradizioni ebraiche. Ed è un fatto rilevante perché cambia anche la percezione dell'ebreo nella società *porteña*. Mentre prima non si distingueva visivamente chi era ebreo e chi non lo era, pur avendo tante anime diverse all'interno della *cole*, la maggiore presenza di ortodossi, riconoscibili attraverso gli abiti tradizionali, fa porre domande del tipo: allora è vero che gli ebrei sono diversi? È vero che non si integrano con il resto della società? Questa percezione degli ebrei come popolo a sé, separato dagli altri per usi e costumi, dà orgine a un fenomeno nuovo per l'Argentina. Nessuna comunità nella storia di Buenos Aires si è mai isolata chiudendosi in un mondo paralello e mettendosi per questo in evidenza come capita a volte con gli ebrei ortodossi oggi. Esiste il rischio di isolamento».

I primi immigrati di origine ebraica arrivarono in Argentina nei secoli XVI e XVII. Tra loro c'erano anche alcuni marrani che avevano seguito i

[2] Ricardo Feierstein, *Historia De Los Judíos Argentinos*, Galerna, Buenos Aires, 2006.

conquistatori spagnoli e portoghesi nella speranza di fuggire al Tribunale del Sant'Uffizio e di poter tornare alla religione avita.[3] Un altro flusso approdò nel «granaio del mondo» a metà '800. Erano ebrei tedeschi, inglesi, francesi, italiani e marocchini che fuggivano da povertà, persecuzioni, ghettizzazione, marginalizzazione occupazionale, discriminazione politica e sociale e da ricorrenti *pogrom*, convinti di trovare in Argentina libertà politica, tolleranza religiosa e «oro per la strada». Pur essendo gelosi della loro identità ebraica e sforzandosi di mantenerla viva, si adeguarono subito allo stile della vita *porteña* e la loro rigidità rispetto alle leggi alimentari e sabbatiche e alla pratica religiosa si ammorbidì. Molti cominciarono ad adottare rituali laici e sposarono anche persone non ebree.

Già nel 1862 questi immigrati formarono la *Congregación Israelita de Buenos Aires* (Ciba) per celebrare le grandi festività religiose, che sei anni più tardi si trasformò nella *Congregación Israelita de la Repubblica Argentina* (Cira), la Gran Sinagoga, ma la data d'inizio della storia dell'Ebraismo argentino è registrata nel 1889 con l'arrivo di una grande *ola gringa* di ebrei dall'Europa orientale. Il 14 agosto di quell'anno sbarcarono al mitico porto di Buenos Aires, la cui costruzione iniziò l'11 giugno 1580, 120 famiglie d'origine ebraica provenienti dalla Podolia, impero russo orientale, quelle regioni della «zona d'insediamento» dove gli ebrei potevano vivere in base alla legislazione zarista. Accettarono di affrontare questo grande viaggio sedotti dall'idea di democrazia e invogliati dalle campagne di reclutamento del governo argentino, che fece dell'immigrazione una politica dello Stato e aveva come obiettivo quello di popolare la sterminata *pampa* di europei. Questa migrazione si infittì nel 1891, momento in cui l'impresa di colonizzazione dell'Argentina venne promossa anche dal barone filantropico ebreo Maurice de Hirsch, che sognava di porre le premesse per nuove forme di autogoverno ebraico. Per questo motivo fondò anche la *Jewish Colonization Association* (Jca) e spedì i rifugiati dell'Europa orientale nelle zone disabitate della pampa, una mossa che fece dell'America Latina uno dei poli di immigrazione ebraica per eccellenza. Nell'arco di poco tempo la popolazione straniera superò il numero dei nativi e le lingue si mischiarono. Buenos Aires diventò una nuova Babele in cui l'yiddish incontrò il lunfardo.

[3] I marrani erano ebrei sefarditi costretti ad abbracciare la religione cristiana, sia con la coercizione come conseguenza della persecuzione degli ebrei da parte dell'inquisizione spagnola, sia per libera scelta, per una questione formale. Molti marrani mantennero le loro tradizioni ancestrali, professandosi pubblicamente cattolici, ma restando in privato fedeli al giudaismo.

Ancora oggi gli ebrei di Buenos Aires vengono chiamati *rusos*, nome che deriva proprio da questa prima ondata migratoria dalla Russia. El Once, infatti, è noto come *el barrio de los rusos*, una denominazione che è rimasta tale anche quando, in seguito alla caduta dell'Impero ottomano, sono arrivati gruppi di ebrei provenienti da Siria, Turchia, Libano, Palestina e Balcani chiamati *los turcos*. Gli ebrei tra loro, invece, si chiamano *paisano*, appellativo che ricorda quasi più il dialetto napoletano che non lo spagnolo.

Dopo l'unificazione dell'Argentina e la riunione delle province confederate alla capitale, avvenuta nel 1860, tutti i governi che si succedettero alla guida della Repubblica si proposero di edificare una nazione moderna e progressista. Il progetto prevedeva in primis la civilizzazione delle terre dei *gauchos*, la modernizzazione dell'economia e la produzione attraverso l'uso di manodopera, idee e capitali stranieri. Per i vertici al potere dell'epoca civilizzare e modernizzare significava creare una «popolazione nuova» formata preferibilmente da europei. Da queste premesse nacque la politica *Open Door*, porte aperte in materia di immigrazione che portò alla Costituzione del 1853. Quest'ultima stabilì, nell'articolo 14, il diritto per tutti gli abitanti di «lavorare ed esercitare ogni attività lecita, presentare petizioni alle autorità, entrare, uscire e circolare nel territorio, esprimere le idee attraverso la stampa senza censura previa, associarsi per fini utili, professare qualsiasi culto religioso e insegnare e apprendere».[4]

«Non è dunque esagerato dire che l'immigrazione europea, tra il 1870 e il 1930, rivoluzionò completamente l'aspetto del Paese sudamericano» precisa nel suo libro *Il Peronismo*[5] Giuseppe Federico Benedini, giovane ebreo italo-argentino e studioso di storia dell'America Latina oggi risiedente in Brasile. Si tratta di «una delle più grandiose, in senso quantitativo, opere di ingegneria umana che la storia mondiale ricordi». Si trovano qui le basi

[4] Nell'articolo 20 si specificò, inoltre, che «gli stranieri godono sul territorio nazionale di tutti i diritti civili di cittadini; essi possono esercitare la propria industria, il proprio commercio e la propria professione; possedere beni immobili, acquisirne e alienarne; navigare lungo i fiumi e le coste; esercitare liberamente il loro culto; testimoniare e sposarsi conformemente alle leggi. Essi non sono obbligati a prendere cittadinanza né a pagare contribuiti straordinari. Ottengono la naturalizzazione risiedendo due anni consecutivi nel Paese, ma l'autorità può abbreviare il termine in favore di chiunque lo domandi, allegando e provando dei servizi resi alla Repubblica». E, nell'articolo 25, si ribadì che «il governo federale fomenterà l'immigrazione europea e non potrà restringere, limitare o condizionare con dei tassi, l'entrata nel territorio argentino degli stranieri che abbiano come scopo quello di lavorare la terra, migliorare le attività produttive, introdurre e insegnare le scienze e le arti».

[5] Giuseppe Federico Benedini, *Il Peronismo*, Editori Riuniti, Roma, 2007.

dell'Argentina pluralista in cui coesistono gruppi sociali diversi, autonomi nelle loro gerarchie, nei modelli di comportamento e nelle forme di socialità ma che si è sempre portata dietro uno dei paradossi più grandi del XX secolo: la promozione del pluralismo e della sua controparte, l'autoritarismo.

Nel 1875, durante la presidenza di Nicolas Avellaneda, venne approvata la legge 761, *Ley de Imigración y Colonización*, che regolava il processo di immigrazione del Paese. Con lo sterminio degli indigeni della *pampa*, noto come la «conquista del deserto», guidato dal generale Julio Argentino Roca, presidente dell'Argentina nel 1877, vennero infatti aperti vasti territori alla colonizzazione. Nel 1880 Roca cercò di attirare gli ebrei a stabilirsi in queste vaste estensioni di terreno fertile con campagne di propaganda all'estero in cui promuoveva le immense praterie argentine invitandoli apertamente a lavorare nella «pampa umida». Nel 1881 don José Maria Bustos venne nominato agente onorario in Europa con l'incarico speciale di dirigere verso la Repubblica Argentina l'immigrazione ebraica iniziata nell'impero russo. A differenza di quello che accadde negli Stati Uniti e in Australia, dove la terra fu parcellizzata in unità fondiarie piccole, in Argentina non ci fu un'accentuata suddivisione. I motivi sono diversi, come spiega la scrittrice argentina María Seoane: «La prima è una ragione storica, dovuta al fatto che i parametri di crescita della popolazione argentina si basarono sempre, sin dal periodo coloniale, su un'utilizzazione estensiva della terra; in secondo luogo, la struttura economica basata sulle esportazioni provocò l'aumento del valore delle terre e della loro rendita che, insieme all'incremento della produzione di carne che si ebbe a partire dal '900, favorì la sopravvivenza delle grandi unità produttive. Come conseguenza ci fu un consolidamento dei latifondi e la nascita di una potente *élite* che cercava di trarre il massimo profitto dalla rendita della terra e di mantenere inalterati i propri privilegi. Inoltre, bisogna considerare che potere e ricchezza dipendevano anche dalla vicinanza al Río de La Plata e al porto di Buenos Aires, da dove partivano le esportazioni di quasi tutto quello che si produceva. Questa situazione non facilitò certo l'accesso alla proprietà terriera per gli immigrati europei e questo fu il motivo per cui, verso la fine del XIX secolo, molti se ne tornarono nei propri Paesi d'origine e tanti altri si riversarono nelle città alla ricerca di nuove occupazioni»[6].

La vita in campagna e i rigori del lavoro agricolo erano troppo distanti dal mondo da cui provenivano gli ebrei, abituati a portare avanti attività

[6] María Seoane, *Argentina. Paese dei paradossi*, Laterza, Roma-Bari, 2004.

completamente diverse. Così cominciarono a spostarsi verso i sobborghi di Buenos Aires, che potevano garantire un effettivo miglioramento dei loro livelli di vita e nacque quindi la prima comunità ebraica della capitale argentina che inizialmente si rifugiò nei *conventillos*, enormi edifici di periferia con cortile sterrato, lunghi corridoi e servizi comuni, e poi trovò spazio in quartieri più centrali, come el Once, Villa Crespo, Almagro, Caballito, La Boca, Barracas, in seguito Belgrano.

Tra il 1881 e il 1948 approdarono al porto di Buenos Aires oltre 4 milioni di ebrei. L'*Hotel de Inmigrantes*, situato nella zona portuaria di Retiro, offrì tre giorni di alloggio gratuito a chi era appena sbarcato. Inizialmente i nativi percepirono questo gruppo di immigrati come una massa estranea a causa dell'abbigliamento, delle abitudini religiose, ma soprattutto della lingua. Per anni, infatti, gli ebrei di Buenos Aires continuarono a parlare e leggere in yiddish. Esistevano due giornali per gli ebrei, oggi soppressi, entrambi con sede nel *barrio* Once. Il *Di Presse* aveva sede tra *calle* Castelli e Valentín Gomez, e lo *Yiddish Zeitung*, prima era situato tra Corrientes e Pasteur, poi fu trasferito su Ecuador. I nuovi arrivati cominciarono a parlare spagnolo solo molti anni dopo e solo in quel momento presero l'abitudine di comprare anche il *Mundo Israelita*, quotidiano sul mondo ebraico scritto in *castellano*. Mi aveva ribadito Gael che «parlare yiddish diventò simbolo d'ignoranza, segno del non essere andato a scuola. Le nuove generazioni, infatti, sono state educate con lingua e cultura argentina. Gli immigrati avevano un gran desiderio di integrarsi con i nativi e, nonostante esistesse un antisemitismo latente, i nuovi arrivati avvertirono, sin dall'inizio, una grande predisposizione all'accoglienza e la convivenza pacifica».

Episodi di antisemitismo, però, venivano registrati spesso. Nel 1881, racconta Furio Biagini, il giornale francese l'*Union Francaise* lanciò una campagna stampa contro la politica governativa a favore dell'immigrazione degli ebrei russi. Il tono era razzista: «Non sappiamo chi abbia avuto l'idea di inviare un intermediario all'estero a raccogliere degli insetti nocivi, dei parassiti potenti; non capiamo perché un medico costretto a curare un corpo in crescita e che necessita quotidianamente di sangue nuovo, non sappia fare altro che applicargli in cambio delle sanguisughe»[7]. Anche per i giornalisti de *La Nación*, il periodico fondato da Bartolomé Mitre, presidente dell'Argentina dal 1962 al 1968, gli ebrei non si sarebbero facilmente assimilati e trasferirli in Argentina era come costruire un «nucleo di popolazione senza

[7] Furio Biagini, *Il ballo proibito. Storie di ebrei e di tango*, Le Lettere, Firenze, 2004.

relazioni, senza amalgama, senza aderenza alla società nazionale». Gli ebrei si mostrarono predisposti a mutare i loro modelli culturali tradizionali. Impararono tutti i mestieri. Spinti dalla voglia di migliorare, arricchirsi e non sentirsi cittadini di seconda scelta, lavorarono come scaricatori di porto, sterratori, muratori. Molti altri entrarono nell'industria e nel commercio, proseguendo l'attività dei loro Paesi d'origine nei settori dell'abbigliamento, i tessuti, le confezioni, la macellazione.

La comunità che si insediò a Buenos Aires era, quindi, molto variegata. Non incarnava solo diverse correnti di ebraismo, ma portava con sé anche differenti ideologie politiche dal sionismo all'anarchismo, al socialismo. Furono proprio gli immigrati ebrei, nel 1896, a contribuire alla nascita del Partito Socialista Argentino, che nel 1918 divenne Partito comunista internazionale, in pieno «biennio rosso» in Russia e nel periodo delle lotte operaie in Italia, e nel 1920 Partito comunista, e ad assumersi la difesa della classe operaia organizzando le prime centrali sindacali che diedero vita al movimento operaio protagonista dei primi scioperi in Argentina. Tra le autorità che governavano il Paese cominciò a diffondersi la paura che le agitazioni sociali che turbavano la nazione nascessero proprio dalla presenza della popolazione straniera e dal potere che stava conquistando in ambito politico e culturale. Già nel 1902 era stata approvata la *Ley de Residencia*, una legge che autorizzava il potere esecutivo a espellere qualsiasi straniero «la cui condotta comprometta la sicurezza nazionale o turbi l'ordine pubblico». L'atmosfera si fece più tesa quando un anarchico ebreo russo, Simon Radowitzky, nel 1909 attentò alla vita del generale Ramón Falcón, capo della polizia della capitale. A questo punto l'oligarchia al potere sollecitò l'adozione di leggi più repressive e l'introduzione di limiti all'immigrazione per impedire l'ingresso di sovversivi. Iniziò così un periodo di delusione e preoccupazione per la comunità ebraica.

«Solo pochi anni fa – scrisse il giornale *Broit un Ehre*, organo del partito Poale Zion – potevamo parlare dell'Argentina come una nuova Eretz Israel, una terra che apriva generosamente le sue porte per noi, dove godevamo le stesse libertà che la Repubblica dava ai suoi abitanti, senza distinzione di nazionalità o credo. E ora? L'intera atmosfera si circonda di odio verso gli ebrei, occhi ostili s'incontrano a tutti gli angoli; sono in agguato in ogni direzione e attendono opportunità per attaccare. La parola *ruso* è diventata vergognosa, per alcuni significa sfruttatore di prostitute, *cabalechero*, commerciante di roba vecchia, persona dedita al mercato nero; per i reazionari: un rivoluzionario, un anarchico. Tutti sono contro di noi. E questo non è semplice odio per gli ebrei: è il segno di un futuro movimento che è stato a lungo conosciuto con il nome di antisemitismo».

L'*élite* argentina conservatrice, insomma, non accettò profondamente gli ebrei anche se proclamò l'idea di un Paese plurale. Non voleva cittadini, ma solo manodopera a basso costo. I sentimenti xenofobi e antisemiti dei circoli più reazionari si intensificarono nei mesi precedenti la prima guerra mondiale, specialmente dopo la Rivoluzione russa, che diede un nuovo slancio alle forze operaie e socialiste e spaventò la borghesia argentina preoccupata che i comunisti potessero assumere il potere. Fu in questo clima che i sindacati indissero uno sciopero generale per protestare contro la brutale repressione dei lavoratori delle Officine Vasena, in lotta per ottenere la giornata lavorativa di 8 ore, graduali aumenti salariali e il riconoscimento del sabato festivo. Alle forze clericali e nazionaliste servì un pretesto per attaccare le sedi del movimento operaio e organizzare un vero e proprio *pogrom* contro gli ebrei, oggi ricordato come la *Semana Tragica*, giorni di violenza cieca datati gennaio 1919 sotto il governo di Hipólito Yrigoyen[8]. Picchiatori di estrema destra, con la complicità della polizia, si scatenarono nella caccia agli anarchici, tra cui c'erano anche molti ebrei, tanto che l'operazione fu nota come *la caza del ruso*, la caccia all'ebreo. Il risultato fu la morte di 80 persone, uomini presi a bastonate, anziani offesi a cui fu tagliata la barba, ragazze e donne violentate, negozi e automobili bruciate, identità umiliate. Una canzone scritta da Pedro Orgambide recita: *Milonga del barrio Once / milonga del diecinueve / cuando se armò aquella bronca / y sufriò tanto inocente. / Pitucos del barrio Norte / venieron de prepotentes, / quemaron la sinagoga / y le pegaron al zeide*[9].

Il nazionalista Julio E. Carulla ricordò: «Una falange di argentini entusiasti [...] aveva incendiato il quartiere ebraico perciò mi diressi là. Attraversai *calle* Junín, Uriburu, Azcuénaga, senza notare segni evidenti di agitazione. Solo quando raggiunsi *calle* Viamonte [...] mi resi conto di essere testimone di quello che si può definire il primo *pogrom* scatenato in Argentina. Al centro della strada stavano bruciando pile di libri e vecchi mobili, fra i quali

[8] Il nazionalismo di matrice ispanica di Yrigoyen è ulteriormente testimoniato dall'introduzione, il 12 ottobre 1917, del Giorno della Razza, anniversario della scoperta dell'America e segno di fratellanza tra tutti i popoli latino-americani, istituzionalizzato come festa nazionale.

[9] *Milonga* del quartiere Once / *milonga* del diciannove / quando fu organizzata quella retata / e tante persone innocenti soffrirono. Gli straccioni del barrio Norte / arrivarono prepotentemente / bruciarono la sinagoga / e picchiarono il rabbino.

si potevano riconoscere sedie, tavoli e altri oggetti domestici. Le fiamme rischiaravano tetramente la notte, illuminando con rossastri bagliori i volti di una moltitudine gesticolante e tremante. Mi feci strada attraverso la folla e vidi che si lottava attorno ad alcuni edifici poco distanti. Seppi che un commerciante ebreo era stato incolpato di svolgere propaganda comunista. Penso, tuttavia, che la stessa crudele punizione fosse toccata ad altre famiglie ebree. Il rumore dei mobili e dei cassetti scagliati violentemente giù nella strada si mescolava con i gridi di "morte agli ebrei, morte ai massimalisti". Ogni tanto mi passavano accanto vecchi barbuti e donne arruffate. Non potrò mai dimenticare il volto livido e lo sguardo supplicante di uno di loro che trascinava un paio di ragazzetti, o quello di un bambino singhiozzante aggrappato a un vecchio cappotto nero, o quello di altri poveri diavoli. Allontanato, non senza ripugnanza, il mio sguardo da quelle immagini che mi turbavano, fui costretto a osservarne altre dello stesso tipo poiché l'attacco ai negozi e alle abitazioni ebraiche si era propagato ad altri quartieri del circondario»[10].

Il 15 gennaio 1919, intanto, sui muri di Buenos Aires fu divulgato un appello in spagnolo intitolato: «*150.000 Israelitas al Pueblo de la República*» in cui si sottolineò che «gli ebrei sono stati privati di un diritto del quale non hanno mai abusato: camminare liberamente per le strade di Buenos Aires».

Nel decennio successivo la popolazione ebraica continuò ad aumentare: arrivarono circa 79.000 nuovi immigrati. Fino al 1929, anno della crisi mondiale, la situazione economica dell'intera comunità migliorò e continuò a diffondersi prosperità: il valore della terra raggiunse enormi cifre, la moneta era stabile, la disoccupazione scesa quasi al minimo, i salari cresciuti più dei prezzi. Insomma gli standard di vita erano buoni anche per i ceti medi e la classe operaia. In questo periodo vissero il massimo splendore la stampa, la letteratura e il teatro in yiddish. Allo stesso tempo, però, si amplificarono le differenze tra i partiti sionisti e tra questi e i gruppi socialisti. «Per i sionisti la questione ebraica – scrive Furio Biagini – era unicamente una questione nazionale che avrebbe trovato soluzione nella ricostruzione dell'entità statuale in Palestina, per i socialisti di qualsiasi tendenza il problema ebraico si poneva in termini di lotta di classe e andava inserito all'interno del processo mondiale di emancipazione di tutti i lavoratori. Queste differenze non impedirono il comune impegno all'interno delle istituzioni comunitarie per contrastare e limitare l'egemonia dei rabbini, sviluppare un'educazione laica e combattere contro la tratta delle bianche esercitata da alcune famiglie ebraiche».

[10] J.E. Carulla, *Al filo del Medio Siglo*, Llanura, Paraná, 1951.

Nel 1894 venne fondata l'*Asociación Mutual Israelita Argentina* (Amia) con il nome *Jevrá Kedishá* (*Compañía Piedosa*), un'istituzione senza fini di lucro dedita alla promozione dello sviluppo della vita ebraica in Argentina che tutela i valori religiosi e culturali dell'ebraismo. Inizialmente si occupava dell'archiviazione dei documenti di nascita, matrimonio e morte della comunità ebraica argentina e, tra i suoi primi compiti, espletò le pratiche burocratiche necessarie per fondare un cimitero per gli ebrei di Buenos Aires. Già dal 1892 i defunti venivano seppelliti nel Cimitero dei Dissidenti, un cimitero protestante fondato dalla comunità britannica, e dopo in quello britannico della Chacarita. I sefarditi costituirono un'altra agenzia funeraria e scelsero propri rabbini e istituzioni. Oggi i cimiteri della comunità ebraica sono due e si trovano fuori da Capital Federal. Il più grande e importante è il Tablada a ovest di Buenos Aires; l'altro, meno usato, si trova a sud, nel distretto di Berazategui. Dal 1950 l'Amia ampliò e diversificò le sue attività tra cultura, teatro, conferenze e si occupò allo stesso modo dell'educazione e la tutela, in vita e in morte, di ashkenaziti e sefarditi.

Nel 1928 nacque l'*Idischer Winschaftlejer Institut* (Iwo), oggi conosciuto con *Instituto Judío de Investigaciones*. Le intenzioni del suo fondatore in Polonia, nel 1925, furono quelle di interpretare la storia del popolo ebraico in maniera scientifica e non religiosa attraverso lo yiddish, che permetteva un uso laico della lingua, a differenza dell'ebraico utilizzato nei testi sacri e nelle preghiere. L'Istituto viene ospitato dall'edificio dell'Amia e oggi ha anche un'altra sede, al 400 di Ayacucho.

Nel 1930, sotto il secondo governo Yrigoyen, qualcosa cominciò a cambiare. Iniziò la svolta autoritaria e un'opera di repressione nei confronti dei sindacati e i partiti di sinistra. Si trattò del primo *golpe* militare della storia dell'Argentina. In quel momento anche la Chiesa aveva tra le sue preoccupazione quella di affrontare la minaccia dei nuovi soggetti sociali, socialisti e anarchici e si oppose a Yrigoyen, fondamentalmente laico, dichiarando di considerare legittimi solo i governi conformi alla legge divina. «Due fenomeni convergenti caratterizzarono il cattolicesimo argentino – scrive María Seoane – il primo fu la fusione tra Chiesa e nazione, per cui un numero sempre maggiore di dirigenti politici, di intellettuali e di cittadini aderirono all'idea che la religione cattolica rappresentasse il fulcro dell'identità nazionale argentina, in un Paese che la stava cercando ossessivamente; il secondo fu la diffusione del neotomismo negli istituti religiosi – 35 scuole cattoliche con circa 11.000 alunni – da cui uscì una generazione di intellettuali cattolici integralisti».

«L'alleanza tra Chiesa ed esercito, una delle più decisive per il potere – aggiunge la scrittrice – si basava sull'idea di nazione cattolica, consacrata e difesa dal suo esercito. [...] L'esercito, trasformato in partito dell'ordine e rappresentante della destra oligarchica, che con l'introduzione del voto segreto aveva perso la possibilità di accedere al potere, si considerava anteriore alla formazione della nazione, il suo fondamento comunitario. Con questo presupposto ideologico, esso si riteneva chiamato a "rifondare" ogni volta l'Argentina, a "custodire i valori nazionali", offuscati dalla democrazia delle masse e a "estirpare" dal corpo della patria con la repressione i germi dell'anarchia e della disgregazione. Nel 1930, dato il contesto internazionale, questa pratica ebbe caratteristiche molto simili a quelle del fascismo, con squadracce e logge nazionaliste che esercitano violenza aperta nelle strade ed erano promosse dallo Stato. Nei decenni successivi, furono utilizzati metodi di repressione differente, ma tutti incentrati sulle medesima ideologia di rifondazione e di purificazione delle razza, sul medesimo discorso tradizionalista di difesa della patria e della "famiglia argentina", invariabilmente cattolica».

Esiste anche un nazionalismo di sinistra rappresentato dall'organizzazione *Fuerza Orietadora Radical de la Joven Argentina* (Forja). Per gli intellettuali che ne facevano parte esistevano due Argentine: una conservatrice, avversa al cambiamento che pilotava partiti politici, mezzi comunicazione e governi, priva di vitalità, una seconda sotterranea, orientata al futuro, nella quale le masse avrebbero realizzato i loro programmi. Idee che anticiparono l'ideologia del primo peronismo.

Durante la *Decade infame*[11], il periodo della restaurazione conservatrice che ebbe come protagonisti i generali Uriburu e Augustìn Pedro Justo desiderosi di trasformare l'esercito in un partito politico armato, si diffuse a Buenos Aires un'onda d'odio verso ebrei e comunisti considerati nemici dello Stato. Su *Clarinada*, una delle riviste antisemite pubblicate negli Anni '30 e '40, si legge: «*Clarinada* non si oppone agli ebrei perché sono ebrei, né pretende agitare lotte religiose e razziali. *Clarinada* si oppone agli ebrei, perché sono gli inventori, gli organizzatori, i direttori e i sostenitori del comunismo in tutto il mondo». Nel 1938 vennero introdotte nuove limitazioni all'immigrazione ebraica ma nonostante queste restrizioni, tra il 1933 e il 1943 emigrarono in Argentina circa 30.000 ebrei sfruttando vari appigli

[11] *Decade infame* è una definizione del giornalista nazionalista Luis Torres e si riferisce agli anni tra il 1930 e il 1943, in cui il Paese visse un periodo di stagnazione economica e decadenza politica.

legali, mentre altri entrarono illegalmente. I timori crebbero tra gli ebrei e nel 1935 le istituzioni della comunità si unirono per fondare la *Delegación de los Asociaiones Israelitas Argentinas* (Daia), organizzazione di difesa che ancora oggi rappresenta gli interessi della comunità ebraica presso i pubblici poteri, soprattutto nei periodi di crisi politica.

Nel 1938 il *Comité Popular Contra el Antisemitismo* e la *Liga Argentina Contra el Racismo y el Antisemitismo* promossero il primo Congresso contro il razzismo e l'antisemitismo a Buenos Aires. A quest'anno, però, risale anche l'emanazione della direttiva 11, un accordo segreto firmato il 12 luglio dal ministro degli Esteri dell'epoca, José María Cantilo che fu l'equivalente di una condanna a morte per migliaia di ebrei. Il suo contenuto esatto ancora oggi non è stato reso noto, ma si è a conoscenza dell'invio del documento, contrassegnato come «strettamente riservato», a tutti i diplomatici argentini disseminati per il mondo. La direttiva «mirava specificatamente a garantire che nessuno degli ebrei tedeschi e austriaci che fuggivano da Hitler prendesse la via dell'Argentina»[12]. L'ordine, in pratica, «dava istruzione ai consoli argentini in tutto il mondo di negare visti, anche turistici e di transito, a tutte le persone sospettate di abbandonare o di aver abbandonato il loro Paese d'origine in quanto soggetti indesiderabili o essere stati espulsi, qualunque ne fosse il motivo»[13]. Per i diplomatici argentini non fu difficile capire che l'ordine si riferiva agli ebrei espulsi dai nazisti tedeschi e i fascisti italiani e che se non avessero fatto attenzione alle valutazioni, caso per caso, dei permessi da concedere, il loro posto avrebbe corso seri rischi qualora una persona «indesiderata» avesse passato la rete di protezione. Nonostante l'alone di rigidità che avvolgeva la direttiva 11, molti consoli cominciarono a rilasciare visti d'ingresso sottobanco e si arricchirono intascando ingenti tangenti. Vendere permessi a domicilio divenne un fiorente affare anche per funzionari del ministero degli Esteri. Adolf Hirsch, presidente della Società filantropica ebraica a Buenos Aires che aiutò i rifugiati ebrei a scappare dall'Europa, «raccontò all'ambasciata americana che i funzionari ricevevano fino a 30 e 40.000 *pesos* per organizzare l'ingresso di un gruppo di rifugiati ebrei. Da parte sua, l'ambasciata aveva saputo che il prezzo medio di aggirava sui 2 o 3.000 *pesos* a persona e sui 5.000 per una coppia sposata»[14].

[12] Uki Goñi, *Operazione Odessa. La fuga dei gerarchi nazisti verso l'Argentina di Perón*, Garzanti, Milano, 2003.

[13] Ibidem.

[14] Ibidem.

«La direttiva 11 non venne da sola – scrive Uki Goñi – ma fu il puntello segreto al pubblico annuncio di nuove restrizioni alla fino ad allora permissiva legge argentina. [...] Il decreto 8.972 abrogò l'alquanto stramba esenzione del visto che i passeggeri di prima classe avevano goduto fino ad allora, norma basata sul presupposto che tutti gli immigrati viaggiassero esclusivamente in seconda e in terza classe. Il governo si rese conto che molti ebrei e finanche comunisti avevano scoperto questa falla, e che fosse dunque giunto il momento di tapparla. In secondo luogo, e cosa più importante, venne introdotto un nuovo sistema in base al quale, a partire dall'ottobre 1938, solo l'Ufficio immigrazione sarebbe stato autorizzato a rilasciare i permessi di sbarco». Il 30 luglio il decreto venne reso pubblico e i consolati argentini di tutto il mondo vennero subissati di richieste da parte di ebrei preoccupati della scadenza di ottobre. In previsione di un simile assalto il governo di Buenos Aires ricevette l'istruzione segreta di dare applicazione immediata al nuovo sistema in programma per ottobre. Da quel giorno l'Ufficio immigrazione cessò di concedere permessi e dal 25 agosto addirittura chiuse gli sportelli al pubblico.

Il numero degli immigrati ebrei legali in Argentina da 4.919 del 1938 scese a 1.873 l'anno successivo. Durante quest'anno, infatti, numerose motonavi arrivate al porto di Buenos Aires furono rispedite in Europa.

Il tema dell'«immigrazione indesiderata» cominciò dunque a essere percepito come una questione da risolvere. Nel 1940 il primo Congresso sulla popolazione organizzato dal *Museo Social Argentino* discusse i problemi razziali in relazione all'immigrazione e, un anno dopo, nacque un Consiglio di Immigrazione formato da tre membri onorari con l'incarico di risolvere la situazione creata dai «trasmigranti», cioè gli emigranti obbligati ad attraversare uno o più Paesi differenti di quello originario da cui erano partiti o da quello verso cui espatriavano. Nello stesso anno il «rifugiato»[15] venne ufficialmente escluso dalla figura giuridica di migrante e quindi chi si presentava con questo status non veniva ammesso. A tal fine venne istituito il Registro degli Stranieri per controllare ogni entrata e uscita dal Paese. Dal 1941, inoltre, per frenare la crescita della comunità ebraica, l'ambasciatore argentino Tomás Le Breton propose addirittura di far sterilizzare i bambini ebrei maschi che entravano nel Paese. Nel giro di un anno il numero di

[15] Il rifugiato è considerato colui che abbandona il Paese di origine o di residenza volontariamente o costretto da ragioni politiche, razziali e sociali.

persone che dichiararono di essere di religione ebraica all'approdo al porto di Buenos Aires diminuì da 2.006 del 1941 a soli 60 dell'anno successivo, per arrivare a 26 nel 1943 e a uno solo nel 1944.

A questo punto entrò in scena Juan Domingo Perón[16], un colonnello nel pieno della sua carriera militare, affascinato dalla mentalità prussiana dell'esercito argentino ed esperto di strategie militari, tanto da aver scritto vari libri a riguardo. Entrò nell'organizzazione segreta Gou (*Grupo de Oficiales Unidos*) che il 4 giugno 1943 avrebbe guidato il *golpe* contro il governo di Ramón Castillo, e cominciò a emergere in lui una tendenza all'antisemitismo. Nei suoi scritti di quegli anni si ritrovano contenenti fortemente antisemiti che denunciano la presenza di «forze occulte» e «agenti stranieri di tutti i tipi e votanti a ogni sorta di fine, responsabili di sabotaggio contro lo Stato». L'antisemitismo si diffuse in diversi ambienti e, dopo il *golpe*, le restrizioni per gli ebrei in Argentina diventarono più rigide. Vennero proibite la macellazione rituale e la pubblicazione di periodici ebraici; i professori ebrei vennero espulsi dalle scuole, conseguenza anche dell'introduzione dell'istruzione cattolica obbligatoria, e venne creato un sistema scolastico separato per gli alunni di religione israelita. Contenuti antisemiti si ritrovarono anche nei promemoria interni segreti del Gou «in cui si attaccava la massoneria come una "creazione ebraica" e il Rotary Club come "una vera rete di spionaggio internazionale ebraica e di propaganda al servizio degli Stati Uniti. Secondo il Gou era necessario "distruggere il nebulizzante germe antiargentino dei diversi gruppi ed entità a servizio degli ebrei e dei comunisti"»[17]. In questi anni, inoltre, cominciarono a circolare voci che il regime del Gou stesse costruendo campi di concentramento dove confinare gli ebrei.

Nel 1944 venne nominato capo dell'Ufficio immigrazione l'antropologo Santiago Peralta, uomo collegato al servizio segreto militare e noto come «un nazista» per i contenuti di un libro fortemente antisemita e rabbioso che aveva pubblicato l'anno precedente, *L'azione del popolo ebraico in Argentina*. Peralta, al quale Perón confermò l'incarico nel 1946, quando venne eletto democraticamente presidente, paventava l'esistenza di una «cospirazione ebraica» che mirava a trasformare il suo Paese in una nuova patria per gli ebrei cacciati dell'Europa. Pur non smantellando l'apparato burocratico

16 L'ideologia di Perón, nota come peronismo, ebbe come sbocco istituzionale la costituzione del Partito Giustizialista *Partido Justicialista*, il cui nucleo centrale era la giustizia sociale.

17 Uki Goñi, *Operazione Odessa. La fuga dei gerarchi nazisti verso l'Argentina di Perón*, op. cit.

presente contro gli ebrei, Perón iniziò ad ammettere immigrati di origine *judía* su base individuale per intercessione personale e divenne famoso come «il buono», mentre Peralta rimaneva «il cattivo». Il 14 febbraio 1947, per esempio, il presidente accettò la richiesta della Daia di accogliere 47 sopravvissuti all'Olocausto approdati a Buenos Aires con la motonave *Campania* successivamente al rifiuto di sbarco inscenato da Peralta. Poco dopo quest'ultimo venne rimosso dal suo incarico e la comunità ebraica tirò un sospiro di sollievo pensando finalmente a una svolta.

«Sebbene si pensasse che Perón fosse un antisemita – spiega Giuseppe Benedini – i suoi rapporti con l'universo ebraico argentino erano ottimi, o almeno con una parte di esso. Tanto è vero che ci fu addirittura una scissione in seno alla Daia, i cui dirigenti erano notoriamente sostenitori del peronismo. Questo atteggiamento contrastava con la tradizionale diffidenza dei militari argentini nei confronti delle religioni non-cattoliche. Nel 1953, l'apertura politica alla corrente socialista capeggiata da Enrique Dickmann, il primo politico israelita di un certo rilievo nella storia argentina, valse a Perón diversi riconoscimenti, ma anche resistenze da parte dei settori più conservatori del suo schieramento e, più in generale, della società (la Chiesa e l'esercito oltre, naturalmente allo stesso Partito socialista) che contemplano anche riferimenti antisemiti. Alla fine del conflitto tra il peronismo e la Chiesa argentina, nel 1955, uno dei capri espiatori immolati sull'altare della pacificazione fu il ministro degli Interni, *el judío* Angel Borlenghi, ex leader sindacalista e noto anticlericale. In realtà Borlenghi aveva sposato una donna israelita il cui fratello, Avraham Krislavin, impiegato del ministero, fu anch'esso costretto a dimettersi. Questi episodi, comunque, non rimandano a nessun tipo di rapporto speciale tra il peronismo e un mondo ebraico sparpagliato sul suolo argentino e sempre meno identificato con una comunità. Dickmann e Krislavin sono due esempi di questa tendenza. Questa differenziazione, geografica e sociale, innanzitutto, attraversava il Paese, allo stesso modo della mutua incomprensibilità che esisteva tra sostenitori del governo e suoi acerrimi oppositori».

Il connubio tra Perón e antisemitismo è legato anche un'altra pagina importante della storia argentina: l'esistenza di una segreta simpatia del presidente per Adolf Hitler e l'aiuto dato a numerosi criminali di guerra nazisti per rifugiarsi in Argentina, come Heichmann o Priebke, notizie confermate, tra l'altro, nel 1992, quando il presidente Carlos Menem annunciò con grande clamore l'apertura dei fascicoli sui nazisti presenti negli archivi argentini. «Quando Perón era ancora colonnello, tra il 1939 e 1940 – spiega

Benedini – fece una missione in Italia per studiare le operazioni degli alpini in Piemonte, Valle d'Aosta e Abruzzo. Qui ebbe l'occasione di conoscere uno dei suoi idoli politici: Benito Mussolini. In un'intervista del 1973, Perón affermò di aver cercato di imitare il Duce, ma senza commettere gli stessi errori. Sempre nel 1939 Perón si recò in Germania, dove rimase incantato dall'efficienza teutonica e pensò che Hitler stesse per realizzare un grande progetto politico per unire le istanze del socialismo a quelle del nazionalismo anti-comunista, lo stesso ideale politico del futuro peronismo. In Germania Perón ebbe anche un amico: il generale Wilhelm Von Faupel, aggregato militare presso l'esercito argentino negli Anni '20 e che morirà nel 1945 sotto le macerie di Berlino. Con Von Faupel e le truppe tedesche Perón sfilò sotto l'Arco di Trionfo nel 1940 e poi fece ritorno in Argentina. Nonostante la superiorità dimostrata dall'Asse durante la prima fase della guerra, Perón non credeva che i tedeschi sarebbero riusciti a vincere e dunque, a partire dal *golpe* del '43, giocò un ruolo di mediazione tra i militari più filo-nazisti e i fautori degli Alleati; fu uno stretto difensore della neutralità argentina, fermo restando che, se gli inglesi avessero perso la guerra, l'Argentina ne avrebbe guadagnato in spazio di manovra. Così pensava anche la maggioranza dei nazionalisti argentini. Ciò non toglie che quando le sorti della guerra cominciarono a pendere decisamente dalla parte degli anglo-americani e la pressione Usa sull'Argentina per farla uscire dalla neutralità aumentò con minacce di sanzioni di vario tipo, Perón convinse l'allora presidente Farrell a dichiarare guerra alla Germania e al Giappone. Questo voltafaccia gli attirò l'odio dei nazionalisti e dei militari filo-nazisti, ma gli consentì di nazionalizzare alcune importanti industrie chimiche di proprietà tedesca. L'atteggiamento di Perón nei confronti del nazismo e dei nazisti fu, dunque, essenzialmente improntato al pragmatismo: ne ammirava molte idee, ma non in modo fanatico. Il fatto che in Argentina molti "criminali di guerra" trovarono rifugio è comprovato, quello secondo cui l'immigrazione ebraica, in quanto tale, venisse ostacolata per ordine del presidente è da provare, anzi mi pare piuttosto una tesi ideologica. L'idea di Perón, credo, fosse quella di "usare" in qualche modo i rifugiati tedeschi, forse in prospettiva anti-comunista. A ogni modo non risulta, durante il decennio di governo di Perón, alcuna relazione comprovata tra il presidente e i vari nazisti Heichmann, Mengele, Pavelić».

Perón strinse anche buoni rapporti diplomatici con il neonato Stato d'Israele, dove intanto circa 25.000 ebrei si erano trasferiti, e inserì nella Costituzione del marzo 1948 la clausola 28, che proibì qualsiasi discriminazione razziale. Grazie alla moglie Evita, «la portabandiera degli umili», inoltre, istituzionalizzò il diritto di voto anche per le donne. Il modello di Stato di Perón si propose, insomma, di superare il capitalismo selvaggio e il comunismo e di creare una regolamentazione del capitalismo per assicurare l'umanizzazione delle condizioni di vita e di lavoro dei salariati.

Avere un avversario è necessario per ogni individuo. È un bisogno ancestrale. Permette di definire la propria identità. Quando un nemico non esiste, infatti, si è costretti a costruirlo. «In realtà, l'odio per l'Altro equivale all'odio per noi stessi – spiega Gael – L'intolleranza ha un volto antico, ragazza mia. Da sempre noi ebrei siamo considerati sporchi e riconoscibili dal cattivo odore. Dalla puzza. Da sempre siamo i nemici per antonomasia perché non mangiamo maiale, non mettiamo lievito nel pane, ci sposiamo tra di noi, circoncidiamo il figli maschi, oziamo il sabato. Siamo strani, diversi. Penso che nella storia non ci sia mai stata la voglia di capire l'Altro. Mi chiedo allora: ma questo è possibile o le varie forme di comprensione del nemico sono solo immaginate da poeti, santi e uditori? Negli esseri umani pulserà per sempre il bisogno incontrollato di avere un avversario da combattere?».

Molti scrittori negli Anni '50 raccontarono l'Argentina nata dall'incontro tra *indios*, *gaughos* e immigrati e le diverse fasi che visse la nazione. In un testo di Ernesto Sabato, successivo alla caduta del secondo governo Perón (1952-1955), lo scrittore ribadì la dualità vissuta dal popolo argentino. «Quella notte di settembre del 1955, mentre dottori, proprietari terrieri, e scrittori festeggiavano rumorosamente nel salotto di casa del tiranno, in un angolo della cucina scorsi le due *indias* che vi lavoravano con gli occhi pieni di lacrime. E anche se tutti quegli anni avevo meditato sulla tragica dualità che divideva il popolo argentino, in quel momento mi si palesò nella sua forma più commovente. Non poteva esserci descrizione più nitida del dramma della nostra patria che quella doppia scena esemplare. Milioni di poveri e lavoratori piangevano in quei momenti, per loro duri e oscuri. Grandi moltitudini di compatrioti umili erano rappresentate da quelle due ragazze indigene che piangevano in una cucina di Salta»[18].

Sotto il governo di Arturo Frondizi, dopo la cattura dell'11 maggio del 1960 in un sobborgo di Buenos Aires del criminale Adolf Eichmann, poi

[18] Ernesto Sabato, *El otro rostro del Peronismo; Carta abierta a Mario Amadeo,* Buenos Aires, 1956.

deportato in Israele, processato e impiccato il 2 maggio 1962, gli attacchi contro gli ebrei si moltiplicarono. «Gli anni successivi alla rivoluzione del giugno 1966, che porta al potere Carlos Onganía, furono caratterizzati da un'intensa agitazione antisemita – scrive Furio Biagini – specialmente per opera dei fascisti del gruppo Tacura, dei nazisti che dopo il 1945 si era rifugiati nel Paese e dei nuovi immigrati arabi e, a dispetto delle nuove dichiarazioni pacificatorie dell'autorità, l'Argentina si trasforma in un centro internazionale di propaganda anti-ebraica».

Negli anni della dittatura del generale Jorge Rafael Videla, dal 1976 al 1981, il periodo della cosiddetta *guerra sucia*, la guerra sporca, scoppiò un terrone generalizzato. Il nuovo presidente soppresse tutte le garanzie costituzionali e fece sequestrare, imprigionare e uccidere gli argentini considerati «ribelli, dissidenti e oppositori del regime». Tra questi c'erano anche tanti cittadini di origine ebraica che, secondo alcune testimonianze, vennero sottoposti a torture più crudeli dei non-ebrei. «I nazisti immigrati – spiega Uki Goñi – non avevano influenzato in alcun modo significativo i generali argentini responsabili dei genocidi degli Anni '70. Il germe era già presente ancor prima del loro arrivo»[19].

Il destino della maggior parte dei prigionieri del governo Videla era la morte. Le organizzazioni di difesa dei diritti umani denunciarono 25.000 *desaparecidos*, scomparsi, tra i quali più di 500 erano ebrei. «Dì che sei un ebreo di merda. Dillo se non vuoi morire» veniva detto loro durante le torture nei campi di concentramento. «I torturatori non avevano nessuno scrupolo e contro gli ebrei raddoppiavano la ferocia» racconta il proprietario di un bar del *barrio* Once che aveva perso due fratelli. «Per fortuna noi ebrei riusciamo comunque a vedere il *luz*». «Cos'è il *luz*?» chiedo. «È l'osso più piccolo della colonna vertebrale dove, secondo una leggenda ebraica, risiede la nostra personalità che resta intatta anche se l'individuo viene calpestato, torturato, ucciso». L'inizio della dittatura spaventò molti ebrei che decisero di trasferirsi nello Stato d'Israele.

Nel libro *Poder y desaparición*[20] di Pilar Calveiro, una sopravvissuta alla prigionia, leggo che «quando la vittima arrivava al campo di concentramento veniva invariabilmente sottoposta a tortura. [...] Le celle erano di 2,50 metri per 1,50. In quei loculi il prigioniero perdeva il suo nome: gli

[19] Uki Goñi, *Operazione Odessa. La fuga dei gerarchi argentini verso l'Argentina di Perón*, op. cit.

[20] Pilar Calmiero, *Poder y desaparición. Los campos de concentraciòn en Argentina*, Colihue, Buenos Aires, 2001.

veniva assegnato un numero al quale doveva rispondere. Iniziava il processo di cancellazione dell'identità, il cui traguardo finale sarebbero state le tombe di N.N.». Una volta portati in uno dei 364 centri di detenzione clandestina, ai prigionieri fu fatta decadere la condizione di «argentino». Questi diventavano «senza patria» e non avevano più diritti politici e civili. I presunti «sovversivi», insomma, non erano più considerati esseri umani, ma una *sub-especie*, una *raza sub-humana* i cui corpi, dopo le atroci torture, venivano gettati nel Río de la Plata come «pacchi» e «carichi». La maggior dei *desaparecidos* era formata da giovani tra i 20 e i 30 anni: artisti, giornalisti, docenti, studenti, religiosi, professionisti. C'erano anche donne incinte. Gli ambienti della cultura e della scuola furono quelli più colpiti dalle sparizioni e dalla repressione. «La Chiesa argentina aveva approvato in anticipo il golpe e per l'intera durata della dittatura aveva affiancato il genocidio e la repressione con tutto la sua autorità spirituale. Non solo i cappellani militari avevano assistito con la dovuta compunzione alle sessioni di tortura, ma avevano saputo trovare parole buone per consolare e placare gli occasionali turbamenti dei torturatori e degli assassini»[21].

La situazione migliorò con il ritorno della democrazia nel 1983 con l'insediamento del governo di Raul Alfonsín il 10 dicembre. Il nuovo presidente promise un ritorno alla libertà e la punizione delle violazioni dei diritti umani. Alfonsín lanciò subito un piano nazionale di alfabetizzazione e le iscrizioni universitarie si quintuplicarono. Venne approvata la legge sul divorzio e il mondo della cultura fu sollecitato da nuove spinte creative. Si diffuse un'ansia di aggiornamento, apprendimento ed espressione. Le manifestazioni antisemite diminuirono; teatro, letteratura e cinema rifiorirono e si tornò a ballare il tango per le strade della città.

[21] Gaspare De Caro e Roberto De Caro, *Hortus Musicus, Dossier Argentina*, ottobre-dicembre 2004.

Capitolo quinto
Il terrorismo islamico arriva in America Latina

Onora tuo padre e tua madre
(Quinto Comandamento secondo la tradizione ebraica,
tratto dal testo dell'Esodo)

La prima fotografia mostra le macerie del palazzo crollato. La seconda ritrae infermieri e volontari che trasportano corpi su barelle verso le ambulanze camminando sui vetri delle finestre distrutte. Nella terza immagine gruppi di persone fissano scioccate l'edificio in frantumi, altre si abbracciano e piangono i morti e i feriti bloccati sotto i ruderi. Le foto che mi trovo fra le mani raccontano lo scoppio di una bomba nel *barrio* Once che fece saltare in aria la sede dell'Amia, l'*Associación Mutual Israelita Argentina* di Buenos Aires, situata nel cuore del quartiere, al civico 633 della *calle* Pasteur.

Erano le 9,53 di un freddo lunedì mattina. Il calendario segnava il 18 luglio 1994, anno del centenario dalla nascita dell'associazione. Quel giorno morirono 85 persone e altre 300 restarono ferite. Pompieri, poliziotti, idraulici, operai in tuta arancione, commercianti, impiegati, studenti, passanti accorsero sul posto. C'era chi piangeva, chi vomitava, chi urlava, chi pregava, chi faceva domande. Tra loro c'era Maria Gabriella Maulu, un'argentina nata nel Neuquén e trasferitasi a Buenos Aires a 18 anni per studiare Scienze sociali e diventare giornalista. L'esplosione si udì fino a 5 chilometri di distanza dal palazzo dell'Amia e si sentì anche a casa di Gabriella che abitava al civico 782 di Uriburu, a due *cuadras* dal luogo dell'attentato. «Sono passati quasi 15 anni da quel giorno, ma ricordo tutto. Al momento dell'esplosione io stavo accendendo il riscaldamento a gas del mio appartamento – racconta mentre scioglie i capelli lunghi, castani e lucenti – Pensai, com'è vecchio questo apparecchio da provocare un botto così forte da rompere i vetri dell'unica grande finestra della mia casa! Solo poco dopo capii che non era colpa della mia stufa, ma era successo qualcosa di più grave. Scesi in strada e vidi che si erano rotti i vetri di tutte le case e tutti i negozi. Seguii il flusso di persone che si stava catapultando sulla *calle* Pasteur per capire cosa fosse successo e mi resi conto della tragedia. C'erano già tante persone che aiutavano la comunità ebraica a recuperare i corpi dei familiari sotto le macerie».

Incontro Gabriella proprio in un bar di Pasteur in una caldissima mattinata di novembre, quando a Buenos Aires si avvicina l'estate. «Ebbi paura per la mia vita e pensai che questo episodio avrebbe rovinato i miei sogni. I volti della gente erano terrorizzati, un terrore che non avevo mai conosciuto prima. Tutti erano ansiosi di recuperare i sopravvissuti perché il tempo stringeva. Bisognava spostare detriti, calcinacci e mattoni con le mani, scavare tra i resti e salvare chi ancora respirava. Le televisioni avevano invitato i cittadini a portare ghiaccio e bevande sul posto dell'esplosione. Con tempestività gli addetti alla pulizia rimossero dalla strada le pozze di sangue, ma l'odore dei cadaveri rimase nell'aria per settimane. Prima che linee saltassero, feci in tempo a fare due telefonate: una a mia mamma, per dirle che stavo bene, e una a Daniel, un fotografo che lavorava per *Diario Popular*. "Corri a fare le foto", gli dissi, e lui arrivò subito. I suoi scatti furono i primi a essere richiesti dai giornali».

La *calle* Pasteur si era trasformata in un cimitero avvolto da fumo nero e al posto dei sette piani del palazzo crollato rimaneva solo un cumulo di polvere gialla. La strada era irriconoscibile. È rimasta chiusa per cinque anni, ma la targa «A Louis Pasteur benefattore dell'umanità» non è crollata e da allora continua a dare il benvenuto a chiunque passa di lì. Lo scoppio a el Once non ha lasciato solo un buco fisico nel quartiere, ma anche un vuoto culturale nel mondo ebraico. Le fiamme, infatti, dilagarono così velocemente da ingoiare frammenti della Memoria ebraica custodita al terzo e quarto piano del palazzo, sede dell'Iwo. Con l'esplosione si rischiò di perdere gran parte del patrimonio culturale ebraico formato da libri, giornali, fotografie, quadri, sculture, dischi, strumenti musicali e documenti storici e religiosi dell'epoca del razzismo, l'Olocausto e la resistenza ebraica durante la seconda guerra mondiale. Per recuperare parte di questo archivio unico al mondo, nelle settimane e i mesi successivi all'attentato, per la prima volta nella storia dell'associazione, fu permesso a volontari civili non ebrei di accedere nella zona dell'edificio che non era franata per lavorare al salvataggio dei 71.000 libri e i 200 preziosi incunaboli ed evitarne il deterioramento. Questi lavorarono giorno e notte per recuperare i materiali, ripulirli, restaurarli, classificarli, conservarli e trasferirli nell'attuale sede dell'Iwo, al civico 483 della *calle* Ayacucho.

Oggi l'edificio dell'Amia è stato ricostruito, ma l'enorme parete nera che riporta in bianco i nomi delle vittime dell'attentato, allestita al termine della riedificazione, non permette di dimenticare quella tragica giornata. Nel quartiere la ferita è ancora aperta e la paura che episodi simili si verifichino di nuovo è palpabile. Ogni palazzo gestito dalla comunità ebraica, dalle sinagoghe ai club sportivi, dalle scuole alle associazioni culturali, dalla Daia alla stessa Amia, da quel giorno viene sorvegliato 24 ore su 24 da guardiani con auricolare e pistola che impediscono di entrare a persone non autorizzate e bloccano qualunque tentativo di scattare fotografie o filmare immagini da parte di turisti o curiosi. Anch'io ero stata ammonita più volte. Ogni edificio è transennato da blocchi di cemento che non consentono di far avvicinare persone, né di far parcheggiare automobili vicino ai portoni. La sorveglianza è ferrea: non esistono concessioni di favore per nessuno.

L'esasperato e apparentemente eccessivo bisogno di misure di sicurezza da parte della *cole* a Buenos Aires ha le sue radici anche in un episodio precedente allo choc del 1994. L'attentato all'Amia, infatti, era stato preceduto due anni prima dall'esplosione dell'edificio dell'ambasciata d'Israele, nell'angolo tra Arroyo e Suipacha, avvenuta il 17 marzo 1992. Al momento dello scoppio si stava tenendo un ricevimento al quale erano presenti centinaia di personalità del mondo ebraico, inclusi esponenti della diplomazia israeliana. La bomba, però, esplose quando quasi tutti erano già andati via. Si contarono 29 morti e 242 feriti. La maggior parte erano argentini di passaggio e molti bambini che si trovavano nella scuola e nella chiesa cattolica adiacenti. Il grosso delle personalità ebraiche presenti alla festa rimase illesa, compreso l'ambasciatore israeliano a Buenos Aires, Itzhak Shefi. Da quel giorno la paura, però, è cresciuta esponenzialmente e con essa la robustezza delle transenne e il numero delle guardie davanti agli edifici.

Durante le mie visite in biblioteca leggo numerosi articoli dedicati all'argomento negli ultimi 15 anni ed è subito chiaro che queste due tragedie hanno rappresentato per la nazione «un passaggio storico cruciale»: sono stati i primi attentati terroristici in Argentina. Gli 11 milioni di *porteños*, infatti, avevano conosciuto la violenza dei militari, le torture della dittatura, le sparizioni di figli e fratelli, la miseria del post-crisi 2001, ma non si erano mai trovati di fronte all'incubo delle bombe. L'illusione che l'America Latina fosse immune al terrorismo internazionale e al conflitto arabo-israeliano svanì. Per risolvere i casi, le magistrature argentina, israeliana e americana seguirono subito la pista del «complotto islamico» attribuendo le responsabilità degli attentati al governo iraniano e agli Hezbollah libanesi, sottolineando l'eccezionalità dell'avvenimento: non si erano verificati precedenti attacchi da parte di quest'ultimi verso obiettivi ebraici all'estero. La maggior parte dei quotidiani argentini ed esteri definì le esplosioni come «Atti antisemiti» e «Nuovi Olocausti» e titolò con tono solenne: *Il Terrorismo islamico varca l'Oceano*; *A Buenos Aires gli attentati più grandi mai avvenuti in Argentina*; *I maggiori attacchi mortali antisemiti dalla fine della seconda guerra mondiale.*

Sfoglio le prime pagine dei giornali: le foto evocano terrore, disperazione, rabbia e incredulità. Gli articoli sono pieni di contraddizioni e ipotesi non confermate e comunicano confusione, approssimazione e imprecisione. Avvicinarmi a questo tema mi porta in un altro labirinto, un territorio enigmatico in cui ogni strada imboccata porta perpetuamente verso innumerevoli altre strade e in cui ogni sentiero si biforca in altri sentieri che a loro volta si suddividono in altri, negandomi la possibilità di vedere la vita d'uscita. Cercare di capire questa parte di storia recente della capitale argentina mi avvicina al lato oscuro del *barrio* Once e mi lascia la sensazione che il copione degli attentanti sia stato cambiato dalla mano sapiente di un burattinaio che ha mosso i pupazzi a suo piacimento.

In biblioteca incontro Simone Reginella, uno studente di Geografia politica ed economica che sta terminando le ricerche per la sua tesi di laurea. Parlare con lui amplifica il mio smarrimento. Anche Simone appare perso in un labirinto di parole, supposizioni, depistaggi e contraddizioni. Con un linguaggio maldestro e confuso, tipico di chi è imbottito di nozioni lette sui libri ancora non ordinate nei cassetti della memoria, fa alcune riflessioni sul contesto geo-politico del territorio. «Al confine tra Argentina, Paraguay e Brasile da anni è fiorita una zona grigia, rifugio di criminali di ogni risma, trafficanti e gruppi terroristici e punto strategico per le attività commerciali per il *Cono Sur*, in quanto rappresenta un nodo di smercio per i traffici leciti e illeciti, chiamata *Triple Frontera* – spiega Simone – Quest'area è abitata da una gran quantità di *turcos*, cittadini di origine araba, con una forte presenza di libanesi dovuta ai costanti flussi migratori dal sud del Libano, in particolare dopo l'acuirsi della guerra tra Hezbollah ed esercito israeliano. Anno dopo anno, la componente più estremista della comunità si è ingrandita e fortificata e, di conseguenza, ha reso sempre più solido un ponte tra gli immigrati e i Paesi d'origine intensificando il sostegno economico alla causa islamica per la Jihad. È stata accertata la presenza di gruppi terroristici come Hamas e Hezbollah libanesi, mentre si sta ancora verificando l'ingresso di Al Qaeda. È evidente che la *Triple Frontera* costituisce una sorta di filtro tra questa comunità con una forte capacità imprenditoriale, rafforzata dalle nuove generazioni di immigrati arabi particolarmente vicine alle posizioni dell'integralismo islamico, e i movimenti di narcotrafficanti e contrabbandieri locali di tradizione latino-americana. Quindi la comunità dei *turcos* della *Triple Froniera* può essere stata funzionale come appoggio logistico agli attentati di Buenos Aires. Questo è almeno quello che si deduce dalle fonti ufficiali». Lo sguardo di Simone si fa perplesso: «Ma non si può parlare con convinzione di questi fatti perché molte prove sono state occultate e l'inchiesta è stata insabbiata».

Con il passare degli anni è nata una «narrativa ufficiale» dei due attentati alla quale, però, non tutti credono. Molti argentini hanno cominciato a diffidare dalle informazioni riportate dalla stampa nazionale ed estera e si sono fatti idee personali. «Gli Usa hanno riscritto la storia dei due attentati», ho sentito dire in un bar della *calle* Junín insieme a tante domande senza risposte che i *porteños* si pongono mentre prendono il caffè del mattino. «Si tratta di attacchi contro gli ebrei o l'obiettivo era Menem?», «Se l'Argentina aveva buoni rapporti con i Paesi arabi perché si sarebbe trattato di un complotto islamico?», «Perché le indagini non proseguono?», «È verosimile che le autorità israeliane si rifiutino di far sottoporre le vittime ad autopsia per non profanare i corpi?», «E sull'attentato del '92: che senso ha far scoppiare una bomba quando l'ambasciata si è ormai svuotata? E perché la lista dei diplomatici accreditati non corrispondeva al personale reale dell'ambasciata?».

Le parole di Simone mi chiariscono molti punti, ma per orientarmi nell'argomento e provare a uscire dal labirinto devo procedere con ordine e separare i due attentati, se pur collegati tra loro. Secondo la «narrativa ufficiale», la deflagrazione del 1992 a danno dell'ambasciata israeliana fu provocata da un camioncino pieno di esplosivo guidato da un *kamikaze* palestinese che si sarebbe fatto saltare in aria per vendicare l'uccisione, da parte d'Israele, del leader di Hezbollah[1], lo sceicco Abbas al-Musawi, e della sua famiglia. Lo sceicco sarebbe stato ucciso da elicotteri israeliani che avrebbero attaccato un'auto nel sud del Libano su cui viaggiava insieme alla moglie, il figlio e altre quattro persone. Era il 16 febbraio 1992. La rivendicazione dell'attentato venne fatta a Beirut, capitale del Libano, dalla Jihad islamica: «Annunciamo con orgoglio che l'operazione è solo uno dei continui attacchi che abbiamo lanciato contro il criminale nemico, in una

[1] Hezbollah, il Partito di Dio, partito politico sciita libanese fondato nel 1982, creato con l'appoggio dell'Iran per opporre resistenza armata all'invasione e occupazione israeliana del Libano. È dotato di milizie che integrano quelle dell'esercito di Stato. Gli Usa lo considerano organizzazione terroristica, per altri Paesi è un'organizzazione patriottica.

[2] Lucia Annunziata, *La Jihad rivendica, Israele giura vendetta*, *La Repubblica*, 19 marzo 1992.

guerra aperta che non si concluderà se non con la totale cancellazione di Israele»[2]. Nella sua prima reazione il ministro degli Esteri d'Israele, David Levy, affermò: «Abbiamo un conto di sangue in sospeso con gli assassini che continuano a colpirci. Non daremo loro tregua e la nostra giustizia li inseguirà anche in capo al mondo»[3]. Molti politici israeliani fecero notare che «l'uccisione dello sceicco aveva risvegliato il semidormiente "diavolo" libanese, offrendo sia all'Iran sia alla Siria il perfetto canale per rinfocolare il conflitto mediorientale»[4]. Israele, dunque, accusò gli arabi e ipotizzò che dietro l'attentato ci fosse l'asse Teheran-Damasco. «Teheran è tradizionalmente il padre spirituale e finanziario dei movimenti islamici in Libano. In questo momento tuttavia l'interesse di Teheran per rinfocolare il conflitto mediorientale è rinnovato: fermamente contrario al piano di pace, il regime iraniano è alla ricerca di un nuovo ruolo e di una nuova aggregazione sulla costa mediterranea del Medioriente. I suoi movimenti anti-Israele sono solo una parte della grande rete che Teheran sta cercando di tessere nel vasto arco dei paesi islamici, dopo essere uscita indirettamente vittoriosa dalla guerra del Golfo»[5]. Il favore della Siria fu ufficialmente negato dal suo presidente Hafez al-Assad che però sottolineò: «Chiunque è responsabile deve essere molto arrabbiato con il comportamento di Israele». «Il favore con cui la Siria guarda oggi alle attività anti-israeliane si dimostra da solo – scrisse Lucia Annunciata su *La Repubblica* – Damasco ha un tale controllo sul Libano che se volesse potrebbe facilmente fermare Jihad e tutti gli altri gruppi».

La prima domanda che si pose Menem, invece, subito dopo l'attentato, fu: «Come ha fatto il terrorista accusato a rifornirsi di un tale quantitativo di esplosivo?», suggerendo l'esistenza di una complicità tra terroristi mediorientali e le forze armate argentine, i *carapintadas*[6], una corrente di militari ribelli contraria alle istituzioni democratiche, presente nella polizia e nell'esercito argentino e coinvolta nella recente dittatura (1976-1983). «Di sicuro, i rapporti tra la Casa Rosada e l'esercito erano tesissimi, un po' per il peggioramento delle condizioni economiche degli ufficiali, un po' per l'arroganza di questi ultimi che, a dieci anni dalla sconfitta nella guerra delle Falkland (l'attacco argentino risale al 2 aprile 1982), e dopo il fallimento dell'azione autoritaria, erano alla ricerca di un ruolo politico. Menem,

[3] Ibidem.
[4] Ibidem.
[5] Ibidem.
[6] Il nome *carapintadas* nasce dalla scelta dei militari di tingersi la faccia di bitume durante molte sommosse sotto il governo di Alfonsín.

dunque, fece sapere che «per motivi interni, sarebbe stato lieto di trovare i colpevoli tra i militari»[7]. Il presidente, però, «non aveva prove sicure, ma solo indizi. [...] Preoccupato per le ripercussioni dell'attentato sui fragili equilibri interni, Menem ordinò al Side, la centrale di controspionaggio argentino, di collaborare con il Mossad israeliano e con la Cia americana. L'ambasciatore di George Bush senior alla Casa Rosada, Terence Todman, accettò l'invito»[8]. Poco dopo, proprio da Washington arrivò una notizia rilevante per le indagini: «72 ore prima dell'attentato, il governo americano aveva avvertito i suoi connazionali in partenza per Buenos Aires di possibili rischi. Insomma, la Cia di Robert Gates aveva già annusato il pericolo»[9].

L'attenzione sulla Siria, intanto, venne presto distolta e mandanti e colpevoli restarono Iran e Hezbollah. Il 25 ottobre 2006, infatti, i procuratori federali di Buenos Aires, Alberto Nisman e Marcelo Martínez Burgos, accusarono ufficialmente il governo iraniano e gli Hezbollah libanesi di essere i responsabili dell'attentato e chiesero al giudice Rodolfo Caniboca Corral di firmare dei mandati di arresto internazionale contro sei responsabili iraniani e un libanese. La percezione generalizzata che la Siria fosse stata un importante *partner* di entrambi gli attentati però per molti restò. «Ma nessuno sembrava interessato a farlo venire fuori, a eccezione di *Memoria Activa*,[10] un'istituzione non-governativa in cui sono riunite le famiglie delle vittime»,[11] e di un altro gruppo nato per chiarire il massacro impunito dell'Amia, l'Apemia (*Agrupación por el Escalcimiento de la Masacre Impune de la Amia*). I membri di *Memoria Activa*, che ancora oggi partecipano alle numerose manifestazioni e marce al Tribunale della città, denunciarono lo Stato argentino per aver ostacolato l'adempimento della giustizia, oltre che per violazione dei diritti umani, del rispetto della vita e dell'integrità fisica delle vittime. «Lo Stato ha omesso di compiere il suo dovere di prevenire, investigare e sanzionare i responsabili dell'attentato all'Amia» scrissero nei loro documenti. «Non si tratta di esigere da esso risultati concreti e immediati

[7] Arturo Zampaglione, *La grande paura di Buenos Aires. Il terrorismo ha varcato l'oceano*, La Repubblica, 19 marzo 1992.

[8] Ibidem.

[9] Ibidem.

[10] Associazione senza fini di lucro creata per seguire l'inchiesta sull'attentato all'Amia. Ogni lunedì alle 9,54 del mattino, orario dell'attentato, familiari e amici delle vittime s'incontrano a *plaza* Lavalle per reclamare chiarimenti e giustizia alle istituzioni.

[11] Beatriz Gurevich e Carlos Escudè, *Limiti di Governabilità, Corruzione e Terrorismo Trasnazionale: il caso degli attacchi a Buenos Aires del 1992 e del 1994*, Universidad Nacional del Cema di Buenos Aires.

dalle inchieste di un fatto tanto atroce di terrorismo internazionale né di fare un reclamo per un'indagine difettosa, anche se portata avanti con buone intenzioni. La nostra denuncia imputa allo Stato argentino di non aver messo la dovuta diligenza nell'inchiesta in modo da fare tutto il possibile per il chiarimento dell'episodio e la punizione dei responsabili. Chiediamo un'indagine da svolgere con gli Stati internazionali riconosciuti dalla Commissione inter-americana dei diritti umani». I membri di *Memoria Activa* individuarono tutte le irregolarità dell'inchiesta, «in cui furono utilizzate figure processuali estranee al nostro sistema giuridico, come i testimoni a identità riservata e i pentiti», in particolare in materia probatoria. «Le prove furono perse, distrutte o sparite misteriosamente».

L'autore dell'attentato all'Amia venne riconosciuto in un *kamikaze* di 29 anni, Ibrahim Hussein Berro, alla guida di un'auto, una Renault Traffic Van carica di esplosivo. Sia il Side sia l'Fbi confermarono quest'ipostesi nel novembre 2005, 11 anni dopo l'attacco, ma due fratelli di Berro residenti a Detroit, successivamente, deposero in America tutt'altra storia: il fratello sarebbe morto il 9 settembre 1994 in Libano, in combattimento con gli israeliani. Non era difficile controllare, bastava un test sul Dna del cadavere dilaniato, ma non ne è mai stato fatto uno, né tanto meno autopsie del corpo. Qualche giorno dopo l'esplosione dell'Amia, il rabbino Baruj Plavnik sottolineò, su diversi giornali, che «nella storia dell'Argentina esiste un'incredibile impunità. Non mi stupisco di questo massacro impunito. Oltre agli Hezbollah, va considerata anche la presenza di antisemiti in città, quella che ha permesso a Goebbels, Mengele e Priebke di vivere qui come persone normali e non come boia delle SS». La sua opinione è condivisa da molti esponenti del mondo ebraico in Argentina e all'estero. Anche sulla testata italiana *Informazione Corretta* ne trovo traccia. «Le stragi di Buenos Aires sono un esempio lampante di come il nazismo, quello dei gerarchi che scapparono in Argentina dopo la disfatta dalla Germania, si sia saldato con il terrorismo islamico di stampo teocratico e nazional-socialista e abbia generato l'ideologia islamo-nazista già operante in Palestina, ai tempi del gran Muftì di Gerusalemme, amico di Hitler e autore dei *pogrom* e delle persecuzioni antiebraiche» scrive Piera Prister Bracaglia Morante nel 2007.

Uno dei pochi punti comuni tra la «narrativa ufficiale» e quella «ufficiosa» è la supposizione di uno stretto legame tra i due attentati. A conferma di questa ipotesi esistono tanti episodi. Uno dei più significativi risale a dieci giorni prima dell'esplosione del 1994 e consiste nella notizia che il governo argentino sarebbe stato messo in guardia di un imminente attacco da un informatore introdottosi nel consolato argentino a Milano, un certo Wilson Dos Santos. Costui spiegò che la sua ex fidanzata, Nasrim Mokthari, una prostituta iraniana incontrata a Buenos Aires che aveva forti legami con l'ambasciata del suo Paese, apparteneva alla cellula terroristica che attaccò l'ambasciata israeliana nel 1992. Dos Santos disse che i terroristi stavano preparando un attentato a un altro obiettivo ebraico in città, in un edificio in ristrutturazione. La sua testimonianza, frutto di una deposizione di 10 ore, successivamente venne giudicata falsa e l'imputato venne condannato per spergiuro. «Dos Santos era considerato un uomo agile nel muoversi con dimestichezza nel territorio della *Triple Frontiera* – sostiene Simone – forse per questo fu usato per avvalorare la tesi del coinvolgimento iraniano in supporto logistico agli attentati di Buenos Aires».

Il governo degli Stati Uniti, intanto, cominciò a preoccuparsi del possibile finanziamento del terrorismo degli immigrati libanesi in nuove zone, oltre a quelle della Tripla Frontiera. Nel dicembre 2002, infatti, i funzionari dei dipartimenti di Stato e del Tesoro, il Pentagono, l'Fbi e la Cia si incontrarono con i funzionari di Argentina, Brasile e Paraguay per discutere le attività terroristiche nella zona. La delegazione degli Stati Uniti era guidata dal direttore anti-terrorismo del Dipartimento di Stato, J. Cofer Black. Quest'incontro fornì l'occasione a Washington per discutere delle recenti notizie sulla presenza della rete di Al Qaeda nella regione e per tentare di sedare i disaccordi sulla raccolta fondi per conto di Hezbollah e di altri gruppi mediorientali.

«L'Argentina ha sempre avuto ottimi rapporti con i Paesi arabi». Per Alfredo Somoza «la radice degli attentati di Buenos Aires può essere letta solo come vendetta verso l'allora presidente dell'Argentina Carlos Menem, nato in una famiglia di siriani e convertitosi al cattolicesimo per diventare presidente, visto che fino al 1994 era un requisito obbligatorio imposto dalla Costituzione argentina». «Possiamo sintetizzare l'origine degli attentati in tre episodi – precisa – Il primo risale al 1989, quando Menem congelò due programmi del governo argentino che finanziavano il missile *Condor II*, sul quale c'erano grossi investimenti da parte dei Paesi arabi. Il secondo è la sospensione di un programma nucleare con l'Iran; il terzo è l'ingresso dell'Argentina nella guerra del Golfo nel 1990 al fianco degli Stati Uniti, cosa di cui Menem era molto fiero al punto da definirlo con orgoglio un "rapporto carnale"».

Durante la presidenza Alfonsín sul piano internazionale l'Argentina, appena uscita dalla dittatura militare, ebbe posizioni simili ai Paesi non allineati ma, con l'avvento di Menem nel 1989, la politica internazionale si orientò verso le posizioni tradizionali di sostegno alla politica americana. Menem compì un notevole sforzo per vincere la diffidenza statunitense. Nel 1990 decise di inviare due navi dell'armata nel Golfo Persico: l'Argentina fu l'unico Paese latino-americano a unirsi alla forza multinazionale. Da quel momento in poi i contingenti militari argentini parteciparono più volte alle missioni di pace dell'Onu. Nonostante ciò, solo nel 1997 gli Usa, sotto la presidenza Clinton, conferirono all'Argentina lo status di «alleato extra-Nato» facendo registrare a Menem un notevole risultato in politica estera. Uno degli obiettivi di Menem all'inizio degli Anni '90 era recuperare quel ruolo di alleato fedele degli Stati Uniti, uscendo da un periodo in cui l'amicizia tra i due Paesi era stata minata dalle tensioni dovute alla guerra tra l'Argentina e la Gran Bretagna, alleato d'acciaio degli Usa, per il possesso delle isole Falkland-Malvinas. Le relazioni economiche e politiche sempre più strette con Washington sono da attribuirsi all'allineamento della politica economica argentina alle direttive del Fondo monetario internazionale (Fmi).

«Colpire gli ebrei di Buenos Aires – ribadisce Somoza – è stata una vendetta del mondo arabo contro Menem e i suoi tradimenti. Il presidente infatti è stato colpito tre volte nei punti che gli potevano fare più male: con i due attentati contro la comunità ebraica, cara agli Stati Uniti, e con l'omicidio del figlio Carlitos, un anno dopo i fatti dell'Amia. Fra gli arabi colpire il primogenito è un gesto molto simbolico».

La parabola politica del presidente è imprescindibile dalle sue vicende private. Carlos junior detto Carlitos, morì il 15 marzo 1995 a 26 anni in un misterioso incidente mentre viaggiava su un elicottero privato diretto a Santa Fe. Il presidente, anche in questo caso, adottò la «politica dell'insabbiamento delle prove», e reagì dando poco peso a questo tragico evento. Non mostrò alcuna sofferenza e continuò a dimenarsi nell'iperbole sfarzosa del consumo e del divertimento che aveva intrapreso in quel periodo. Il presidente non fu scosso neanche dalla denuncia della ex moglie, Zulema Yoma, per occultamento di prove. «Il signor Menem è colpevole di aver nascosto informazioni dei servizi segreti, nazionali e stranieri, che dimostrano l'esistenza di un omicidio» disse Zulema Yoma sporgendo denuncia. Il rapporto di polizia sosteneva che Carlitos, alla guida del suo elicottero Bell Jet Ranger, volava troppo basso. Essendo noto come un buono a nulla che trascorreva le sue giornate tra droga, *rock'n'roll* e fidanzate, una versione dei fatti raccontava che Carlitos al momento dell'incidente stesse inseguendo una bella ragazza al volante di un'auto. L'apparecchio sarebbe rimasto agganciato a dei cavi e sarebbe precipitato. Ma la mamma era convinta che a bordo con il figlio ci fosse un'altra misteriosa persona che avrebbe fatto schiantare l'elicottero e che all'ospedale, dove Carlitos arrivò ancora vivo, nessun medico fece abbastanza per salvarlo. L'episodio finì presto nel dimenticatoio.

«È evidente il multiplo gioco di Menem» afferma deciso Simone. «Le inchieste giudiziarie e le varie commissioni politiche internazionali rispetto ai due attentati hanno espressamente messo in evidenza il tentativo di Menem e del suo *entourage* di ostacolare la via giudiziaria al processo sugli attentati. Nonostante infinite supposizioni e teoremi su come sia riuscito a depistare le indagini, i dubbi rimangono e le prove non ci sono. Sebbene Menem sia ricordato dai più per le peripezie della sua famiglia, dal punto di vista politico è sicuramente la figura che permette di descrivere meglio il decennio più neoliberista della storia argentina e il declino verso il collasso istituzionale della democrazia. Facendo incontrare il populismo di base peronista con le ricette neoliberiste come, la deregolamentazione del mercato finanziario e la privatizzazione di molte aziende statali, Menem riuscì nell'intento di governare a suo piacimento, e in parte a depredare, la ricca terra argentina. La sua versatilità nell'adattarsi ai vari cambiamenti fu dovuta alla capacità di instaurare relazioni con tutti, disinteressandosi delle contraddizioni, e di tessere alleanze anche pericolose. In politica interna Menem era visto come un *caudillo* popolare, un leader gradito all'*establishment*, un uomo capace di imporre il cambiamento della Costituzione e di concentrare su di sé l'intera attività di governo, il tutto condito da una collaudata rete di corruzione degli organi amministrativi centrali e periferici. In politica estera questa ottica si amplificò e le scelte internazionali dell'Argentina subirono diversi cambiamenti di rotta a seconda delle esigenze dell'amministrazione menemista. Il suo obiettivo principale era quello di rafforzare i rapporti con il colosso americano soprattutto per facilitare l'accesso al ricco mercato dei capitali statunitensi e l'acquisizione di un alleato autorevole in vista della rinegoziazione del debito estero. Questa era la stella polare di tutta la politica estera di Buenos Aires in quegli anni che indica l'importanza di questa alleanza come supporto per la stabilizzazione dell'economia. È chiaro che ogni scelta internazionale doveva essere orientata per avere il gradimento del potente vicino nordamericano. Il presidente argentino, orgoglioso di questa stretta collaborazione con Washington, ne approfittò per intraprendere una politica più spregiudicata in ambito internazionale, aspirando a un nuovo ruolo dell'Argentina tra le democrazie occidentali e rompendo così delicati equilibri nell'orbita dei tradizionali rapporti con le altre nazioni e in particolare con quelle arabe con cui lo Stato argentino, e Menem stesso, ha sempre avuto rapporti di amicizia dovuti ai molteplici scambi commerciali e militari. Ed è qui che emersero le contraddizioni e il gioco poco pulito di Menem. Il poliedrico presidente districò le file di una tela di rapporti al limite del lecito; dovette vedersela con i siriani e gli altri amici arabi che lo avevano sempre supportato fin dai suoi esordi in politica e contemporaneamente dovette dichiarare obbedienza agli americani. Menem fu in grado di orientare le scelte di una nazione al fine di riceverne un tornaconto personale».

Leggendo uno studio dei professori Beatriz Gurevich e Carlos Escudé scopro che «vi erano altri elementi incriminanti connessi con gli attacchi terroristici che furono largamente trascurati durante le indagini». «Nel contesto di un'udienza nel 1995 presso la Commissione per le relazioni internazionali della Camera dei rappresentanti degli Stati Uniti, il coordinatore del dipartimento di Stato americano per la lotta al terrorismo, Philip C. Wilcox, attribuì la mancanza di risultati sostanziali nell'indagine allo scarso coordinamento tra la rete di sicurezza e l'intelligence argentina e per le mancanze della Polizia provinciale di Buenos Aires. Alla stessa udienza, Avi Weiss, rabbino dell'Istituto ebraico nazionale di Riverdale e presidente della Coalizione per gli interessi degli ebrei, si spinse oltre, al punto di accusare l'Ufficio nazionale argentino per le migrazioni (Dnm) di complicità con i terroristi. Egli denunciò che, nel gennaio 1990, al terrorista siriano Monzer al Kassar, cognato di Menem e legato al dirottamento dell'Achille Lauro, fu concesso di entrare da Martínez (capitano della Marina Carlos Aurelio) sospettato di violazioni dei diritti umani durante la dittatura militare del 1976-83 e direttore nazionale delle migrazioni durante l'amministrazione Menem. In verità, ad Al Kassar venne perfino garantita la cittadinanza argentina durante il mandato di Menem, presumibilmente proprio su iniziativa dello stesso presidente. A Buenos Aires aveva contatti con il ramo locale della famigerata Bcci (*Banco de Crédito Comercial Internacional*), banca transnazionale di riciclaggio di denaro e fu lui stesso sospettato di riciclaggio e finanziamento al terrorismo. È stato ufficialmente nominato rivenditore d'armi del governo di Menem e ordinò, fra le altre cose, la vendita di alcuni sottomarini. Ancor più degno di nota è il fatto che fu coinvolto in operazioni con Paesi arabi riguardanti il missile *Condor II*, come riportato da diversi documenti di *intelligence* dal ministero della Difesa argentino. Inoltre, al Kassar aveva legami nelle forze aeree argentine, soprattutto attraverso i brigadieri generali Ernesto Horacio Crespo e José Antonio Juliá. Monzer al Kassar, quindi, potrebbe essere un anello cruciale, ma mai attentamente indagato, fra la Siria, la promessa mancata di Menem a Hafez al-Assad, agli attacchi terroristici, il riciclaggio di denaro e forse altri scandali legati al traffico di armi durante l'amministrazione Menem. Nonostante il *report* dell'Amia/Daia del 1997 suggerisse di indagare su di lui, questo documento diplomaticamente evitava di far riferimento a un legame con la Siria. In linea con l'atteggiamento di alcuni leader ebraici-argentini, che preferivano lasciare che ci fossero zone d'ombra nell'indagine in quanto ritenevano che un'incriminazione di Damasco non avrebbe giovato né a Israele né al processo di pace in Medioriente. Al contrario, una relazione preparata nel 1999 da legislatori di *Acción por la República* (partito politico dell'ex ministro Domingo Cavallo) sosteneva che l'assenza di una vera e propria indagine sulle connessioni con la Siria non fosse altro che un tentativo "per distogliere l'attenzione pubblica dai sospetti che [l'amministrazione Menem] fosse coinvolta negli attentati"[12]. La relazione, inoltre, suggerisce una copertura fino a nascondere l'illegale campagna di finanziamento da parte di Siria e Libia a Menem, e le promesse non mantenute dei Paesi arabi a Menem come uno degli elementi chiave scatenanti per gli attentati. Lo stesso vale per la relazione della Commissione speciale bicamerale per il seguito dell'investigazione sugli atti terroristici contro l'ambasciata israeliana e l'edificio dell'Amia che approfondirono la presunta partecipazione di al Kassar e di Ibrahim al Ibrahim, anch'egli sospettato di essere collegato all'attacco. Quest'ultimo era stato colonnello di intelligence siriana, strettamente legato a Menem, al quale fu concessa la cittadinanza argentina. Sebbene egli parlasse a mala pena spagnolo fu nominato consulente speciale della Dogana argentina e collocato in una posizione ideale per facilitare tutti i tipi di traffico illecito»[13].

Sfogliando una copia della rivista geopolitica *Limes*, leggo che «nel 1998 i magistrati argentini entrano in contatto con il testimone C, alias Abolghasem Meshabi, fino al 1996 numero tre della gerarchia del Vevak, il servizio segreto iraniano, che aveva chiesto asilo politico in Germania. Considerato "fonte altamente attendibile" dai servizi Usa, il testimone C disse che a organizzare entrambi gli attentati era stato Moshen Rabbani, all'epoca ufficialmente addetto culturale dell'ambasciata iraniana a Buenos Aires, ma in

[12] Relazione di Acción por la República, 19 febbraio 2000.

[13] Beatriz Gurevich e Carlos Escudè, *Limiti di Governabilità, Corruzione e Terrorismo Trasnazionale: il caso degli attacchi a Buenos Aires del 1992 e del 1994*, op. cit.

realtà responsabile del Vevak per l'America Latina. Motivo: il rifiuto del governo argentino di vendere all'Iran tecnologia nucleare, attribuito alle pressioni d'Israele e della comunità ebraica argentina. Costui, interrogato dopo qualche anno dalla magistratura tedesca, venne rilasciato per mancanza di prove. [...] Il testimone C denunciò, inoltre, che un alto funzionario del governo argentino occultò i risultati delle indagini, ma solo nel maggio del 2000 chiarì che si trattava dell'ormai ex presidente Carlos Saul Menem. Secondo Meshabi, agenti del Vevak avrebbero contattato l'allora governatore della Rioja fin dal 1994, venendone favorevolmente impressionati per il suo acceso antisemitismo, e ne avrebbero in seguito assecondato la carriera con generosi finanziamenti, fino a 10 milioni di dollari, con cui sarebbe stato compensato il suo contributo all'insabbiamento delle indagini. La notizia resa pubblica dal quotidiano *La Nación* del 17 luglio 2000, venne poi riportata dal *New York Times* del 21 luglio 2002, corroborata da nuove testimonianze. Il governo iraniano parlò ovviamente di "complotto sionista", e Menem annunciò querele, ma il 21 febbraio 2003 i giudici José Barbariccia e Alberto Nisman emanarono un mandato internazionale di cattura per 22 cittadini iraniani. Tra loro Rabbani, l'ex ambasciatore in Argentina Hady Soleimanpur e lo stesso leader spirituale della Repubblica Islamica Ali Khamenei, accusato di aver emanato la *fatwà*[14] che autorizzò i due attentati. Ci fu, però, anche un ventitreesimo mandato di cattura che riguarda il cittadino libanese Imād Mugniyya, l'esperto che avrebbe curato gli aspetti tecnici degli attentati. E Mugniyya altri non è se non l'uomo di Hezbollah considerato l'inventore della tecnica degli attentati suicidi, fin dai due famosi *kamikaze* di Beirut del 1983. Secondo un altro testimone, denominato A, Mugniyya si sarebbe mosso in Argentina grazie all'appoggio della comunità dei *turcos* della Tripla Frontiera»[15].

Più mi documento e più mi perdo tra notizie contrastanti e ipotesi senza basi. Per cercare di chiarire alcuni punti dello sviluppo della trama, allora, contatto Oscar Piovesan, un simpaticissimo giornalista della sede di Buenos Aires dell'agenzia *Ansa* considerato la «Bibbia dell'America Latina» perché segue da tre decenni fatti e misfatti politico-economici dell'Argentina facendo da *chaperon* a tanti colleghi italiani inviati a raccontare le cronache bairesaresi. «Anche la mossa del giudice Rodolfo Canicoba Corral, che allora

[14] La *fatwa* è un decreto di carattere religioso promulgato dai dotti islamici per regolare questioni d'attualità in base ai principi della Legge coranica.

[15] Maurizio Stefanini, *La tripla frontiera, una tana per terroristi in America Latina*, Limes, Quaderno speciale *La terra promessa*, 2003.

seguiva il caso Amia, di emettere nel 2007 un mandato di cattura internazionale contro sei ex alti funzionari iraniani, tra i quali l'ex presidente Ali Akbar Hashemi Rafsanjiani, fu inutile. Come era già avvenuto nel 2004, quando la Gran Bretagna respinse la richiesta di estradizione presentata dal governo argentino in merito all'ex ambasciatore iraniano a Buenos Aires Hadi Soleimanpour, arrestato a Londra, adducendo mancanza di prove. Nel giugno 2007, il giudice Alberto Niesmann seppe che Rafsanjiani, insieme a un altro dei ricercati, Mohsen Rezaei, si trovava in missione ufficiale in Arabia Saudita, chiese all'Interpol di arrestarli, ma gli esponenti locali dell'organismo fecero finta di niente. I due, presidente e segretario del Consiglio del Discernimento dell'Iran, tornarono senza problemi a Teheran. Tra le tante informazioni che circolarono, non mancò l'affermazione che Rafsanjiani fosse una pedina che Washington curò particolarmente contro l'esagitato presidente iraniano Mahmud Ahmadinejad. Insomma, una specie di intoccabile».

«Sempre in giugno – continua Oscar – il presidente del Congresso mondiale ebreo, Ronald Lauder, nel corso di una visita a Buenos Aires in cui si è riunito con la *presidenta* Cristina Kirchner, ammise: "Spero che un giorno si chiarisca quanto è accaduto per l'attentato all'Amia. Ma non ne sono sicuro. Per il mondo è molto più facile dimenticare che trovare una ragione per venirne a capo. È questo, infatti, il pericolo. Ci furono molti altri attentati da allora, e non mi riferisco solo all'Argentina, e ognuno di essi ha finito per coprire quanto era avvenuto a Buenos Aires. La gente reagisce con indifferenza e non si rende conto dell'enormità e della diversità di due attentati avvenuti a 14.000 chilometri di distanza dal conflitto in corso nel Paese. Quelli contro l'ambasciata israeliana e l'Amia non furono casi come quelli di Monaco o di Entebbe. I terroristi non chiesero qualcosa in cambio, che non gli fu dato. A Buenos Aires fu data la morte a moltissime persone, senza chiedere nulla a cambio e senza assumersene la responsabilità».

Un altro personaggio importante della storia dei due attentati è il giudice Juan José Galeano che nell'agosto 2005 venne accusato e rimosso dal suo incarico in quanto «responsabile di gravi irregolarità e di cattiva gestione delle indagini»[16]. Il motivo? Un video, trasmesso dalla tv argentina, che mostrava il giudice mentre offriva 400.000 dollari a un presunto teste chiave e imputato. Il teste sarebbe stato Carlos Alberto Telleldin, venditore arabo di auto usate, già noto come piccolo malavitoso e confidente della

[16] Gareth Porter, *Bush's Iran-Argentina frame-up*, The Nation, 4 febbraio 2004. Il resoconto che segue è essenzialmente tratto dall'approfondita inchiesta di Gareth Porter.

polizia, arresto da Galeano con l'accusa di aver fornito il furgone Trafic agli attentatori. Galeano aveva arrestato anche 12 iraniani e aveva emesso mandato di cattura contro Hade Soleimanpour, ambasciatore di Teheran a Buenos Aires nel 1994, arrestato in Inghilterra nell'agosto del 2003, ma poi rilasciato dal ministero dell'Interno britannico per mancanza di prove. Galeano, insieme al procuratore Eamon Mullen, aveva anche lavorato per dimostrare che membri della polizia provinciale di Buenos Aires e *carapintadas* avevano contribuito a preparare la logistica degli attacchi, fornendo esplosivi. Incriminò per complicità una ventina di agenti della polizia provinciale della città, che nel 2003, quando il giudice Galeano fu estromesso dall'indagine, furono assolti.

«Il 6 aprile 2003, Nilda Garré, un membro del Congresso già capo dell'Unità speciale d'investigazione sugli attacchi del ministero della Giustizia, sotto la gestione De la Rúa, depositò un'istanza presentando 15 capi d'accusa contro il giudice Galeano per negligenze o cattiva condotta, tra cui la mancata denuncia di alcune irregolarità attribuite alle agenzie dello Stato. Il 19 marzo 2003, inoltre, l'ex segretario del giudice Galeano, Javier de Gamas, dopo aver testimoniato alla Corte federale, fu incriminato e arrestato per falsa testimonianza relativa alla partecipazione della polizia nella logistica degli attacchi. Galeano fu anche accusato da Claudio Lifschitz, che durante i primi due anni di indagini era stato segretario del giudice per poi divenire egli stesso testimone. Lifschitz sostenne in un libro[17] che tre mesi prima dell'attentato il Side aveva infiltrato una "cellula dormiente" iraniana sospettata di collegamenti con Hezbollah, gli aveva dato un supporto logistico e lo aveva spinto ad agire, in quella che doveva essere una *sting operation,* un'operazione-trappola. Nelle sue parole, si trattava di una "operazione controllata" andata fuori controllo. Quando gli investigatori scoprirono questi fatti imbarazzanti, la copertura divenne una questione ufficiale. Nel 2000, dopo che Lifschitz aveva denunciato pubblicamente Galeano e il Side, fu accusato da Daia, Amia e Side di aver violato un "segreto politico" (articolo 222 del Codice penale). Lifschitz è sotto processo anche se nessuno lo ha accusato di aver falsificato le informazioni. D'altro canto, gli avvocati di *Memoria Activa*, Alberto Zuppi e Pablo Jacoby, hanno sottolineato che anche tutti i nuovi elementi di prova tendevano a confermare ciò che aveva scritto nel libro»[18].

[17] Claudio A. Lifschitz, *Amia, porque se hizo fallar la investigación*, Departamento Editorial, Buenos Aires, 2000.

[18] Beatriz Gurevich e Carlos Escudé, *Limiti di Governabilità, Corruzione e Terrorismo Trasnazionale: il caso degli attacchi a Buenos Aires del 1992 e del 1994*, op. cit.

Intanto anche su Menem pesavano una denuncia e una richiesta di detenzione formulata dal fiscale Alberto Nisman. «Il 30 maggio 2008 – leggo sul *Clarin* – il magistrato Patricio Evers chiese al giudice Ariel Lijo, tornato a lavorare sulla causa degli attentati, di analizzare le accuse fatte contro l'ex presidente Carlos Menem e altri cinque ex funzionari, il fratello Munir, ex ambasciatore in Siria, l'ex segretario dell'intelligence Hugo Anzorreguy, l'ex sottosegretario dell'intelligence Juan Carlos Anchézar, l'ex giudice Juan José Galeano e il commissario della polizia federale Jorge Palacios, per la presunta protezione di un sospettato nella prima parte dell'investigazione dell'attentato all'Amia». Le accuse erano per la precisione: «distruzione di prove, mancato compimento dei doveri di funzionario pubblico, omissione e ritardo nei doveri d'ufficio, falsità ideologica dello strumento politico e non-compimento degli obblighi di promuovere la persecuzione e repressione dei malviventi». Per Nisman, questa «*fenomenal maniobra de encubrimiento*», fenomenale manovra di oscuramento sarebbe servita per favorire un commerciante di origini siriane, Alberto Kanoore Edul, che avrebbe venduto l'auto usata nell'attentato a Carlos Telleldín. Il giorno dopo, quest'ultimo però si dichiarò innocente, dichiarando: «Non sono un terrorista. Ho sofferto insieme alla mia famiglia un calvario di calunnie. Siamo vittime dell'odio e della persecuzione razziale e religiosa di certa gente, solo perché siamo discendenti di arabi e musulmani».

Quando Nestor Kirchner salì al potere, il 25 maggio 2003, definì subito il caso «una vergogna nazionale» e fece riaprire le indagini e cinque anni dopo, alla vigilia della 62ª Assemblea generale delle Nazioni Unite, denunciò l'Iran per la mancanza di collaborazione sull'attentato all'Amia. «Speriamo che la Repubblica Islamica dell'Iran – disse il presidente – accetti e rispetti le decisione della Giustizia e collabori efficacemente. Stiamo chiedendo che l'Iran adempia al suo dovere. Niente più e niente meno. Fino a oggi la Repubblica Islamica non ha collaborato». Il 29 ottobre 2007 venne eletta Cristina Fernández, moglie di Kirchner, e formò un governo che apparve subito come l'esatta prosecuzione di quello del marito. Dopo un iniziale tentennamento, anche la *presidenta* aderì nettamente alla teoria della pista iraniana ma, a differenza di Nestor, che non partecipò alla commemorazione annuale dell'attentato all'Amia né nel 2005 né nel 2006, lei fu presente alle celebrazioni del 18 luglio 2007. Nel 2008, invece, ha dato *forfait*, mentre vi hanno preso parte altre personalità della politica *porteña* tra cui il sindaco Mauricio Macri. L'assenza di Cristina ha creato malcontento nella comunità ebraica anche se, il giorno prima, aveva ricevuto alla

Casa Rosada una nutrita delegazione dei familiari. La *presidenta* ha parlato di «triste anniversario», di «necessità di lottare contro l'intolleranza e il terrorismo» e ha annunciato di avere firmato il decreto 1.157 in cui ha disposto che il procuratore generale del Tesoro avrebbe dato il via ai processi civili contro gli eventuali responsabili di reati contro lo Stato, commessi nel corso delle indagini per l'attentato all'Amia. In questo decreto si indicano: l'ex giudice Juan José Galeano, già sottoposto a processo per i reati di peculato, falsa ideologia, reiterata coazione e prevaricazione, nonché l'ex titolare del Side, Hugo Anzorreguy della Daia, Ruben Beraja e di Carlos Telleldin, la persona che vendette l'auto utilizzata nell'attentato, anche loro per vari reati, tra i quali il peculato. Il *Clarin*, in proposito, ha precisato che fonti giudiziarie fecero notare la singolarità dell'iniziativa poiché nessuno è stato finora condannato ma, ugualmente, lo Stato avvierà contro di loro processi civili.

L'unico rappresentante del governo argentino presente alle celebrazioni nel 2008 è stato il ministro della Sicurezza e della Giustizia, Aníbal Fernández al quale il nuovo presidente dell'Amia, Guillermo Berger, rivolse la richiesta di interrompere ogni rapporto con Teheran. «Come può essere che la giustizia argentina accusa l'Iran come responsabile dell'attentato e continua a mantenere relazioni diplomatiche e commerciali con questo Paese?» domandò. Berger è stato eletto il 12 giugno 2008 e la sua elezione è degna di nota perché per la prima volta l'Amia ha alla presidenza un religioso arruolato nell'ortodossia *judía*. Berger è figlio di due sopravvissuti dell'Olocausto arrivati a Buenos Aires nell'immediato dopoguerra. Ha 59 anni e rimarrà in carica fino al 2011. Si è fatto subito notare dalla stampa nazionale per la *kipà* sul capo e per la rigida difesa dei dogmi religiosi. Tra gli obiettivi per il futuro dell'Amia ha indicato quello di «depoliticizzarla» per «*reforzar su papel de representante de los judíos genuinos*», rafforzare la sua figura di rappresentante degli ebrei genuini. «Ma che significa essere un ebreo genuino?» si sono chiesti in molti. «Condurre una vita basata sulle regole della Torah, il nostro libro sacro – ha spiegato – Dobbiamo abbandonare l'esposizione politica avuta negli ultimi anni. In quanto associazione mutuale, dobbiamo avere come priorità le azioni sociali e, prima di tutto, il miglioramento dell'istruzione e l'avvicinamento dei giovani alla religione».

Nel *barrio* Once intanto resta la paura di un terzo attentato.

Capitolo sesto

Cromañón: l'inferno in terra

Non uccidere
(Sesto Comandamento secondo la tradizione ebraica,
tratto dal testo dell'Esodo)

Le conversazioni con Ariel durano sempre fino all'alba. Il passaggio del *mate* tra le mie e le sue mani batte il ritmo tra le parole e i silenzi. L'argomento della discussione ci è offerto dalla lettura del giornale *Barcelona*. In prima pagina è riportata la tragedia del *Cromañón*, uno dei fatti di cronaca più drammatici della recente storia argentina. La notte del 30 dicembre 2004 morirono carbonizzati 194 ragazzi, tra i quali molti minorenni, e altri 700 rimasero feriti in un incendio scoppiato nella discoteca *República de Cromañón*, la più grande del *barrio* Once. Il locale, situato sulla *calle* Bartolomé Mitre, in uno degli angoli di *plaza* Miserere, era uno dei ritrovi preferiti dai giovani della città amanti del *rock*. La sera della tragedia si esibiva uno dei gruppi più popolari tra gli adolescenti della città, *Los Callejeros*.

C'era una particolare euforia nell'aria. Migliaia di ragazzi saltellavano allegri, felici di trascorrere la vigilia della fine dell'anno ascoltando la musica dei loro beniamini. Alle 22,50, durante la prima canzone del concerto, però, l'atmosfera cambiò di botto e cominciò la discesa negli Inferi. Erano stati proprio i *fans* dei *Los Callejeros* a introdurre nel locale una gran quantità di bengala che volevano usare per sostenere la *band* con modalità simili a quelle della tifoseria da stadio. Uno dei razzi lanciati, però, prese fuoco a contatto con il materiale combustibile del soffitto e, in pochi minuti, causò un inferno senza precedenti: fiamme, fumo, buio, gemiti di dolore, urla di bambini chiusi in bagno, corpi carbonizzati ammassati sul pavimento, terrore puro. La discoteca in un attimo divenne una camera a gas e le fiamme ingoiarono tutto. La prima reazione dei presenti fu quella di correre alla disperata ricerca di una via d'uscita da questo labirinto infuocato, ma l'unica porta d'emergenza era chiusa.

«Rimaneva libero solo l'ingresso principale... Puoi immaginare la calca!» spiega Ariel, introducendomi uno dei temi salienti della tragedia che ancora oggi anima i principali dibattiti culturali, sociali e politici sui giornali e nelle televisioni perché è una ferita profonda per la società argentina. Ho conosciuto Ariel in Italia durante un suo viaggio di studio per approfondire le relazioni tra cibi e trattati filosofici italiani. Alto, viso delicato, fare elegante e svelto, Ariel ha sempre una citazione colta in tasca pronta per qualsiasi situazione e una ricetta da consigliare agli amici. Passa le giornate leggendo e cucinando e le pause per il *mate* segnano il tempo tra i momenti di riflessione e ispirazione e quelli d'azione. Usa il *mate* per rimanere sveglio quando lavora di notte o ha ospiti a casa curiosi di ascoltare le sue argomentazioni.

«Ma come è possibile far evacuare da un'unica porta oltre 5.000 persone da un locale che può contenerne solo poco più di mille?» si chiede Ariel guardandomi dritto in faccia con uno sguardo serissimo. Poggia il *mate* sul tavolo e lo fissa con occhi pietrificati. Io ascolto in silenzio. «La morte dei 194 giovani, deceduti ufficialmente per intossicazione e soffocamento da ossido di carbonio – dice – non è stata causata solo dalle fiamme, ma è stata il risultato di una catena di irregolarità della discoteca. Quella notte erano stati venduti più del triplo dei biglietti consentiti, il locale non possedeva il numero di estintori adeguati, né un sistema d'allarme, rivelatori di fumo, un impianto antincendio e segnalatori luminosi delle porte adatti alla struttura e poi, oltre ad avere materiale combustibile vietato dalla legge, manteneva le uscite d'emergenza chiuse da catene». Ariel riprende a sorseggiare il *mate* e sbotta: «Perché tutto questo? La tragedia del *Cromañón* è una fotografia dell'Argentina di oggi: corruzione, insicurezza e normalizzazione del pericolo».

Sfogliando vecchi numeri del *Clarin* che Ariel conserva nella sua biblioteca m'imbatto nelle analisi della psicoanalista Silvia Bleichmar che, per spiegare l'evento, tira in ballo il concetto di «banalità del male» teorizzato dalla filosofa Hannah Arendt nel libro *La banalità del male. Eichmann a Gerusalemme*. Questo volume, nato dall'inchiesta realizzata per il *New Yorker*, mi riporta all'11 e conferma la potente dualità di questo numero, espressione del Grande Bene e del Grande Male. Se negli 11 incontrati nel mondo del tango mi trovavo di fronte al suo lato benigno, questa volta ero entrata in contato con quello maligno. Il criminale Otto Adolf Eichmann era stato catturato in un sobborgo di Buenos Aires l'11 maggio 1960 e trasportato in Israele davanti al Tribunale distrettuale di Gerusalemme l'11 aprile 1961. Eichmann doveva rispondere di 15 imputazioni, avendo commesso, in concorso con altri, crimini contro il popolo ebraico, crimini contro l'umanità e crimini di guerra sotto il regime nazista, in particolare durante la seconda guerra mondiale.

L'articolo di Silvia Bleichmar sottolinea che «viviamo in una società in cui i giovani sono sottoposti costantemente a rischi maggiori: la perdita del futuro, l'assenza di protezione quotidiana, la morte precoce. Vivere in pace significa avere il diritto alle paure private. A noi argentini, da anni, non è più permesso avere paura dei cani o della solitudine, ma quotidianamente siamo di fronte a terrori collettivi. Questa condizione è una metafora della sensazione catastrofica che tutti patiamo non solo per la corruzione e la subordinazione della vita alla voracità economica, bensì per la normalizzazione della morte. Quello che definisce la criminalità di un atto non è solo il risultato, ma l'intenzione». Per la psicoanalista, un crimine collettivo come la tragedia del *Cromañón* è «un danno prodotto dall'indifferenza per le atrocità e dall'abitudine a qualsiasi barbarie quotidiana». «L'indifferenza davanti alla sofferenza altrui con lo scopo del mantenimento del profitto economico è il modo in cui opera la banalità del male – scrive Bleichmar – La tragedia del *Cromañón* ha contribuito allo scetticismo e alla disperazione: ha prodotto e sta producendo dolore, ma non con lo *choc* necessario, l'indignazione sufficiente e la convinzione che "questo non può essere vero". Ci siamo abituati a vivere su uno sfondo di orrore e questa naturalizzazione è il più grande ostacolo per uscirne».

Anche per Ariel uno dei principali motivi che ha reso possibile una tragedia come quella della discoteca *Cromañón* risiede nell'ormai radicata normalizzazione del pericolo e della morte a Buenos Aires. «Il comune denominatore che lega ogni tipo di crimine è la caduta provvisoria o continuativa, individuale o collettiva, dell'empatia» aggiunge. «Edith Stein nel 1917 diceva: "Colgo l'altro non solo come corpo, ma come corpo vivente, come essere vivente". La perdita dell'empatia rende possibile che "l'altro da noi" perda l'alterità e l'appartenenza al nostro mondo e così il crimine può avvenire. Il male non è mai giustificato, ogni delitto è sempre inutile. Simone Weil diceva che il male esiste quando l'Altro non è vissuto come persona, ma reso eguale a una cosa, a un essere non umano. Un religioso direbbe addirittura che ogni omicidio è un fratricidio perché siamo tutti fratelli. Questo è successo nel *Cromañón* e oggi per me non ci sono colpe, ma solo responsabilità».

All'indomani dell'inferno nel locale, Buenos Aires si risvegliò in un'atmosfera mai vissuta né immaginata prima: la maggior parte di *club*, discoteche, tangherie e spazi culturali e ricreativi di Capital Federal chiusero. Il fenomeno fu chiamato *Efecto Cromañón* e cambiò radicalmente lo stile di vita dei *porteños*, per i quali andare a ballare e ascoltare un concerto erano gli intrattenimenti più popolari dopo le partite di calcio allo stadio. Sul mondo della musica, dell'intrattenimento e della cultura in città calò un'ombra scura. La morte di 194 innocenti si era riflessa sulla creatività, sulla libertà d'espressione e sugli affari di tante attività commerciali e le notti di Buenos Aires divennero improvvisamente buie, silenziose e tristi.

Nei giorni successivi alla conversazione con Ariel ho l'occasione di approfondire l'argomento con Gonzalo Sanz Cerbino, uno studioso molto sensibile ai temi sociali della città presentatomi da Javier, un amico che gestisce un bar nel cuore di el Once. Gonzalo è un ragazzo sulla trentina, alto, capelli ricci, barbetta incolta e viso da bambino che lavora come ricercatore al *Centro de Estudios y Investigación en Ciencias Sociales y becario del Conicet* e sta finendo la stesura del libro *Culpable. República Cromañón, 30 de diciembre de 2004*. Ci incontriamo nel bar di Javier, vicino *plaza* Miserere e, sorseggiando un caffè lungo, ascolto la sua visione dei fatti.

«L'argomento è molto complesso – dice – e ha condizionato da subito la vita della città. La prima reazione del governatore di Buenos Aires dell'epoca, Aníbal Ibarra, è stata di intensificare i controlli nelle *boliches* e di rendere più rigidi i requisiti richiesti per la loro agibilità. Emise un decreto con il quale imponeva ai locali da ballo un certificato rilasciato dai pompieri, da rinnovare ogni tre mesi, invece che ogni anno come era stato fino al 2004. Esigeva la presenza dei vigili del fuoco e di un servizio medico d'emergenza durante gli orari d'apertura e impose nuovi obblighi: rivestimenti interni in materiale non combustibile e anti-incendio, un'assicurazione di responsabilità civile con copertura proporzionale alla capacità del *boliche*, il rispetto ferreo degli orari di apertura e chiusura e del numero di presenze ammesse: non più di due persone per metro quadro del locale. In poco tempo risultò che poche discoteche erano a norma, le altre furono chiuse. Dopo cinque mesi dalla tragedia del *Cromañón* funzionavano solo 55 locali, rispetto ai 200 attivi prima della strage. Tutto questo provocò un aumento considerevole dei costi fissi e molte discoteche chiusero perché non potevano affrontarli. Inoltre, se prima del *Cromañón* si vendevano biglietti superiori alla capienza del locale e si consentiva l'ingresso ai minorenni dopo mezzanotte, ora questo non era più possibile. I margini di guadagno per i gestori, quindi, calarono. I maggiori costi influirono immediatamente anche sul prezzo dei biglietti, che aumentò dal 30 al 50%, e questo si ripercosse sulla quantità di pubblico: i giovani cominciarono a frequentare feste clandestine organizzate in *reductos*, una sorta di scantinati che non avevano bisogno di abilitazione, con meno costi fissi e un biglietto d'ingresso più economico, tra i 5 e i 7 *pesos*, a dispetto dei 15/20 degli altri locali. Il numero di discoteche si ridusse del 30% rispetto al 2004. C'è da notare però che, nonostante il moltiplicarsi delle ispezioni, lo Stato continuò a permettere a molti locali non a norma di essere aperti, con il rischio di avere un nuovo *Cromañón*. Né Ibarra né altri fecero qualcosa per cambiare la situazione».

Per Gonzalo «la stampa commerciale e gli intellettuali non analizzarono correttamente l'accaduto». «C'è stata molta disinformazione e le responsabilità dello Stato sono state spesso occultate – spiega accalorandosi – L'inchiesta che porto avanti nel libro mira ad approfondire il tema delle responsabilità degli autori della tragedia: Aníbal Ibarra e Omar Chabán, quest'ultimo gestore di *República de Cromañón* e in passato di storici locali della città, come *Il Cemento*. Mi interessa dimostrare che dietro la condotta di Chabán si nascondeva un comportamento tipico di tutti gli imprenditori e che la mancanza di sicurezza nel suo locale era causata dalla necessità di abbassare i costi e aumentare i guadagni, comportamento consueto di tutti gli impresari capitalisti. Quello che è successo al *Cromañón* poteva accadere in qualsiasi altro locale. Gli incendi nei locali da ballo sono un fenomeno che si ripete con molta frequenza nel mondo e sono sempre causati dall'obiettivo di massimizzare i guadagni risparmiando sulle misure di sicurezza. Per me il caso *Cromañón* è un *crimen social*, un crimine sociale causato dal normale funzionamento della società capitalista a Buenos Aires e dalla negligenza dello Stato».

Omar Chabán fu l'unico a essere arrestato all'indomani dell'incendio. Quello stesso giorno fu istituito il processo e cominciarono le marce di protesta per chiedere giustizia, capeggiate dai genitori delle vittime. Le famiglie urlarono in particolare contro Aníbal Ibarra, chiedendogli di rinunciare all'incarico di capo del governo della città. La marcia più importante si tenne il 6 gennaio. Vi parteciparono 15.000 persone, tra cui rappresentanti dei partiti di sinistra. Nel primo mese del 2005 venne istituita una commissione investigativa che dipendeva dal potere legislativo di Buenos Aires, che firmò una relazione sulle responsabilità del capo del governo e raccomandò l'istituzione di un giudizio politico, iniziato nel novembre 2005 e terminato nel marzo dell'anno successivo con le dimissioni di Ibarra. La mobilitazione costante delle famiglie contro Ibarra e i dipendenti del governo bairense contribuì non solo a ottenere le dimissioni del capo del governo, ma anche ad accelerare l'inizio di una profonda crisi politica in città. Il governo, al momento dei fatti, era di centrosinistra e godeva dell'appoggio dell'esecutivo nazionale, di certa stampa e di alcune organizzazioni politiche e per i diritti umani, come le *Abuelas de Plaza de Mayo* e le *Madres de Plaza de Mayo*, che provarono a evitare l'allontanamento dalla carica di Ibarra. Uno degli assi della sua difesa puntava sul fatto che le richieste di rinuncia partivano dalla manovra dell'opposizione di destra capeggiata da Mauricio Macri, figlio del ricco finanziere Franco poi eletto nel 2007, e aveva come obiettivo un *golpe* per arrivare alla carica di capo del governo.

«Scoppiò una campagna di comunicazione chiamata *golpe de derecha*, un *golpe* della destra che cercava di manipolare l'opinione pubblica, ma si basava su due elementi falsi – aggiunge Gonzalo – Il primo è che Ibarra non aveva responsabilità del crimine; il secondo è che l'alleanza che chiedeva le dimissioni di Ibarra era guidata dal partito di Macri. Le prime a chiedere la rinuncia di Ibarra furono, infatti, le famiglie. Sollecitati dalle pressioni dei genitori, si unirono alcuni partiti dell'opposizione, tra cui quello di Macri, però sempre in modo ambiguo, *retaceando apoyo*. Obiettivo di Macri era di rimanere in buoni rapporti con le famiglie ma senza creare attrito con chi non voleva le dimissioni di Ibarra. Durante la votazione del potere legislativo locale, che chiese le sue dimissioni, solo due dei dieci voti a favore appartenevano a deputati di Macri, il resto proveniva da partiti di sinistra e centrosinistra, tra cui deputati che rispondevano al governo nazionale».

«Di chi sono le responsabilità?» chiedo a Gonzalo. «Il primo ad averne è Chabán – risponde di getto – Secondo quanto consta nel processo è lui il colpevole della mancanza di condizioni di sicurezza che provocarono l'incendio e impedirono la rapida evacuazione dei giovani. Il materiale infiammabile sulle pareti e il soffitto del locale era stato applicato da Chabán per evitare l'uscita di rumori all'esterno. Per risparmiare soldi, questo rivestimento fu realizzato con materiale non sicuro. Quella notte, inoltre, permise che entrassero in discoteca tre volte più persone del consentito, fatto che rese difficile l'evacuazione dal locale, per di più chiuse l'unica uscita di sicurezza con un catenaccio per evitare che rumori molesti arrivassero all'hotel vicino, invece di commissionare a professionisti il lavoro di insonorizzazione. Il locale doveva essere chiuso per le molte violazioni della normativa in materia di sicurezza e anche perché l'autorizzazione dei pompieri per esercitare era scaduta. È stato dimostrato che le ispezioni dei locali da ballo erano diventate più flessibili e che si evitava di chiuderli pur constatando gravi mancanze. Le ispezioni, inoltre, diminuirono significativamente per la mancanza di personale e perché le autorità esoneravano dai controlli locali come il *Cromañón*. Nei mesi precedenti la strage, Ibarra sostituì i 300 funzionari che si occupavano delle ispezioni con un nuovo organismo che contava meno di un terzo del personale. A riguardo, Ibarra ha argomentato che non poteva sapere delle irregolarità commesse dai suoi subalterni nell'area delle ispezioni. Eppure c'erano state varie denunce sulle mancanze in materia di sicurezza nelle discoteche sia da parte dei cittadini sia della *Defensoría del Pueblo de la Ciudad de Buenos Aires*. Un'altra responsabilità del governo stava nella carenza degli interventi di salvataggio e nella somministrazione di cure mediche dopo l'incendio. I soccorritori ritardarono e arrivarono senza gli strumenti necessari. La maggior parte delle vittime fu salvata dai sopravvissuti che entrarono di nuovo nel locale rischiando la propria vita. Molti di questi morirono. Il numero delle ambulanze e le provviste di ossigeno, fondamentale in caso di intossicazione, non furono sufficienti. Buenos Aires contava poco più di 50 ambulanze per assistere 4.000 intossicati. Gli interventi furono svolti in maniera caotica. Gli ospedali più vicini si riempirono velocemente e molti sopravvissuti non ebbero le cure necessarie per salvarsi. C'è da aggiungere, poi, la responsabilità della polizia e dei pompieri. In tribunale è stato dimostrato che la polizia della zona chiedeva il pizzo, il *sobornos*, per non chiudere i locali. Per questa ragione il comandante del commissariato di zona è stato chiamato a rispondere penalmente in tribunale, come i funzionari della Divisione Prevenzione del corpo del pompieri incaricati di rilasciare i certificati ai locali e garantire il rispetto del regolamento anti-incendio. Il caso *Cromañón*, insomma, ha svelato l'esistenza di un'associazione illecita tra i vigili del fuoco che rilasciavano i certificati e le imprese incaricate di far mettere in regola i locali al fine di rispettare la normativa. I pompieri e la polizia federale non dipendono da Ibarra, ma dal governo nazionale dell'allora presidente Néstor Kirchner.

La stampa commerciale e gli intellettuali borghesi hanno sempre parlato del caso *Cromañón* come di un fatto fortuito e accidentale, dove le responsabilità materiali sparivano e al momento di precisare le colpe, le imputavano alle vittime e ai genitori, che avevano permesso loro di andare al concerto. I ragazzi vennero accusati di aver usato bengala nel locale, di non aver denunciato la mancanza di sicurezza, di consumo di droghe e alcol. In realtà il pubblico andò in un locale che pensava fosse abilitato e controllato dal governo di Buenos Aires. La mancanza di sicurezza avrebbe dovuto essere rilevata dalle ispezioni. Inoltre, se il locale non avesse fatto entrare più gente del consentito e le porte d'emergenza fossero state in regola, tutti i presenti sarebbero stati evacuati in tempo. I genitori hanno più volte dichiarato che l'accaduto non è stato una tragedia ma un "massacro" causato da Chabán e Ibarra e risposero alle accuse con gli slogan che urlarono nelle marce, come: *Atención, atención, no los mató el incendio, los mató la corrupción. Ni la bengala, ni el rock and roll, a nuestros pibes los mató la corrupción*».

Il 30 di ogni mese i genitori delle vittime ricordano i figli scomparsi con una messa celebrata nel santuario sorto spontaneamente all'indomani della tragedia sulla *calle* Bartolomé Mitre, all'angolo tra Ecuador e Jean Jaures. In questa *esquina* della piazza «si sentono ancora le urla dei ragazzi carbonizzati» dice María, madre di una vittima. «Sentiamo un grido permanente che arriva come da un inferno di fiamme infinite» ribadisce un altro genitore. Lo spazio antistante il luogo dell'incendio oggi viene chiamato *plaza de la Memoria* e in ogni momento della giornata è gremito di persone. «Vengo qui ogni mattina per pregare per i miei figli – spiega Rodrigo, padre di due ragazzi scomparsi – Questo spazio per noi è come una Pompei post-modernista. Ci veniamo per onorare quel che resta dei nostri figli». Ci sono anche tanti giovani. Tra loro un sopravvissuto che scrive un messaggio su un bigliettino di carta. «È per la mia fidanzata» dice con un'espressione timida.

Il santuario raccoglie i «resti» dell'inferno del *Cromañón*: scarpe, zaini, cappellini, magliette e altri oggetti appartenenti ai 194 «angeli caduti», ammucchiati sulla strada chiusa al traffico dalla polizia il 31 dicembre 2004. Lo sguardo si perde in tante direzioni quando si arriva in questa *esquina*. La prima cosa che salta all'occhio è la lunga catena di scarpette da tennis dei ragazzi morti appese a un filo e lasciate dondolare nell'aria sulla piazza. Sulla facciata del palazzo di fronte, invece, predomina un murale bordeaux che ricorda: *Los pibes de Cromañón presentes ahora y siempre*[1], mentre sotto, su uno spazio bianco della parete, sono riportati in nero i nomi delle vittime. Poco distante sono raccolti striscioni, stendardi, bandiere, fotografie, bigliettini e lettere di amici, parenti e sopravvissuti. Accanto al santuario c'è un cenotafio dove si celebrano le messe e vengono lasciati fiori e candele. Al suo ingresso si erge un cartellone celeste che recita: *En memoria de los 194 angeles masacrados en Cromañón, seguimos pidendo justicia y verdad para que descanses en la paz que se meresen!*[2]. Chi passa in questa *esquina* non può fare a meno di pensare alle fiamme di quella notte.

Qui incontro un italiano che come me parla con i ragazzi riuniti intorno ai lumini. È Riccardo De Gennaro, un giornalista appassionato di America Latina che, dopo uno dei suoi viaggi, ha pubblicato un libro dedicato a storie di donne argentine[3] tra le quali c'è Romina, moglie del manager de *Los*

[1] I ragazzi del *Cromañón* presenti ora e sempre.

[2] In memoria dei 194 angeli massacrati nel *Cromañón*, continuiamo a chieder giustizia e verità perché riposino nella pace che meritano.

[3] Riccardo De Gennaro, *Mujeres. Storie di donne argentine*, Manifesto Libri, Roma, 2006.

Callejeros, Diego Argañaraz, scomparsa nella tragedia del *Cromañón*. L'attenzione di Riccardo è rapita dalla costanza con cui amici, parenti e genitori frequentano questo spazio della memoria. «Ci troviamo in un luogo dove viene ribaltato il senso macabro della morte – dice – Non è un cimitero, non è una chiesa, ma un punto di aggregazione dove rivendicare con orgoglio un sentimento di appartenenza. La vicenda *Cromañón*, tra le tante cose, mette in evidenza proprio questo: la mancanza di fiducia nella classe dirigente e nella possibilità di cambiamento del Paese che spinge gli argentini alla creazione di gruppi chiusi con regole definite, accettate e condivise. I giovani, che non hanno né un presente né l'aspettativa di un futuro, si rifugiano in questi micro-mondi, come la comunità di fan che segue *Los Callejeros*, in cui si sentono protetti. Questo, purtroppo, impedisce loro di fare i conti con un passato di sangue e di corruzione che ancora grava pesantemente sul Paese e di prendere finalmente in mano il proprio destino. Gli argentini continuano a credere che i problemi debbano sempre risolverli altri. È la vecchia mentalità, che dura dai tempi di Perón. Credo che potranno cominciare a crescere veramente soltanto quando riusciranno ad abbattere questo mito».

Plaza de la Memoria è, dunque, uno spazio per pregare e ricordare. Qui si riuniscono i membri dell'associazione *Que no se repita*, Che non si ripeta, fondata dai genitori delle vittime, che ogni mese continuano a marciare per tre chilometri, fino a *plaza* de Mayo, sede delle autorità nazionali e municipali, per chiedere giustizia e verità, per dire «*Nunca mas*», mai più, e per evitare di far riaprire la strada che ospita il santuario.

Arrivo a *plaza* Miserere con Ariel Gabriel La Rosa, un fotografo di Buenos Aires che mi accompagna in alcune tappe nel mio viaggio nel *barrio* Once. Alto e robusto come un armadio mi fa sentire sicura in ogni contesto. L'obiettivo della sua macchina fotografica è sempre puntato sugli infiniti dettagli nascosti delle strade del quartiere invisibile e sui volti della gente che le popolano. Quando arriviamo nella *plaza de la Memoria*, padre Riccardo León sta celebrando una messa per le vittime. Sono presenti tanti genitori. Regna un silenzio inquietante. L'unico rumore è quello del vento. Ognuno è raccolto nel proprio dolore. Il profumo di incenso e fiori freschi è diffuso nell'aria da una dolce brezza. Al termine della funzione l'atmosfera cambia. I genitori si rianimano e raggiungono il prete. Riuniti in cerchio, iniziano a chiacchierare vivacemente. Quel giorno i familiari delle vittime sono molto preoccupati per le sorti del santuario. La sua esistenza, infatti, è al centro di un infuocato dibattito che vede da un lato cittadini e commercianti del quartiere reclamare problemi di circolazione causati dalla chiusura della strada, e dall'altro i genitori e i sopravvissuti alla tragedia sostenere l'immoralità di far passare mezzi di trasporto dove sono morte 194 persone. Nel piano della mobilità di Buenos Aires, la *calle* Bartolomé Mitre è effettivamente un importante snodo del traffico sia per gli autobus sia per le automobili che passano per *plaza* Miserere. Dopo la tragedia del *Cromañón* ben dieci linee di *colectivos*, gli autobus urbani, hanno dovuto cambiare percorso andando a congestionare il traffico su altre strade. Per i genitori delle vittime queste non sono motivazioni valide per spostare un luogo di ricordo e riaprire una strada «dove ancora si sentono le voci degli scomparsi».

Una delle figure più battagliere è quella di José Iglesias, avvocato e genitore di una vittima, nonché uno dei fondatori dell'associazione *Que no se repita*. Ci invita nel suo studio, lo seguiamo e, entrando nella prima stanza, ci troviamo subito di fronte a una fotografia del figlio, Pedro Tomás. Aveva 19 anni. L'avvocato ci fa visitare anche la stanzetta in cui dormiva il ragazzo: tutto è rimasto intatto, come se fosse il figlio ancora vivo. Qui c'è un computer che José accende per mostrarci la ricostruzione della sequenza degli eventi della notte del 30 dicembre 2004 visibile sul sito dell'associazione www.quenoserepita.com.ar. Ci invita poi nel salone, ci fa accomodare intorno a un tavolo circolare antico e pazientemente ci spiega le fasi dei processi aperti sulla strage. Noi ascoltiamo attenti, senza far domande.

«Le cause penali relative ai fatti del *Cromañón* sono varie – dice – Una delle principali è quella contro Chabán, l'unico tra i processati inizialmente incarcerato, poiché si rese irreperibile e non si presentò in tribunale. Dal 6 dicembre 2007 è in stato di libertà vigilata e il 19 agosto 2008 è ricominciato il processo contro di lui. Un'altra è quella che vede sotto processo i due impresari, Ruben Fuertes e Luis Perucca, e gli ufficiali dei pompieri, Alberto Corbellini, Marcelo Nodar e Marcelo Esmok. L'accusa è corruzione per aver ricevuto denaro in cambio del rilascio di certificati anti-incendio. Poi c'è la causa contro Rafael Levy, proprietario dell'immobile della discoteca e dell'albergo adiacente, oltre che di imprese tessili e turistiche, al quale si imputa di essere stato socio di Omar Chabán e, come tale, co-responsabile dei fatti del 30 dicembre 2004. In questa causa sono indagati anche i dipendenti della società Lagarto S.A, titolare dell'abilitazione del locale. Poi c'è quella dei funzionari del governo della città di Buenos Aires che abilitarono il locale nel 1997, nonostante le irregolarità. Falsificarono per esempio la superfice del locale per concedergli l'abilitazione come locale da ballo di classe C, mettendo nel cassetto la causa che ne disponeva la chiusura. Alcuni funzionari sono imputati anche per associazione illecita. Poi ci sono i pompieri, che rilasciarono i certificati a partire dal 2003. Questo processo è importante: si lavora sulla connessione tra gli imprenditori del settore antincendio e i pompieri, finalizzata a rilasciare certificati di prevenzione in cambio di mazzette. A queste responsabilità si aggiunge quella del gruppo *Los Callejeros*, coinvolto nella causa per il lancio del bengala. Ci sono le responsabilità degli operatori sanitari: le operazioni di soccorso furono scarse e non adeguate; alcuni pompieri restarono immobili; mancava l'ossigeno. Le ambulanze tardarono di almeno 30 minuti. Tutti si diressero per propria iniziativa all'Ospedale Ramos Mejía che subito collassò. Il trasporto di molti ragazzi avvenne con le macchine della polizia, mio figlio fu uno di essi, o con il trasporto pubblico o con auto private».

Prendo coraggio e chiedo all'avvocato: «Perché c'erano bambini chiusi nel bagno?». «Erano i figli degli impiegati della discoteca che decisero di portarli con loro visto che il 30 dicembre era giorno prefestivo e valevano festeggiare insieme alla famiglia – risponde – Si trovavano nel bagno perché era l'unico luogo con l'acqua, dove le madri si riunirono per evitare la folla e l'eccessivo calore». «Qual è l'attuale decisione riguardo la strada chiusa?». «Senza dubbio la strada deve essere riaperta – esclama – però non in questo momento e né nella maniera in cui si pretende. Nel *Cromañón* morirono solo 27 ragazzi, il resto è deceduto sulla quella strada. Molti genitori stavano lì con il figlio agonizzante tra le braccia. Riaprirla per risolvere una pura questione di transito, senza tenere presente questo dato e senza sostenere adeguatamente le famiglie, è una barbarie. Nel 2006 è stato lanciato un concorso architettonico e il progetto vincitore prevedeva una costruzione dell'attuale *plaza de la Memoria* e la riapertura della strada, con la riduzione della velocità. In definitiva si concordò sulla necessità di aprire la strada, ma con il dovuto rispetto verso le famiglie. Aspettiamo di capire qual è la formula giusta capace di assicurarci questo rispetto e accontentare anche i cittadini».

Com'era stato con le trame degli attentati all'ambasciata israeliana e all'Amia, anche la vicenda del *Cromañón* mi ha condotta in un labirinto senza uscita. La sensazione di non avere una via di fuga, che richiama la stessa provata dai ragazzi prigionieri nella discoteca la notte della strage, si perpetua ogni volta che si entra in contatto con l'argomento. Questo non vale solo per me, o per tanti altri giornalisti che hanno seguito la vicenda, ma la matassa delle informazioni da sciogliere sul tema è ingarbugliata anche per i governanti e i cittadini di Buenos Aires che stanno cercando le giuste soluzioni ai problemi provocati dalla tragedia e dalle sue conseguenze.

Per risolvere i disagi provocati dalla strada chiusa, per esempio, all'inizio del 2008 il governo *porteño* provò a favorire la circolazione del traffico facendo cambiare direzione ai *colectivos* sulla *avenida* Rivadavia. La soluzione, però, funzionò solo per due ore: non fu calcolata bene la grandezza degli autobus e questi non riuscirono a girare nell'*esquina* Jean Jaurés. La questione, dunque, non fu risolta e ogni volta che il capo del governo Macri annuncia di voler riaprire la *calle* Mitre, si ripete sempre lo stesso copione: i commercianti del quartiere lamentano un calo negli affari da quando la strada ospita il santuario e le famiglie delle vittime chiedono che questa venga riaperta solo alla fine del giudizio. «Non è chiusa per un capriccio, ma per la corruzione di uno Stato *abandónico* che non controllò».

Fino a oggi la strada non è stata riaperta, il processo non è ancora terminato e le indagini proseguono lentamente. La prima ispezione nel locale da parte di giudici e avvocati è stata effettuata solo il 24 aprile 2008. «Si sentiva ancora l'odore di fumo e sul suolo c'erano ancora scarpe sparse a terra». A quattro anni dalla strage, inoltre, anche la situazione generale dei locali non è stata ancora regolamentata. Al 15 giugno 2008, tra 300 club attivi in città, solo 87 erano a norma. Il resto continua a funzionare nell'irregolarità. Quando penso alla tragedia del *Cromañón*, mi tornano in mente spesso le parole di Ariel: «Questa carneficina fotografa l'Argentina di oggi: corruzione, insicurezza e normalizzazione del pericolo».

Capitolo settimo

Il centro del labirinto

Non commettere adulterio
(Settimo Comandamento secondo la tradizione ebraica,
tratto dal testo dell'Esodo)

«Vado a el Once» può significare diverse cose a Buenos Aires. La più comune è voler dire «vado a prendere il treno». Per la maggior parte dei *porteños*, infatti, questo quartiere, ai miei occhi così ricco di storie e misteri, è prevalentemente un anonimo luogo di passaggio. «Nell'immaginario collettivo di Buenos Aires El Once e *Estación Once* sono la stessa cosa» spiega Victor, un fotografo sulla quarantina, snello, agile e amabile nei modi, che incontro nella libreria della *calle* Azcuenaga mentre continuo le mie ricerche fra i libri ingialliti ammucchiati sugli scaffali. Pur essendo nato in una famiglia di origini ebraiche, Victor ha sempre vissuto in altre zone della città e anche per lui el Once rappresenta solo un «luogo di transito per dirigersi verso altri luoghi» e identifica l'intero quartiere con la grande stazione che domina *plaza* Miserere.

«È la stazione che dà il nome al quartiere» sottolinea, accomodandosi su uno sgabello e cominciando a raccontare quello che sa sull'argomento con tono pacato e paziente. «Il 20 dicembre 1882 fu battezzata come *Estación Once de septiembre*, in ricordo dell'11 settembre 1852, giorno in cui il comandante Valentín Alsina si ribellò al tiranno Justo José de Urquiza per ottenere la secessione di Buenos Aires. Fino al 1947 anche la piazza portava lo stesso nome. Solo successivamente fu cambiato in *plaza* Miserere o *plaza* de Miserere, in onore di Antonio González Varela, soprannominato *Miserere* per il suo comportamento misericordioso. Era il proprietario dei terreni dove poi fu costruita la ferrovia che all'epoca era nota come *Quinta de Miserere*. Oggi la stazione, che si trova al centro del quartiere, è una struttura importante della città e dal 1997 è stata proclamata monumento storico nazionale».

Nei volumi della libreria di Jorge Portela riesco a trovare qualche vecchia fotografia che mostra la piazza all'inizio dell'"800: un terreno pieno di pantani e fango che non permetteva ai carri di circolare facilmente. Scopro anche che la *plaza* era stata scenario della riconquista di Buenos Aires dall'occupazione inglese. È qui che il militare Santiago de Liniers, l'11 agosto 1806 – ancora un 11! – durante la prima invasione inglese, riunì oltre 4.000

soldati per occupare il luogo e sconfiggere i britannici e, l'anno successivo, durante la seconda invasione inglese, qui che sconfisse il generale William Carr Beresford e riconquistò Buenos Aires.

Subito dopo la piazza diventò il simbolo dell'espansione della città verso ovest. Cambiò spesso nome. Nel 1814 venne denominata *Matadores de Miserere* e tre anni più tardi, quando furono installati i *Corrales del Oeste*, diventò *Hueco de los corrales*. Dal 1822 nacque un mercato ortofrutticolo che, trent'anni dopo, venne ufficializzato come il *Mercado del Oeste* e qui cominciarono a transitare centinaia di carri, oltre al bestiame.

«Nel 1857, con l'inaugurazione della ferrovia – sottolinea Victor – el Once diventò uno dei centri urbani della città. Da zona semirurale si trasformò in un quartiere commerciale e di interscambio. Vent'anni dopo l'area era già piena di bar e ristoranti che ne cambiarono la fisionomia e venne popolata da centinaia di venditori ambulanti che stazionavano nella piazza o si muovevano tra le *cuadras* con grandi ceste di *chipa*, pane imbustato, o con scatoloni di profumi, *ponchos* fatti a mano, braccialetti e orologi. Nel 1880 il mercato venne soppresso per istallare la *Exposición Continental* e, quando questa si concluse, l'intendente Torcuato de Alvear decise di far risanare l'area e trasformarla in un parco verde. Il *design* attuale della piazza, ricco di alberi, piante e panchine risale al 1923, mentre il mausoleo con le ceneri di Bernardino Rivadavia, presidente dell'Argentina dal 1926 al 1927, venne aggiunto nel 1932».

I treni che arrivano alla stazione di el Once sono sempre stracolmi di gente. Si viaggia schiacciati come sardine. Solo quando le carrozze si fermano avviene la decompressione e comincia la corsa frenetica verso altri treni, *colectivos*, metropolitana, taxi o mezzi privati. La stazione *el Once* è «uno di quei punti dello spazio che contiene tutti i punti». Nel mio immaginario, prende subito la forma di una stella con infinite punte rappresentate dalle persone che ogni giorno arrivano nel cuore di Capital Federal dai paesi della provincia per immettersi nel flusso della città e muoversi verso i posti di lavoro. «El Once è il luogo degli arrivi e delle partenze – ribadisce Victor – Oltre ai treni, transitano da *plaza* Miserere oltre 200 *colectivos*, riconoscibili dalle decorazioni colorate realizzate con la tecnica del *fileteado*. Fanno capolinea sempre qui gli *omnibus*, gli autobus che vanno fuori città. Gli autisti di Buenos Aires sono chiamati *colectiveros* e sono solitamente molto stressati perché, oltre alla giuda, gestiscono la vendita dei biglietti, che qui avviene direttamente salendo sul mezzo per evitare che non si paghi la corsa».

La maestosa stazione del *barrio* Once si trova nell'incrocio tra due grandi *avenida*, Rivadavia e Puyrredón, ed è uno dei luoghi preferiti dai tanti tassisti per le loro pause tra una corsa e l'altra. In uno dei giri esplorativi per sentirmi parte della stella con le infinite punte che si disegna davanti ai miei occhi quando mi avvicino ai treni, incontro Nicola, un tassista d'origine italiana, giubbino di *jeans*, capelli ricci e modo di fare sgraziato. Ogni giorno, sempre in orari differenti, va in stazione per mangiare una *milanesa*, una cotoletta, o un *pan con choriso* o *choripan*, un panino con carne, al bancone di uno degli affollatissimi bar. «In stazione non ci si siede, si mangia in piedi» dice con il tono di chi pensa di avere qualcosa da insegnare. Per Nicola, come per tanti altri, la ferrovia non è un luogo di passaggio, o un non-luogo, come direbbe l'antropologo delle metropoli Marc Augé, ma è uno spazio ricco di abitutidini fisse e ritualità. È vero che per sua natura la stazione rappresenta precarietà assoluta, transito, individualismo e solitudine e le persone che si sfiorano esistono prevalentemente come fruitori di un servizio, ma è anche vero che esiste una quotidianità impregnata di riti che soddisfano bisogni e desideri di molti. «Mi piace qui anche perché è possibile *praticar el anominado*, rimanere anonimi» dice Nicola. Allo stesso tempo è felice di aver conquistato un suo spazio. Non conosce il nome del barista che gli prepara il panino o il caffè, né il barrista si chiede chi sia la persona che gli sta di fronte. La ritualità del suo gesto però gli dà piacere, come Nicola gode nell'ingurgitare la sua *milanesa* scomodamente. Entrambi hanno trovato lì i loro punti di riferimento.

La *Estación Once*, dunque, è luogo e non-luogo allo stesso tempo. Oltre all'enorme flusso di gente che ogni giorno attraversa quest'area del presente di corsa, per salire e scendere dai treni che vanno e vengono da ovest, esiste un gruppo di persone che vi abita. La stazione per barboni, senzatetto, intere famiglie indigenti e ragazzini nomadi rappresenta la casa. «I bambini di strada sono numerosissimi» spiega Maximiliano, musicista di *bandoneón* e studente di cinema, mingherlino, svelto e dall'intelligenza acuta che conosco in un bar della stazione in cui lavora per mettere da parte soldi per gli studi. «Questi ragazzini sono sporchi, brutti e puzzolenti, ma con lo sguardo vispo e vitale – aggiunge – Crescono in fretta tra puzze e rumori inventando il letto per dormire e il parco giochi nelle carrozze dei treni e imparano la vita sniffando la colla dalla buste di plastica, facendo l'elemosina e a volte rubando e prostituendosi». Per questi *niños de la calle* i vagoni dei treni non sono senza passato né futuro, senza nostalgia e senza speranza, ma sono impregnati di ricordi, scambi, umanità, lacrime e gioie. I loro volti incarnano la storia di una possibile eternità metropolitana in cui il trascorso sta nel suo presente e contemporaneamente nel suo avvenire. Qui, infatti, si ha l'impressione che passato, presente e futuro possano coesistere simultaneamente e si possa toccare l'eternità. I bambini di strada spesso percorrono tutto il tragitto del treno più volte al giorno. Fermata dopo fermata i loro occhi sognano una vita diversa guardando il paesaggio attraversato dalla linea *Sarmento*, gestita dalla compagnia *Trenes de Buenos Aires*, passando tra zone povere e ricche: da Moreno a Merlo, da Paso del Rey a S. Antonio De Padoa, da Ituzaingo a Castelar, da Haedo a Ramus Meja, da Ciudadela a Villa Ludo, da Flores a Floresta. Altre volte, sfrattati e costretti a traslocare verso le carrozze della stazione della metropolitana *plaza* Miserere, poco distante, viaggiano sulla linea A della rete sotterranea sempre inventando giochi, ballando e cantando, ma anche mendicando, rubando e soffrendo per la loro condizione.

Anche la *plaza* Miserere funge da casa per molti nomadi, diseredati e per ben 5.438 *gatos callejeros*, i gatti vagabondi della città accuditi dai filantropi della municipalità. Per altri, invece, è l'ufficio o una chiesa o un tempio a cielo aperto. Ogni mattina, infatti, viene raggiunta da venditori che sembrano mossi dall'ansia di timbrare il cartellino o da diversi gruppi religiosi che, a orari precisi, si riuniscono per pregare o promuovere il loro credo. Tra questi, ci sono i cristiani evangelici che si radunano per invocare la parola di Dio e la verità dell'uomo o gli adepti del movimento Hare Krishna che non si stancano mai di cantare *mantra* e vendere libri pieni di saggezze orientali per reclutare nuovi adepti. La piazza è il centro del quartiere: espressione della pluralità e dei contrasti della sua natura. È come un giardino in cui memorie e immagini del Paradiso coabitano con quelle dell'Inferno; un luogo anomalo in cui il Grande Male e il Grande Bene vanno a braccetto per cercare il punto d'unione. Bestemmie e preghiere si mischiano a tutte le ore. Ogni anima che abita questo spazio sembra scontare quotidianamente la sua pena e contemporaneamente godere dell'essere ancora viva per sperare in un futuro senza peccati da farsi perdonare. Tra alberi, *gazebo* colorati e panchine di ferro si muovono persone come Eduardo, un nullafacente basso, grassoccio, sporco e considerato «pazzo» dalla società, che vende taccuini per racimolare un po' di denaro per una *empanada*, e anime volenterose come Leandro, mandato in piazza da una fabbrica di profumi per rincorre i passanti e convincerli a comprare i suoi prodotti. A differenza di Eduardo, questo giovane mingherlino vestito da adulto con giacca e cravatta stropicciate troppo grandi per la sua taglia, crede nell'avvenire e ha tanta voglia di crescere. È ancora minorenne e conosce poco i meccanismi del commercio, ma il grande entusiasmo che mette nel presentare le fragranze dei suoi profumi gli permette di venderne una cinquantina al giorno.

«Le persone si riconoscono dal proprio profumo e non c'è memoria più forte di quella dei profumi – dice, provando a convincermi ad acquistare una boccetta – La stessa essenza su persone diverse acquista un odore diverso, unico. Mi piace l'idea di vendere l'unicità e vestire le donne di aromi. Immagino di andar via dalla strada e aprire presto un negozio. Buenos Aires è una città piena di bambini disobbedienti. Qui pochi rispettano le regole. A me, invece, piacerebbe essere un bambino obbediente e costruire qualcosa di stabile per me e la mia famiglia». I giovani venditori ambulanti come Leandro si mischiano spesso a tanti altri ragazzi della sua età che portano nella piazza i loro sogni. Sono gli studenti della facoltà di Medicina, la cui sede è poco distante, che organizzano riunioni a cielo aperto, tra il fumo degli *asado* sulla brace e i rumori di clacson delle auto e le sirene di ambulanze. I loro discorsi si confondono spesso con quelli dei tanti artisti, *hippy*, pittori, giocolieri e rappresentanti di movimenti culturali e politici che pianificano attività e dimostrazioni. La piazza, grande quanto una *manzana*, un isolato, è gremita di gente a tutte le ore e ognuno ha sempre qualcosa da dire e urlare con il megafono. Spesso a Buenos Aires non si manifesta per ottenere qualcosa ma semplicemente per esprimere rabbia, pensieri, idee.

«Partono dalla *plaza* Miserere tanti scioperi e manifestazioni di protesta e sensibilizzazione sia politiche sia culturali» racconta Samuel, un uomo distinto, sulla cinquantina, proprietario di una gioielleria sulla *calle* Castelli. «Per me, invece, sin da bambino la piazza rappresentava il luogo dello scambio di merci – sottolinea – Barattavo libri, dischi e altri oggetti usati. Non si viene qui per fare una passeggiata con la propria fidanzata. La *plaza* Miserere è di tutti, a eccezione delle coppiette di innamorati. Qui non c'è spazio per pensare ai sentimenti e al romanticismo. Questo è il luogo degli affari».

A el Once anche l'amore è un *business*. In queste strade, che ancora oggi trasudano di storie di commerci morali e immorali, i gesti d'affetto e le promesse di fedeltà sono a pagamento. Il *barrio* Once è stato il cuore della «tratta delle bianche» in Argentina sin dalla fine dell'‘800. I più potenti magnaccia europei, a capo delle più importanti organizzazioni di bordelli dell'America Latina, concentrarono le loro losche attività in questo quartiere.

Lo sfruttamento della prostituzione ebbe inizio nel 1879 quando un'associazione di ebrei dell'Europa orientale che lavorava in Brasile venne scoperta dalla polizia di Rio de Janeiro ed espulsa dal Paese. Questi trafficanti di donne, chiamati *caftani*, dal nome del lungo vestito tradizionale degli ebrei, trasferirono gli affari a Buenos Aires. Le loro strategie si basavano sull'inganno. Reclutavano ragazze povere, prevalentemente di origine ebraica, in Polonia, Russia, Romania e altri Paesi dell'Europa dell'est, per avviarle alla prostituzione. Finanziavano loro il viaggio con la promessa di lavoro, buon salario, bei vestiti e amore, ma arrivate in città la realtà che le aspettava era un'altra. Il benessere, la libertà e un matrimonio felice rimanevano un sogno. Per loro c'era solo violenza, sottomissione e umiliazione. Alla maggior parte di queste donne veniva addirittura ritirato il passaporto per evitare che fuggisse. Non avevano possibilità di ribellarsi e scappare: erano costrette a soccombere silenziosamente alle regole dei protettori. Questi uomini dall'aspetto galante e colto, avvolti in abiti eleganti, cappelli a cilindro ed enormi diamanti, che parlavano di opera lirica e gestivano sale teatrali, si trasformavano in feroci dittatori esigenti e violenti. I teatri e i club servivano loro solo per esibire le donne e mettere all'asta le più belle e giovani.

Nel volgere di poco tempo Buenos Aires si trasformò uno dei principali centri mondiali per lo sfruttamento de *las putas*. «Nel 1909 Buenos Aires contava 199 case di tolleranza autorizzate, di cui 102 controllate da ebrei, e 537 prostitute schedate, delle quali 265 ebree (la maggioranza, 213, provenivano dalla Russia). A questi dati bisognerebbe, inoltre, aggiungere quello delle donne che si prostituivano clandestinamente, in gran parte minorenni, che per legge non potevano lavorare nei bordelli legalizzati. Nel 1922 la municipalità *porteña* aveva autorizzato e riconosciuto 497 postriboli e registrato 1.152 donne. Su un totale di 8.486 nuove prostitute registrate tra il 1909 e il 1922 solo 1.916 erano argentine, 1.743 erano francesi, 1.733 provenivano dall'Europa orientale, 1.063 le spagnole, 844 le italiane e 805 le uruguayane»[1]. Secondo il giornalista francese Albert Londres, il prezzo per una notte variava in base alla nazionalità della *puta*. Cinque *pesos* per le francesi, due per le polacche. La grande concentrazione di donne ebree in questo traffico internazionale allarmò la comunità ebraica di Buenos Aires. Il rabbino Samuel Halphon fondò subito in città una succursale della *Jewis Association for the Protection of Girls and Women*, nata a Londra nel 1885, denominata *Ezras Noschim*. La sua principale finalità era informare le *leadership* ebraiche dell'Europa orientale dell'esistenza del fenomeno, delle sue ramificazioni e dei relativi pericoli. A questo punto si erano creati due mondi ebraici separati: quello dei *puri* e quello degli *impuri*, i cosiddetti *tmeyim*. La separazione tra purezza e impurità si allargò addirittura ai morti. La società

[1] Furio Biagini, *Il ballo proibito. Storie di ebrei e di tango*, op. cit.

Khevrà Kedusha[2], che diventerà l'Amia, escluse categoricamente di occuparsi della sepoltura dei «ruffiani». Questi ultimi allora decisero di fondare un proprio cimitero a Barracas al sud, l'attuale Avellaneda, unico camposanto nel mondo dove erano seppelliti solo ruffiani e prostitute, ancora oggi esistente, anche se lasciato in stato di abbandono.

La comunità ebraica «pura», dunque, emarginò gli impuri e boicottò le loro attività. Molti appendevano addirittura alle porte di casa e alle vetrine di negozi cartelli con su scritto: «Qui non si affitta ai ruffiani». Anche alcuni politici si impegnarono nella battaglia contro la tratta delle bianche e inviarono alle autorità petizioni affinché fossero «deportati tutti i trafficanti di schiave, se stranieri, e imprigionati quelli che erano nati nel Paese o erano stati naturalizzati». Furono organizzate manifestazioni di massa e incontri pubblici per spingere il governo a varare nuove leggi per la limitazione questo business. Il 23 settembre 1913 il Parlamento approvò la legge 9.143, *ley Palacios*, dal nome del socialista che la presentò Alfredo Palacios, la quale puniva la prostituzione e chiunque, in qualsiasi forma, la promuovesse poteva essere condannato anche a 15 anni di carcere, con un'aggravante in caso di corruzione di minori e stabiliva che nessuna donna di età inferiore a 22 anni potesse essere registrata come prostituta. Gli impuri a questo punto formarono nuove associazioni, la *Asquenasum*, fondata da russi e rumeni, e la *Varsovia*, costituta da polacchi, legalizzata poco dopo come società di mutuo soccorso per l'assistenza socio-sanitaria degli immigrati con il nome di *Varsovia Sociedad*. Nel 1927 l'ambasciatore polacco Ladislao Mazurliewicz protestò con il ministero degli Esteri argentino per la denominazione scelta della congregazione perché offendeva l'onore nazionale della Polonia e gli impose di cambiare nome. L'associazione allora divenne *Zvi Migdal* e operò sul territorio fino al 1930, anno in cui fu sciolta dalle autorità. All'apice della sua attività la società raggruppava circa 300 ruffiani, governava mille bordelli, controllava oltre 3.000 ragazze, gestiva proprie sinagoghe – ognuna con il suo rabbino – proprie scuole e istituzioni sociali e finanziava opere e spettacoli, teatri e club. All'inizio del 1927 scoppiò un caso sulla stampa ebraica che fece emergere la corruzione crescente anche negli ambienti culturali della città. L'amministratore di un teatro di el Once escluse dal suo cartellone l'opera *Regeneración (Ibergus)* di León Malach perché il testo

[2] La *Khevrà Kedusha*, nata nel 1894, si occupava dell'amministrazione del cimirero ashkenazita, della sepoltura dei connazionali, degli aiuti ai bisognosi, del sostegno alle vedove, agli orfani e ai soci falliti. Nel 1920 concentrava le sue attività sulla vita educativa e culturale della comunità ebraica della città. Nel 1941 è stata ridenominata Amia.

denunciava i mali affari dei ruffiani a Rio de Janeiro e dei rappresentanti della *Zvi Migdal* a Buenos Aires, che all'epoca sosteneva le spese del teatro. Uno dei due principali giornali in yiddish della città, il *Di Presse*, pubblicò un editoriale contro l'amministratore del teatro descivendo la sua sottomissione al potere degli scomunicati, mentre l'altro grande quotidiano del mondo ebraico argentino, il *Idishe Zeitung*, difese la liberà di quest'uomo di decidere quale opere programmare e quale escludere.

L'episodio rappresentò per molti l'occasione di comunicare il crescente malcontento causato dalla presenza degli impuri a Buenos Aires. Nei bar di el Once fioccavano discussioni sull'argomento, che avevano come filo rosso il desiderio di ripulire la città dai ruffiani. Il vero scandalo, però, esplose qualche anno più tardi, il 31 dicembre 1929, quando una *puta* di origine polacca, Raquel Liberman, trovò il coraggio di denunciare la *Zvi Migdal*. La sua denuncia segnò l'inizio del crollo e lo smantellamento dell'impero dei bordelli dei *caftani* a Buenos Aires perché avviò una serie di indagini investigative che smascherano nomi, volti e stratagemmi di questo losco mercato di donne.

Raquel era nata a Kiev, in Ucraina nel 1900, ed era arrivata in Argentina nel 1923 insieme ai suoi due figli per raggiungere il marito, un sarto, che si era trasferito a Buenos Aires già qualche anno prima. Anche lei era una brava sarta e sapeva leggere e scrivere, ma non ebbe molta fortuna in città. Il marito morì tre mesi dopo il suo arrivo e la lasciò nella miseria. Per farle guadagnare un pò di soldi, due cognati del marito, Helke e Moshe Milbroth, membri della *Zvi Migdal*, secondo il libro *Trilogía de la trata de blancas* di Julio Alsogaray, la introdussero con l'inganno nel giro del famoso bordello di Valentín Gómez 2888. Iniziò qui la storia *La polaca*[3], così battezzata da Myrta Schalom. Per la scrittrice «Raquel è una eroina tragica, una donna coraggiosa che decise di dare una svolta alla sua vita affrontando la rete di delinquenti e ruffiani che la sottometteva, ed è, allo stesso tempo, una figura simbolica dell'epoca in cui viveva e rappresenta la sofferenza di tutte le polacche come lei, molte anche minorenni, che all'inizio del secolo furono minacciate e costrettre a lavorare nei bordelli».

Per fuggire dalla situazione in cui era costretta a vivere, Raquel escogitò un piano che le permise di uscire dalla *Zvi Migdal* giocando con le stesse carte usate dai ruffiani. I magnaccia che gestivano l'organizzazione vendevano le loro donne ad altri ruffiani che erano disposti a pagare bene.

[3] Myrta Schalom, *La Polaca*, Grupo Editorial Norma, Buenos Aires, 2003.

Raquel convinse un cliente amico di inscenare il suo acquisto pagandolo con tutti i soldi che possedeva. In questo modo comprò la sua libertà, ma successivamente commise un errore: rimase in città. Aprì un negozio di antiquariato nel centro di Buenos Aires e provò a condurre una vita normale, ma poco dopo fu ingannata nuovamente. Un uomo alto, elegante e gentile, Salomón Korn, entrò nella sua bottega e, con fare seducente, la fece innamorare. Raquel accettò di sposarlo. Il matrimonio non era valido, sebbene celebrato davanti a un rabbino. Nessuno si accorse, infatti, che si trattava di un membro della *Zvi Migdal* ingaggiato per recuperare la *díscola mujer*, la donna disobbediente. Dopo qualche settimana Raquel fu minacciata di morte e spedita di nuovo a lavorare nel bordello della *calle* Valentín Gómez. Fu allora che si decise a denunciare l'organizzazione al commissario Julio Alsogaray, noto come *El loco*, il pazzo. Questi le chiese se era disposta a testimoniare davanti alla giustizia. Raquel accettò.

Il 20 maggio 1930 il giudice Rodríguez Ocampo ordinò la cattura dei dirigenti della *Zvi Migdal* e l'impero dei bordelli crollò dalla sera alla mattina e non fu mai più ricostruito. La società sparì dalla realtà, però, per vivere nella leggenda. Subito dopo la notizia della denuncia, molti tra i 300 ruffiani che ne facevano parte furono avvisati dalla polizia corrotta e fuggirono in Uruguay. Tra loro c'era Noè Trauman, primo presidente della società dall'epoca del nome *Varsovia*, anarchico e ateo, considerato il filosofo tra i ruffiani. Fu lui a spingere i suoi colleghi a infiltrarsi nelle istituzioni ebraiche ufficiali per controllarle. Diceva: «Se non puoi vincere il tuo nemico, unisciti a lui». Trauman morì di cancro a Colonia, in Uruguay, nel 1933. L'allora presidente dell'Argentina, José Felix Uriburu, ritirò la nazionalità argentina agli accusati e li espulse dal Paese. Raquel Liberman morì, invece, il 7 aprile 1935 nell'Ospedale *Argerich*, lasciando due figli ancora piccoli che aveva sempre dovuto nascondere per proteggerli. Nello stesso anno della morte di Raquel la legge argentina proibì la fondazione di bordelli o altri locali dove si esercitasse la prostituzione o si istigasse a essa. L'attività fino a quel momento era considerata immorale, ma non un reato.

«A distanza di quasi un secolo da questo episodio, el Once rimane uno dei quartieri a maggior diffusione di prostituzione in città – sottolinea il gioielliere Samuel – Basta guardarsi intorno e fare attenzione al losco via vai nel quartiere. Vedi africane, cubane, domenicane, polacche, russe, entrare e uscire da alberghi e pensioni al seguito di uomini di ogni età e nazionalità. Forse non ci sono più i grandi bordelli di un tempo, ma la prostituzione non è stata eliminata da el Once». «Qualcosa però è cambiato.... Su *calle* Cordoba, allo stesso numero civico dove si trovava il più importante bordello gestito della *Zvi Migdal*, oggi si trova un convento di monache. La maggior parte delle persone che passa di qui non ci fa caso, ma per chi conoscere la storia del grande *business* delle *putas* di inizio del secolo, la presenza di questo convento suona come uno schiaffo beffardo. È uno dei tanti paradossi argentini: al vizio si sostituisce la virtù, al peccato la castità. Sono due facce della stessa medaglia. Dio arrossirebbe tra le strade del *barrio* Once. Qui i contrasti sono la legge. Dai un'occhiata al giornale più letto nel quartiere. Si chiama *Esto*: è una carrellata di *Muertos y culos*, morti e culi sbattuti in prima pagina».

Se per molti el Once è un luogo di transito, per altri è invece un quartiere maledetto. L'antropologo Daniel Barman, per esempio, mi spiega che la sua «idea del *barrio* non concorda affatto con la visione favolesca e idealizzata che è stata fabbricata». «È una zona pericolosa – aggiunge – dove una persona va solo per un'ora o due per comprare cose economiche o per recarsi in un'istituzione ebraica, ma niente più. Nulla a che vedere con la *chispeante* vita *judía* di tre o quattro decadi fa con i suoi bar, ristoranti e confetterie, e la vendita di periodici in yiddish nei *kioscos*. Intorno alla *plaza* Miserere c'è terrore e sporcizia, il tetro mausoleo art-decò di Bernardino de Rivadavia, il primo presidente argentino mulatto e radicale salito in carica nel 1826 e morto in Spagna, è occupato da barboni e circondato da bancarelle di cibo insalubre e offerte di prostituzione a tutte le ore. Il mausoleo delle vittime del *Cromañón* con la sua bruttezza improvvisata ha bloccato la strada complicando il transito del trasporto pubblico. È difficile pensare per questi motivi che el Once conservi ancora la magia che aveva avuto tra il 1930 e il 1940, quando César Tiempo cantava *Mozas de Junín y Lavalle* nel suo *Libro para la Pausa del Sábado*«. «Vado a el Once«, infatti, nella maggior parte dei casi, vuol dire solo «vado a prendere un treno»!

In un bar poco distante dal convento della *calle* Cordoba, mentre piove con il sole, un uomo con il *kipà* in testa ordina un panino: il *pletzale*, il tipico pane azzimo ebraico, farcito però con prociutto crudo appena tagliato. «Ti meravigli?» dice il barista Alfonso, barba lunga e crespa, naso grosso, sopracciglia folte e grembiule bianco. «A el Once anche gli ebrei mangiano prosciutto, manzo e maiale, i musulmani bevono il vino e i cristiani bestemmiano. È un quartiere singolare: qui vale tutto e il contrario di tutto». Anfonso passa le sue giornate dietro il bancone, ascolta le conversazioni dei clienti e spesso si lascia trasportare con loro in infinite discussioni, tanto da dimenticare di servire gli altri avventori ai tavoli. «A el Once i bar sono sempre stati una seconda casa per tutti, ebrei e *goi*, e io ho assistito e partecipato agli incontri della *cole* dal bancone. Qui venivano imprenditori di bordelli, politici, uomini in cerca di compagnia, operai, ma anche la *bohemia ìdish*, artisti, scrittori, musicisti e attori che recitavano nei teatri del quartiere. La chiacchierata al bar poteva diventare anche una *tartulla,* una riunione letteraria. Oggi gli storici bar dell'epoca sono tutti chiusi. I più popolari erano il *León* e l'*Internacional* che era stato fondato da León Paley su Corrientes 2317 e poi gestito dal figlio Mario. Questo era *el bar de los bares*, il bar dei bar, famosissimo tra gli Anni '20 e '50 anche come ristorante. Si potevano mangiare anche piatti ebraici, dal *guefilte fish*, il pesce ripieno, al *kneidalaj*, alla *sopa de bolas de matze*, una zuppa con polpette preparate con pane azzimo. Il giornalista e poeta Israel Zeitlin, conosciuto con lo pseudonimo César Tiempo, gli dedicò un tributo memorabile inserito nel libro *Sábato pleno*. Poi c'erano *La Moneda* e *El Paulista*, entrambi tra Corrientes e Pueyrredón, e poco distanti una carrellata di altri bar, il *Comercial*, il *Cristal*, il *Castelli*, il *Tel Aviv* dove ogni sera si tenevano anche spettacoli di teatro. Ricordo che chi frequentava il *León* passava notti intere a giocare a carte, a scacchi, a domino e a biliardo. Era il bar dell'azzardo. Non giravano grosse quantità di denaro, ma la tensione che si respirava era sempre alta. Tutti erano sballottati continuamente dall'estremo della vittoria a quello della sconfitta e l'atmosfera diventava così adrenalinica che il gestore del locale rimproverava i clienti. Quando il vociare cresceva, lui suonava un campanello per richiamare tutti all'ordine, come a scuola. Vini e destini si mescolavano. Le ore passavano veloci tra *charlas* e partite di scacchi. Ogni notte poteva essere infinita».

Anche i teatri rappresentavano per gli ebrei un imporante luogo d'incontro ed evasione da lavoro e studio. I più importanti nel *barrio* Once erano l'*Excelsior* e il *Soleil*. I loro cartelloni proponevano prevalentemente opere in yiddish e classici ebraici. «Andare a teatro rappresentava un momento di festa – spiega Alfonso – Tutti indossavano il vestito buono e arrivavano carichi di voglia di chiacchierare con gli altri. Negli Anni '30 nacque l'*Idish Folk Teater* (*Teatro Popular Judío*), un importante centro brechtiano diretto da David Lijt e frequentato da un gruppo di attori e registi legati al partito comunista che praticavano il metodo progressista. All'inizio non avevano una sala fissa, ma erano spesso ospitati dal *Nuovo Teatro* sulla *calle* Corrientes, tra Uriburu e Junín, un teatro fondato da Alejandra Boero e Pedro Asquini e frequentato da registi come Héctor Alterio, Enrique Pinti e Onofre Lovero, che nel 1951 si spostò in una grande sala su Boulogne sur Mer 549, tra Corrientes e Lavalle, attiva ancora oggi. È qui che venne messa in scena la prima opera *judía* in *castellano*. Era il 1957. La *pièce* si chiamava *El diario de Ana Frank* e diretta da Oscar Fessler. Il teatro era frequentato da attori e registi di diverse ideologie, da Cipe Lincovsky, una celebre attrice brechtiana, a Max Berliner, da Jaime Kogan a Lía Jelín, e il repertorio di opere proposte si allargò e arrivarono anche figure come Maurice Schwartz, Jacov Ben Ami o Josef Bulov. Molte opere erano pensate per sostenere il nascente Stato d'Israele, altre, soprattutto durante l'apice di sviluppo del teatro indipendente, ci aiutarono a formare le nostre idee e a sfuggire all'atmosfera soffocante dell'era Perón. Fino al 1992, anno dell'attentato all'ambasciata d'Israele, c'era la superfamosa *Cinemateca Hebraica*, al 2.200 di Sarmiento. Era una delle tre sale cinematografiche più importanti di Buenos Aires, che è una città di grande tradizione di cine-club. Pensa che Ingmar Bergman aveva tanti *fans* qui quando in Europa quasi nessuno ancora lo conosceva».

Un signore alto, scolpito e affascinante, dai tratti affilati, lo sguardo intenso e magnetico e la barba grigia si siede accanto a me e, presentandosi, dice: «Il teatro a Buenos Aires ci ha salvato la vita». L'uomo si chiama Amir ed è un vecchio attore che ha lavorato in numerose compagnie argentine. Ora gestisce un'associazione culturale e, anche se non recita più, non ha mai smesso di pensare che il teatro è un'arte per nobili e di promuovere l'attività teatrale in città «per chi ancora ha voglia di comunicazioni dirette al cuore». «Si dice che il minimo battito d'ali di una farfalla sia in grado di provocare un uragano dall'altra parte del mondo – afferma con tono malinconico – Era questa l'idea che avevamo ogni volta che facevamo uno spettacolo: far tremare l'altra parte del mondo con le nostre parole e i nostri gesti. Mi sono sempre sentito un cacciatore di farfalle alla ricerca di quella piccola screpolatura nel tessuto compatto dell'esistenza che consente di ritrovarci agili e disinvolti in un altro mondo. Il teatro permette di portare avanti questa indagine e di trovarsi improvvisamente da un'altra parte, come in una macchina del tempo. Anche durante la dittatura militare l'attività teatrale a Buenos Aires è stata l'unico mezzo per esprimere emozioni e idee e per recuperare tracce di umanità, memoria e identità cancellata brutalmente durante il mattatoio di Videla. Il teatro permette a un attore di trasmettere ciò che prova e allo stesso tempo di imparare dai ruoli che interpreta. I nostri personaggi ci insegnano la vita. Nel teatro, come nell'esistenza, non abbiamo bisogno di maestri, ma di compagni. E poi, l'attore è allo stesso tempo: uomo, personaggio e cittadino. Gli spettacoli indipendenti realizzati qui, nelle piccole sale del quartiere, ci hanno dimostrato quanto la funzione del teatro fosse importante per la società, grazie a Dio. Ieri come oggi, però, io convivo con un'anima affamata che non trova cibo per sfamarsi».

«L'anima, quando sogna, è teatro, attori e uditorio. Ce lo ricorda Borges citando Joseph Addison in *Altre Inquisizioni* – aggiunge Amir con fierezza – Per Borges ci sono metafore che formulano intimi legami tra due immagini che sono sempre esistite. Una di queste è appunto quella che assimila una rappresentazione teatrale e i sogni. La mia vita a teatro è stata un sogno. Vivere e sognare sono rigorosamente sinonimi».

Capitolo ottavo
San Expedito: il fast-food delle grazie

Non rubare
(Ottavo Comandamento secondo la tradizione ebraica,
tratto dal testo dell'Esodo)

Le finestre del *barrio* Once sono quasi sempre chiuse. La gente ha paura e per sentirsi protetta si barrica dietro cancelli, sistemi di sicurezza multipli, allarmi e monitor. Di giorno, i portoni degli edifici pubblici e privati sono controllati da sorveglianti e portieri che, con fare sospettoso, registrano il via vai di entrate e uscite. Di notte, invece, i palazzi restano incustoditi e vengono chiusi dall'interno con imponenti serrature che non permettono a nessuno di entrare senza il permesso di chi ci vive. Non c'è nessun modo di accedere in un edificio senza il consenso del proprietario di casa. Questo non succede solo a el Once, ma in tutti i quartieri di Buenos Aires.

Ogni volta che vado da Joaquín, un amico scrittore che abita sulla *calle* Pueyrredón, sono costretta ad aspettare almeno dieci o quindici minuti prima che lui scenda con le chiavi per aprire il portone e salire nel suo appartamento. Riempio sempre le mie attese leggendo e quel giorno mi capita di sfogliare una raccolta di vecchie poesie di Baldomero Fernández Moreno. La mia attenzione si posa su un poema ispirato al palazzo di el Once all'angolo tra Corrientes e Pueyrredón, poco distante da dove mi trovo, intitolato *Settanta balconi*: *Setenta balcones hay en esta casa / setenta balcones y ninguna flor / a sus habitantes, Señor... ¿que les pasa? / ¿odian el perfume...odian el color?*[1].

Non ci sono più fiori sui balconi dei palazzi del quartiere Once, perché si sta perdendo l'abitudine di aprire le finestre per annaffiarli, sentirne il profumo e ammirarne i colori. Gli argentini hanno paura del mondo là fuori e, per sentirsi più protetti, si chiudono qua dentro. Vivere dietro un muro di serrature meccaniche e sbarramenti elettronici fa parte della strategia di sopravvivenza urbana dell'individuo moderno in molte società. Il terrore di minacce esterne come furti, scippi, rapine a mano armata, violenze e assalti, avvenimenti quotidiani nella Buenos Aires di oggi, sta amplificando la tendenza all'isolamento.

[1] Ci sono settanta balconi in questa casa / settanta balconi e nessun fiore / ai suoi abitanti, signori... Che vi succede? / odiate il profumo...odiate il colore?

«La cosa che ci spaventa di più sono gli assalti per strada, per questo a volte non usciamo soli o evitiamo di andare in zone ritenute pericolose. A me è già capitato quattro volte – dice Joaquín, facendomi accomodare nel salone – La dinamica è sempre la stessa. Bande di ragazzini affamati con una pistola ti dicono: "Dammi tutto", e tu devi dargli tutto quello che hai se vuoi salvarti la pelle. A volte non basta neanche mollare tutto per sopravvivere. Queste bande uccidono senza scrupoli. Mio padre mi ha consigliato di mantenere il silenzio e lo sguardo dritto a terra. Guardarli negli occhi o dire una parola può essere letale. Con questo tipo di nemico non c'è dialogo e non esiste possibilità di contrattazione: quando vengono verso di te hanno già deciso di aver vinto. La casa a Buenos Aires è percepita quindi come l'unico luogo sicuro dove ripararsi dalla ferocia di questo tipo di intruso. Non si tratta di una chiusura culturale, ma solo di una legittima difesa».

Joaquín, un omone alto e robusto dai capelli scuri, scrive racconti di narrativa civile nella sua casa di el Once. Ogni storia parla della realtà che lo circonda e la protagonista è sempre la paura. «Possiamo essere minacciati da tre tipi di paure – spiega – quella rappresentata dalla microcriminalità che mette a rischio la nostra persona e ciò che possediamo, quella che insedia la nostra collocazione sociale nel mondo, quindi le sorti del nostro lavoro e del nostro reddito, insomma la nostra stabilità, e infine quella che minaccia la nostra identità e la percezione di noi stessi rispetto agli altri. Gli argentini convivono contemporaneamente con queste tre paure e c'è una grande percentuale di persone che soffre di attacchi di panico».

Per Joaquín anche il mondo della stampa è ormai condizionato dalla paura, oltre che dalla corruzione: «A Buenos Aires non esiste più il giornalismo d'inchiesta e di denuncia». La sua voce nasconde una gran rabbia. «I giornalisti hanno timore di raccontare la verità. Si lasciano condizionare dal potere e le informazioni pubblicate sono sempre più parziali, faziose e confuse. Allora noi scrittori ci siamo sentiti chiamati in causa. Ecco perché sono sempre più diffusi romanzi e racconti d'impegno civile. Chi lavora con la parola ha il dovere di infrangere i silenzi della società». Il suo sguardo è duro, come la voce evoca rabbia per questa situazione che, dice, riesce a sfogare solo con la scrittura. «Ogni giorno mi sento chiamato a una missione: quella di raccontare ciò che vedo – dice – Uno dei doveri degli intellettuali è farsi carico delle sofferenze altrui. Vivo a contatto con la gente, ma leggo e studio anche molto. Sogno di trovare nella Biblioteca circolare di Borges il libro in cui è custodita la sapienza totale che, in un solo istante, permetterebbe all'uomo di conoscere simultaneamente passato, presente e futuro».

Joaquín si batte anche nel campo della terminologia. Vorrebbe che venisse sostituito, per esempio, il termine multi-culturalismo, spesso utilizzato per parlare di Buenos Aires e di el Once, con poli-culturalismo. «Bisogna sbarazzarsi del vocabolo "multi-culturalismo" perché è fuorviante. Non suggerisce semplicemente una varietà culturale, bensì una varietà di culture. Più precisamente, indica la presenza simultanea di sintesi o totalità culturali e l'interdipendenza di tutte le sue componenti, dalle norme ai valori, ai precetti religiosi. A Buenos Aires, come in tante altre città del mondo, non ci troviamo di fronte a un insieme di culture integrate, coese e coerenti, bensì di fronte a un pluralità di voci, per questo è più giusto parlare di "società poli-culturali". Mi piace pensare anche alla parola usata da Bachtin, *Logosfera*, che suggerisce l'idea di un numero infinito di potenziali modificazioni, associazioni e scomposizioni. Date le differenze tra le culture, le probabilità che queste combinazioni non coincidano è più alta della loro coesione. Per comunicare con efficacia con l'Altro, dunque, non c'è bisogno della purezza culturale né di omogeneità o di conoscere e comprendere esattamente la cultura dei nostri vicini. Penso che si possa arrivare all'Universalismo anche ignorando il mondo dell'Altro. Bisognerebbe solo avere meno paura».

Quella che Joaquín chiama la sua «missione civile» è iniziata il 19 dicembre 2001: giorno che segnò l'inizio della catastrofe economico-finanziaria dell'Argentina. Lo Stato confiscò i depositi bancari dei piccoli risparmiatori per sanare parte del debito estero maturato negli anni. Improvvisamente aumentò la miseria e, di conseguenza, il verificarsi di furti, rapine, scippi e assalti a mano armata. Essere stati derubati dal "potere", amplificò tra gli argentini la reazione istintiva a comportarsi in modo analogo allo Stato: rubare nelle tasche degli altri, come in un gioco di specchi. Il «popolo derubato» e tradito dalla democrazia cominciò a saccheggiare i supermercati per mangiare. Molti giovani dalla faccia per bene, sentendosi abbandonati e privati del loro futuro, si unirono in gruppi e bande organizzate per sfogare la rabbia e trovare da vivere. La microcriminalità e la violenza si diffusero a macchia d'olio. Parallelamente si verificò l'*estallido social*, l'esplosione sociale, l'insurrezione spontanea del popolo. La gente arrabbiata scese in piazza rumoreggiando con padelle vuote e posate per urlare contro lo Stato che aveva provocato una bancarotta finanziaria senza precedenti al mondo. La gente cominciò a unirsi per protestare e cercare di rialzarsi dal crollo e, allo stesso tempo, iniziò ad avere paura del suo vicino, percepito come un nemico capace di tutto pur di afferrare un pezzo di pane.

Entro nella Biblioteca del Congresso per documentarmi, forse con la speranza inconscia di trovare il famoso «libro totale» immaginato da Borges, la sintesi di tutti i libri, e comincio a perdermi tra gli infiniti volumi di storia ed economia. «L'inedita crisi che ha colpito l'Argentina il 19 dicembre 2001 – leggo – è stata caratterizzata dal fallimento del sistema finanziario, dal deficit delle imprese private, dall'espropriazione dei risparmi di milioni di cittadini, dalla sparizione della moneta come riserva di valore e dalla paralisi dell'economia». Per le strade della città risuonarono per mesi i rumori delle pentole vuote colpite da forchette e coltelli, le *caceralas*. Questa insurrezione di massa diede vita al movimento dei *cacerolazos*, formato soprattutto da argentini di classe media, che marciavano verso *plaza* de Mayo e protestare contro il potere. «Questa forma di protesta era già stata usata all'epoca dell'opposizione al menemismo – fa notare la scrittrice María Seoane – Il dettaglio non è privo di significato: gli argentini collegavano nelle responsabilità il decennio Menem-Cavallo e i due anni disastrosi di De la Rúa»[2]. A loro si unirono i disoccupati, gli emarginati e i *piqueteros,* il cui nome nasce nel 1997 dai picchetti dei lavoratori della località della Patagonia Cutral-Co, che si fecero notare occupando fabbriche e strade in tutta l'Argentina. Negli scontri dei giorni successivi alla bancarotta morirono 35 persone. I loro nomi non vennero resi pubblici e nessuno fu incarcerato per questi delitti.

Una delle cause scatenanti la crisi del 2001 è stata l'«invenzione» del ministro dell'economia Domingo Cavallo, ex collaboratore della dittatura, in carica durante il governo Menem dal 1989 e rieletto sotto il governo De la Rúa nel 1999, del *corralito*, parola che letteralmente significa «piccolo recinto per il bestiame». Si trattava della confisca dei depositi dei piccoli risparmiatori per evitare il fallimento totale del sistema finanziario argentino, in crisi a causa dei vecchi problemi legati al debito estero che hanno avuto origine dal primo prestito firmato da Rivadavia nel lontano 1824. «È stata la *deuda estera*, il debito estero la causa principale dell'impoverimento e della corruzione dell'Argentina – afferma con rabbia Joaquín – La storia del debito è lunga e complessa. Ha caratterizzato le attività di tutti i governi, da Mitre a Menem, a De la Rúa, ma è il ministro Cavallo il maggiore responsabile della crescita del debito e del saccheggio del popolo argentino». Nell'aprile del 1991 il ministro dell'Economia, infatti, lanciò un programma per combattere l'iperinflazione chiamato *Plan de convertibilidad*, la cosiddetta Legge

[2] María Seoane, *Argentina. Paese dei paradossi*, op. cit.

di convertibilità, che fissò la parità tra la moneta argentina e quella degli Stati Uniti. Un *peso* valeva un dollaro e permetteva agli argentini di usare le due monete in maniera indistinta. L'inflazione sembrò dominata e il caso dell'Argentina divenne un modello esemplare che destò stupore e ammirazione all'estero. Riscosse anche il plauso del Fondo monetario internazionale (Fmi). «La verità – spiega María Seoane – è che la convertibilità diede spazio ad affari finanziari estremamente redditizi, perché l'uno a uno rappresentava un cambio favorevole per i capitali stranieri, che potevano avvantaggiarsi dei maggiori tassi d'interesse che si pagavano in Argentina con la sicurezza che nel momento del ritiro dei capitali non avrebbero sofferto perdite nella variazione del cambio. In altri termini, il denaro depositato in Argentina veniva premiato con alti tassi d'interesse – quali non se ne avevano in nessuna parte del mondo – che permettevano di guadagnare soldi in dollari. La Borsa e i depositi bancari diventarono i campi privilegiati dei dollari che affluivano dall'estero. L'aumento costante del debito estero fu il motore che alimentava ogni speculazione locale e internazionale».

Una barzelletta venezuelana raccontata da Joaquín mi fa capire profondamente la grande illusione in cui vissero gli argentini in quegli anni: pensavano di essere i più ricchi e potenti del Pianeta e si scoprirono vulnerabili. «Sapete come si suicida un argentino? Sale in cima al proprio Io e da lì si butta giù!». «Questa battuta – spiega Joaquín – vuol dire che gli argentini hanno preferito ingrandire il loro Io, portando i loro soldi all'estero, consumando prodotti stranieri, organizzando party, comprandosi talvolta pezzi di Stato, piuttosto che darsi alla grigia e lenta attività produttiva. I *porteños* in particolare hanno nutrito un gigantesco Io con basi economiche d'argilla e oggi appaiono oscillare narcisisticamente tra i due estremi dell'auto-stima: da un lato si sentono i migliori al mondo, più europei di tutti i latino-americani, dall'altro i peggiori, abitanti poveri del Terzo Mondo».

La storia del «debito illegale» cominciò nel 1976 con la dittatura militare che, dopo sette anni di programmi neoliberisti, lasciò in eredità al Paese un debito estero, pubblico e privato, di 45.000 miliardi di dollari. La metà era privato. «Da allora – spiega il regista Fernando Ezequiel Solanas nel film *Diario di un saccheggio* – il debito servirà per finanziare i governi e saccheggiare il patrimonio pubblico. [...] L'alleanza tra le banche straniere e la società costituirà un nuovo potere in Argentina». Per Solanas la violenza e l'oppressione quotidiana e silenziosa, celate dietro la pace e la democrazia in questi anni, hanno prodotto molte più vittime nella società rispetto al terrorismo di Stato e alla guerra delle isole Malvinas. «C'è un'illegittimità di fondo – afferma l'economista del Cepal, Alfredo Eric Calcagno nel film di Solanas – È illegittimo pagare le banche quando ci sono 18 milioni di poveri e 9 milioni di indigenti. Dovrebbe esserci una priorità umana. Inoltre c'è stata l'usura. È dimostrato. Se fosse stato applicato un tasso d'interesse normale il debito estero sarebbe stato saldato nel 1988. C'è stata una truffa. La sede centrale [del *Banco Central*] concesse dei prestiti alle filiali. Questi furono considerati debito estero, ma in realtà erano movimenti nell'ambito della stessa banca che comprava dollari e poi li depositava in un conto negli Stati Uniti. Con questa garanzia, il *Banco Central* concedeva altri prestiti che entravano nel Paese e allo stesso tempo comprava altri dollari, lucrando con il tasso d'interesse. All'epoca questo sistema si chiamava "bicicletta finanziaria". Si guadagnavano fortune, e i principali beneficiari erano i gruppi economici di sempre». All'inizio del 1976 le riserve del *Banco Central* stavano per esaurirsi. L'inflazione oscillava attorno al 400%. L'uomo che venne incaricato di attuare il programma economico e finanziario della dittatura fu Alfredo Martinez de Hoz. Quest'avvocato, latifondista, ex presidente dell'Acindar, la più grande acciaieria argentina, «liberalizzò i prezzi, congelò i salari, soppresse il diritto di sciopero, sciolse il sindacato, privatizzò le imprese statali non legate all'industria bellica, ridusse drasticamente i dazi all'importazione penalizzando i prodotti nazionali, cancellò le misure fiscali o creditizie di cui godeva l'industria argentina, favorì l'afflusso di capitali stranieri, eliminò i sussidi delle esportazioni, diminuì l'entità delle pensioni di vecchiaia, elaborò un piano per ridimensionare il settore del pubblico impiego. [...] A fronte dell'apertura del mercato e quindi di un libero andirivieni di capitali sta il fatto che il depositi bancari restarono garantiti dal *Banco Central*, cioè dallo Stato»[3].

La politica di de Hoz fece dell'Argentina un cliente ambito per il Fondo monetario, che subito aprì un ufficio a Buenos Aires. Dal 1976 al 1979 il settore maggiormente indebitato fu quello pubblico. Iniziò l'era della speculazione finanziaria. Esponenti del governo militare, lo Stato e persone del mondo economico approfittarono di questa situazione per arricchirsi illecitamente e acquistare armi accedendo al credito internazionale ed evitando di pagare gli interessi interni, più alti di quelli esteri. Il *peso* era ormai svalutato e, come salvagente per gli speculatori, fu introdotta la *tablita*: ossia un calendario che stabiliva in anticipo i ritocchi del cambio tra il dollaro e il

[3] Italo Moretti, *L'Argentina non vuole più piangere*, Sperling&Kupfer, Milano, 2006.

peso. I tassi d'interesse furono liberalizzati e i depositi a breve termine, gli investimenti cosiddetti *golondrina*[4], furono favoriti. Per i ricchi fu un periodo d'oro: la *plata*, il denaro, divenne *dulce*, dolce e il dollaro *barato*, conveniente. Per i meno abbienti fu l'inizio della povertà. Il mercato interno si aprì senza restrizioni ai prodotti importati, specialmente dalla Cina, da Taiwan e dalla Corea. L'industria argentina non poteva più competere con i prezzi e la manodopera a buon mercato e si smantellò, nonostante la classe media fosse ancora eccitata dall'illusione di consumare beni d'importazione. Nel 1979, però, l'inganno cominciò a svelarsi. Il debito estero si quintuplicò in quattro anni, salì a 35 miliardi di dollari, e l'Argentina si posizionò al terzo posto nella graduatoria dei Paesi più indebitati. Centinaia di banche furono costrette a chiudere. Migliaia di argentini andarono in esilio.

Videla si dimise il 29 marzo 1981 e venne sostituito da Roberto Viola, che lasciò la presidenza dopo soli nove mesi. Cadde anche Martinez de Hoz e la politica economica cambiò: si eliminò la *tablita* e si passò a un sistema di cambio stabilito giorno per giorno della Banca centrale argentina. Salì al potere Leopoldo Fortunato Galtieri, presidente che passò alla storia per l'invasione alle isole Falkland-Malvine, l'arcipelago dell'Atlantico meridionale scoperto nel 1520, occupato dagli inglesi nel 1833 e già allora rivendicato dall'Argentina. Il 17 luglio 1983 si dimise anche lui. Nello stesso giorno venne eletto Raúl Alfonsín e fu celebrata la fine della dittatura. Il nuovo presidente si trovò a fronteggiare un colossale debito estero. Promise al popolo che avrebbe risolto questo problema che attanagliava la nazione, ma allo stesso tempo ordinò alla Banca Centrale di legittimarlo. L'attività produttiva delle industrie nazionali si paralizzò. Nel 1985 venne varato il *Plan austral*, che consisteva nella creazione di una nuova moneta, l'*austral*, equivalente di 100 *pesos*. Le vecchie banconote vennero lasciate in circolazione, ma valevano zero. Ancora una volta milioni provenienti da risorse pubbliche passarono a banche e società estere.

Decido di continuare le mie ricerche nella Biblioteca del Congresso e grazie a uno dei bibliotecari, Ramón, un anziano dal fare sapiente ed esperto avvalendosi di alcuni volumi, mi aiuta a penetrare sempre più nei meandri della recente storia argentina. «Le azioni introdotte dal *Plan Austral* riguardavano tre aspetti fondamentali – sostiene – il controllo di prezzi, salari e

[4] Con *golondrina*, che letteralmente significa rondine, si intendono i capitali introdotti in Argentina per investimenti esclusivamente speculativi che lasciavano subito il Paese appena realizzato il profitto finanziario, come le rondini.

tassi di cambio; l'aggiustamento fiscale; la riforma monetaria. Anche se in un primo momento l'impatto del piano fu favorevole al di là di ogni aspettativa, in seguito alcuni segnali inquietanti di instabilità si manifestarono a causa della struttura malsana dell'economia argentina. In particolare per quanto riguarda la riforma monetaria, la sostituzione del *peso* con l'*austral* si rivelò controproducente e portò all'iperinflazione. Il *Plan austral* aveva una dichiarata natura temporanea, a cui doveva seguire un pacchetto di riforme strutturali con il compito di risolvere gli squilibri del settore pubblico, in primis il deficit fiscale, e di modificare in modo decisivo il comportamento degli operatori privati. La fase di consolidamento, tuttavia, non è mai stata lanciata, cosicché gli effetti positivi del Piano sono lentamente svaniti. Il nuovo processo recessivo, pertanto, è da imputare alla scarsa decisione delle autorità di governo nel proseguire sulla via delle riforme. L'errore originale nell'introduzione del *Plan austral* è stato quello di non aver avviato, dopo una forte politica economica d'impatto, alcun programma di lungo periodo. Anche se furono stimolati gli investimenti interni ed esteri necessari a realizzare le riforme di breve periodo e ad assicurare il consenso per quelle di lungo termine, ciò non bastò! La Banca mondiale, verso la fine del gennaio 1989, informò in via confidenziale le autorità argentine che gran parte del credito promesso qualche mese prima non sarebbe stato erogato. Quando la notizia trapelò, molti operatori si disfecero dei propri capitali in *austral* e iniziarono ad acquistare dollari, fino a che, il 6 febbraio, le autorità sospesero la vendita della moneta straniera. Fu il segnale che scatenò il caos. La pesante svalutazione dell'*austral*, unita al panico degli investitori, riaccese la corsa ai prezzi a livelli mai visti in precedenza. È così che si arrivò a tassi di inflazione da record!»[5]

Alfonsín si dimise prima della fine del suo mandato, nel 1989, lasciando un debito estero di 63 miliardi di dollari. L'instabilità del mercato scatenò un'iperinflazione del 114,5%. A questo punto entrò in scena Carlos Menem. Il peronista riuscì a sconfiggere con facilità il candidato dell'Unione radicale, Eduardo Angeloz. Il programma di Menem aderì a quello della Banca mondiale e, in dieci anni, fece salire il debito a 144 miliardi di dollari. Era il momento della *Gran Estafa*, la Grande Truffa. Menem tradì gli elettori che avevano creduto alle sue promesse: «Argentina, alzati e cammina». Con

[5] Francesco Silvestri, *L'Argentina da Perón a Cavallo (1945-2003): storia economica dell'Argentina dal dopoguerra ad oggi*, Edizioni Clueb, Bologna, 2004.

fare camaleontico, in poco tempo acquistò le sembianze di un dittatore con un potere assoluto che neanche Videla aveva avuto. Lavorò per cambiare la Costituzione e modificare l'assetto della Corte Suprema. Allineò la sua politica a quella degli Stati Uniti e diede il via alla privatizzazione di 26 imprese dello Stato in settori quali ferrovie, telecomunicazioni, banche, porti, poste, canali televisivi e radiofonici, trasporto aereo, gas, energia elettrica, petrolio, acquedotti, metropolitane, reti stradali e industria bellica. Fu il processo di privatizzazione più estremo di tutta l'America Latina, che aveva come motto «privato è bello». Le imprese vennero vendute senza debito e lo Stato si fece carico di moltissimi licenziamenti imposti dai concessionari. Lo Stato così fu costretto a pagare i sussidi di disoccupazione e fu in debito con la Banca mondiale di 700 milioni per i licenziamenti e di altri 700 per gli interessi. La disoccupazione esplose come un'epidemia. Con la legge di convertibilità per un attimo si ebbe l'impressione che i problemi fossero finiti: si verificò un boom dei consumi perché l'afflusso dei dollari provocò un maggior volume di prestiti da parte delle banche sia alle imprese, sia ai consumatori. Esplose l'illusione consumistica e il Paese si trasformò, come dice María Seoane, «da un Paese reale a un Paese virtuale». L'Argentina di questi anni appariva come il «Paese delle meraviglie». I segnali della vicina catastrofe però c'erano eccome, ma nessuno volle prenderli in considerazione. Dopo la bancarotta aumentò la disuguaglianza sociale tra ricchi e poveri, tra le più grandi del mondo. I ricchi divennero più ricchi (il 60% del reddito era loro) e i poveri più poveri. «Il 90% della popolazione è indigente e ogni giorno muoiono per denutrizione 55 bambini, 35 giovani e adulti e 10 anziani, per una media di 35.000 persone l'anno»[6]. Nel 1994 Menem «patteggiò» con Alfonsín la sua ricandidatura con il *Pacto de Olivos*, che gli permise di essere rieletto per un secondo mandato e di inaugurare l'era dello sfarzo e dell'ostentazione spudorata di ricchezze, superficialità e banalità. «La sua campagna elettorale sarà finanziata per l'80% dalla Bcci, una banca che riciclava i proventi del traffico di droga» spiega Solanas. Menem ebbe l'appoggio delle banche svizzere e statunitensi e «fu chiara la complicità della classe politica con il narcotraffico».[7] La mafia si sviluppò con il benestare del governo.

Quando Menem dovette lasciare la poltrona di presidente, nel 1999, ben 300 delle 500 imprese argentine appartenevano a capitale estero, in particolare a quello statunitense, a differenza di quattro anni prima, momento

[6] Dal documentario *Diario di un saccheggio* di Fernando Solanas.
[7] Ibidem.

in cui le imprese statali privatizzate erano state acquistate prevalentemente da capitali europei. «Il cambiamento non sarebbe stato di scarsa importanza – scrive María Seoane – in quanto lo scontro tra gli interessi europei e quelli statunitensi avrebbe influito nelle negoziazioni dell'Argentina con il Fondo monetario internazionale».

Le imprese europee, impegnate nella produzione di servizi, sono state tra le più interessate affinché l'Fmi facesse pressione per un aumento delle tariffe e per l'iniziale opposizione all'abbandono della convertibilità, in quanto volevano continuare a guadagnare in dollari e inviare le loro entrate alle sedi centrali. Non fu così per le imprese statunitensi; e questo spiega la posizione del governo degli Stati Uniti in favore dell'Argentina nella sua difficile trattativa con i creditori esteri, rappresentati dall'Fmi.

Prima dell'arrivo al potere, nel gennaio 2002, di Eduardo Duhalde, diventato il più grande oppositore politico di Menem dopo essere stato suo vice, l'Argentina aveva battuto un nuovo record continentale: cambiò cinque presidenti in 12 giorni. A Duhalde spettarono compiti difficili: decretare la fine della convertibilità, la svalutazione del *peso* e la *pesificazione* dell'economia. Per sopravvivere, il Paese adottò il *trueque*, il baratto, e si creò un ingegnoso mercato interno che permise agli argentini di far funzionare ancora le attività. Allo stesso tempo si moltiplicarono le occasioni di dibattuto culturale e gli incontri letterari e di scambio di idee e soluzioni per non arrendersi. «L'Argentina entrava nel terzo millennio con oltre 36 milioni di abitanti, con un debito pubblico e privato di circa 260.000 milioni di dollari – spiega María Seoane – Alla fine del 2002, ogni argentino aveva a suo carico circa 7.200 dollari di debito, il che significava che, considerando un salario medio mensile di 200 dollari, avrebbe potuto lavorare tre anni di seguito senza poter spendere neanche un centesimo per sé. Non c'era dunque possibilità di pagare il debito senza passare per una politica di recupero dello sviluppo industriale, che l'Argentina aveva registrato trent'anni prima che l'uragano conservatore si coniugasse con una dittatura criminale».

La legge di emergenza pubblica e di riforma del sistema cambiario che fece scomparire la parità tra dollaro e *peso*, venne approvata il 7 gennaio 2002. Inizialmente «il rapporto fu di 1,40 *pesos* per dollaro, con una prima svalutazione di circa il 30% – spiega nel suo libro Italo Moretti – Ben presto si decise però di far fluttuare liberamente il dollaro, che toccò punte di 4,5 *pesos* per poi stabilirsi intorno ai 3 *pesos*: 3 *pesos* per 1 dollaro».

Duhalde iniziò faticosamente a cercare una soluzione politica all'interno della democrazia. Chiamò al suo fianco, come ministro dell'Economia,

Roberto Lavagna, un personaggio chiave nel gruppo di lavoro dell'ultimo governo Perón nel 1974, che si mise subito a lavoro. L'inizio di una normalizzazione nel Paese, però, arrivò solo nel 2003, quando salì al potere Nestór Kirchner, argentino di origini svizzero-tedesche e croate che sognava ancora una nazione moderna e indipendente. Il nuovo presidente, prima di iniziare i suoi programmi, però dovette confrontarsi con l'ostacolo più grande: la sfiducia e il ripudio del popolo verso la politica e i politici. Kirchner proveniva dalla sinistra del peronismo, ma non dalla lotta armata. Promise una «Argentina di uguali», pose molta attenzione verso i problemi sociali e i diritti umani. Sostenne che il debito estero non doveva condizionare i settori della salute, dell'istruzione e dell'occupazione. Allentò i legami con gli Stati Uniti si alleò con il Brasile di Lula e poi con il Venezuela di Hugo Chávez progettando una cooperazione sul piano strategico e della difesa, per coordinare le rispettive politiche e potenziare l'industria bellica. L'Argentina partecipò al rafforzamento del Mercosur, il mercato comune del quale facevano parte Brasile, Paraguay e Uruguay e mutò la sua posizione rispetto all'entrata in vigore dell'Alca, «trattato che dovrebbe liberalizzare gli scambi commerciali delle Americhe, dall'Alaska alla Terra del Fuoco», ma per come è formulato, secondo le modalità pretese dall'ex presidente degli Stati Uniti George Bush, «permetterebbe agli Stati Uniti di continuare ad assistere con sussidi finanziari la propria agricoltura, perpetuando un protezionismo che penalizza i Paesi sudamericani che fondano le loro economie proprio sulla produzione e l'esportazione di prodotti agricoli e alimentari, carne e grano. L'opposizione di Kirchner è durissima»[8]. A questo punto si cominciò a parlare di «Argentina del cambiamento». La povertà scese in tre anni dal 57,5 al 37,7%, l'economia crebbe, anche se a ritmo lento. Il 23 ottobre 2005 Kirchner venne rieletto e i primi obiettivi che si pose furono risolvere il problema del debito estero e dei polemici rapporti con il Fondo Monetario Internazionale. Decise così di cancellare l'intero debito con il Fmi mediante il pagamento in un'unica soluzione. Il 31 dicembre 2005 mise a segno una svolta storica: l'Argentina pagò 9 miliardi e 810 milioni di dollari in un colpo solo grazie alle riserve della Banca centrale di Buenos Aires.

Durante un discorso tenuto di fronte all'Assemblea generale delle Nazioni Unite, Kirchner sottolineò: «Ci facciamo carico, come Paese, di avere adottato politiche sbagliate che hanno portato a questo punto il nostro indebitamento. Però reclamiamo che quegli organismi internazionali che,

[8] Italo Moretti, *L'Argentina non vuole più piangere*, op. cit.

con l'imporre queste politiche, hanno contribuito, incoraggiato e favorito la crescita di questo debito, assumano la loro parte di responsabilità. Risulta quasi un'ovvietà segnalare che quando un debito acquisisce tale grandezza, la responsabilità non è solo del debitore, ma anche del creditore».

«Da queste affermazioni – sottolinea il bibliotecario – si evince l'intenzione di Kirchner di porre fine all'eterna questione del debito estero argentino. Il compito è molto difficile ma l'ex governatore della piccola provincia di Santa Cruz è seriamente deciso a impegnarsi in questa direzione, senza costringere il popolo argentino a ulteriori sacrifici. Con l'aiuto di Roberto Lavagna, ministro dell'Economia fino al 2005, e grazie a una congiuntura mondiale economica favorevole Kirchner intraprese una politica tesa a favorire una crescita del Pil (+10% nel 2005), aumentando le esportazioni e continuando nella svalutazione della moneta mediante la partecipazione del *Banco Central*. Questi dati confermerebbero una svolta seria nella gestione delle scelte economiche ma danno una visione solo parziale della questione. Se da una parte sembra che i problemi con il Fmi siano stati risolti, dall'altra il governo di Buenos Aires non ha soddisfatto le richieste dei creditori privati stranieri, tra cui molti italiani, nell'offerta di ristrutturazione del debito che infatti è stata accettata solo da circa il 75% dei titolari dei *bond*».

«Il governo di Kirchner – aggiunge Ramón, consultando alcuni libri – ha scelto una politica "selettiva" di rientro dal debito. Mi spiego meglio: ha ripagato il debito di circa 10 miliardi con l'Fmi, spuntandone così le armi di pressione; ha poi intrapreso una campagna di forte polemica nei confronti del Fondo stesso, accusandolo di aver causato la crisi del 2001 e rispondendo con indignazione a ogni intervento dei vertici dell'istituzione internazionale sul tema della ristrutturazione del debito verso i creditori privati; ha scelto di non intraprendere sino alle elezioni presidenziali di ottobre 2007 alcuna trattativa con il Club di Parigi (Paesi creditori), con l'eccezione della Spagna di Zapatero, con la quale l'Argentina sta negoziando il pagamento di circa 1 miliardo di dollari a condizioni molto favorevoli. Prima dell'offerta di ristrutturazione, consapevole che l'attenzione dei creditori e dei tribunali di tutto il mondo si sarebbe concentrata sulle riserve ufficiali, ha spostato le riserve presso la Bank of International Settlements (Bis) a Basilea, perché lo statuto di quell'istituto prevede la completa protezione dei depositi da ogni forma di esproprio, confisca e requisizione. Nel fare questa scelta, l'Argentina sacrifica circa 1 miliardo di dollari all'anno di interessi (la Bis ha tassi d'interesse mediamente più bassi di quelli di altre banche). Questa mossa ha una sua razionalità economica solo se concepita al preciso scopo di indurre i creditori ad accettare il piano di ristrutturazione e a mettere al riparo le riserve da qualsiasi azione giudiziaria internazionale. Ora la scelta del Fmi di accettare il pagamento del debito senza condizionarlo a una migliore ristrutturazione del medesimo verso i privati è stata una prova di lassismo dei governi occidentali. Nello sforzo miope di dissuadere il presidente Kirchner dal consolidare i rapporti con il Venezuela di Chávez, l'amministrazione americana ha spesso appoggiato il governo argentino nel corso dei giudizi sollevati da creditori privati presso tribunali americani e ha caldeggiato una ristruttrazione rapida (qualsiasi, purché si facesse) del debito. Questa posizione non ha dissuaso Kirchner dall'avvicinarsi a Chávez: anzi, il Venezuela è divenuto uno dei maggiori finanziatori dell'Argentina, ha acquistato 3,6 miliardi di *bond* negli ultimi mesi e ha predisposto l'emissione di *bond* congiunti».[9]

«Queste informazioni – continua il bibliotecario – sono fondamentali per alcune considerazioni di analisi politica. Kirchner, l'"outsider" delle elezioni presidenziali del 2003, è riuscito a lasciare il segno nella politica argentina. Cresciuto nell'eterogeneo panorama del peronismo, Kirchner ha assunto da subito le caratteristiche peculiari della scuola politica di Perón; fin dalle sue prime esperienze come governatore in Patagonia, si è distinto per un modo di fare politica in maniera personalistica e autoritaria, controllando la stampa locale e tessendo una rete di clientelismo politico nella provincia. Certo, questo è quello che dicono i suoi maggiori critici, ma anche in ambito nazionale e internazionale la sua versatilità nel cambiare atteggiamento e posizione a seconda delle oppurtunità, ha richiamato alla memoria degli argentini quella tendenza menemista ad amministrare la nazione in un certo modo. Bisogna riconoscere, però, che alcune scelte fatte dal suo governo hanno evitato ulteriori problemi alla fragile democrazia argentina in momenti in cui altri hanno perso completamente il controllo della situazione. Inoltre anche tutta la polemica, alimentata soprattutto dagli Usa, di un avvicinamento dell'Argentina alle posizioni di Chávez ha avuto un forte riscontro a livello mediatico, ma non sul piano pratico, visti i reciproci attestati di stima e la collaborazione strategica che c'è stata con l'amministrazione Bush. Ed è sicuramente più veritiera l'ipotesi di una più stretta amicizia, con il Brasile di Lula nell'ambito dei rapporti con i Paesi del Mercosur. Ora è difficile poter esprimere un giudizio univoco sull'operato di Kirchner, anche perché la sua esperienza di governo si è appena conclusa;

[9] Piercamillo Falasco, *Argentina: pacta e debita sunt serranda*, 11 luglio 2007, www.epistemes.org.

certo è che l'Argentina, ancora sconvolta per il recente passato, non può più permettersi di "piangere" per colpa dei politici! Forse anche Kirchner ha avuto questa intuizione e per questo, sia che abbia agito in buona o mala fede, lo ha fatto in maniera discreta, contribuendo a dare stabilità alla politica e all'economia argentina».

A ottobre del 2007 cominciò l'era di Cristina Kirchner. «In questi anni il governo si è inventato un nuovo indice del costo della vita da manuale per un furbastro del quartierino *made in Baires* – spiega il giornalista della sede argentina dell'*Ansa* Oscar Piovesan – In effetti, pur se secondo esperti privati – ma anche secondo la gente che andava a comprare nei negozi – l'inflazione andava dal 20 al 30% l'anno, quella ufficiale non superava il 10%. Per far fronte al pagamento degli interessi di gran parte dei nuovi *bond*, i due Kirchner hanno già fatto risparmiare allo Stato dai 10 ai 12 miliardi di dollari di interessi su tali *tango bond* che avrebbero dovuto sborsare. Chiamali scemi! Scemi e turlupinati, invece, sono stati quelli che non hanno aderito al con-cambio del *default* che, attualmente, hanno in mano carta straccia pari a oltre 30 miliardi di dollari, più di 25 dei quali in possesso di risparmiatori esteri. Tra questi c'erano circa 190.000 tapini italiani, con ben 14 miliardi di dollari sul gobbo, meno della metà dei quali, per legge, l'Argentina potrà restituire. In effetti il ricorso all'Icsid, un organismo della Banca mondiale, che hanno fatto fare loro i furbetti del quartierino delle banche italiane, e farsi abbindolare due volte è roba da non credere, è assolutamente senza via d'uscita. Quindi, l'unica speranza è che, forse un giorno ancora lontano, Cristina e suo marito che, con lei, forma una affiatatissima coppia matrimonial-politica, possa e voglia mettere una pietra sopra al passato».

I segni di questa tragica pagina della storia economica argentina sono custoditi nel *barrio* Once in un bizzarro museo che espone il percorso della *deuda*, il debito del Paese. Capito in questo luogo anomalo uscendo dalla fermata della metropolitana *Facoltà di Medicina*, camminando sulla *calle* Uriburu. Dopo pochi metri, al civico 763, mi trovo di fronte al portone di un maestoso palazzo che ospita le testimonianze della politica economica argentina. È un labirinto nel labirinto. Una meta non indicata nelle guide turistiche, ma potenzialmente una tappa interessante per qualsiasi turista di passaggio per Buenos Aires curioso di capire la città dalle sue più profonde ferite. Mi accoglie Luis Jorge Ballastero, un giovane dipendente del museo dall'aspetto smunto, educato e dotto.

«L'origine è un progetto universitario iniziato nel 2000, prima della crisi, e negli anni è cresciuto e ci ha permesso di dar vita al museo della disastrosa storia economica dell'Argentina» spiega. Foto, video, documenti e istallazioni create ad hoc mostrano la nascita del debito e la sua crescita esponenziale, fase dopo fase, fino ai giorni nostri. Dall'esposizione emergono diverse tendenze insite nell'identità argentina: l'amokre per il paradosso, l'orgoglio del dramma e il gusto di gioire delle proprie tragedie. Non solo gli argentini hanno sempre dimostrato una certa naturalezza nel sentirsi a contatto con la catastrofe e la decomposizione, ma questa è sempre stata accompagnata dal piacere di mostrarla, decantarla e urlarla al mondo. «È un modo per liberarsi del peso atroce che ci soffoca l'animo» esclama Joaquín quando gli racconto del museo scoperto. «L'Argentina è il Paese dei paradossi e dell'*amargura*, l'amarezza per il sapore della vita, come ci dice Ezequiel Martinez Estrada nel libro *La cabeza di Goliat*. L'*amargura* è una sofferenza quotidiana spogliata dalle illusioni, che appesantisce l'anima. Gli argentini non possono farne a meno. È come un destino da cui non si può sfuggire».

Ancora rincorsa dall'11, inseguita dalla sensazione di essere a un passo da Dio e ossessionata dalla voglia di scovare l'Undicesimo Comandamento, saluto Joaquín e continuo a girovagare per il *barrio* Once da sola. Uno dei momenti della giornata che preferisco è la pausa-caffè. Mi fermo in bar sulla *calle* Mitre e vengo sorpresa dalla grande quantità di persone che entra esclusivamente per giocare i numeri al Lotto o comprare biglietti della lotteria. «Per cercare una via d'uscita dal labirinto della disperazione, dell'umiliazione e della miseria, la gente si rifugia nella Dea Fortuna» dice un uomo dai capelli arruffati con una cicatrice sulla tempia sinistra e la camicia rosa che siede al tavolo di fianco al mio. «Salute, mi chiamo Mario Carmelo Romano. Avere tre nomi significa godere di un grande estrosità mentale – continua l'uomo – Ma anche a me non resta che chiedere aiuto alla chiromanzia, all'astrologia, alle pratiche occulte e ai miracoli di Dio, ragazza mia. Gioco ogni settimana al Lotto e, finalmente, dieci giorni fa, ho vinto. È stato un miracolo. Io mi sento più fortunato degli altri, ma non perché ho vinto. Né perché ho tre nomi, ma perché mi sono congelato bambino. Ho 65 anni e non mi annoio mai. Gioco ogni giorno, ma non solo al Lotto. Mi diverto anche a rincorrere il vento. Se Dio vuole, un giorno lo prenderò. Che Dio doni pace alla tua anima, figlia mia. Buona fortuna!».

Mario Carmelo Romano non è l'unico a Buenos Aires a credere ai miracoli. Chiese e cattedrali qui sono sempre affollate da persone che invocano

Santi, Santoni e Santini. Una delle figure salvifiche più radicate nell'immaginario collettivo argentino è San Cayetano, il patrono del lavoro, che si celebra il 7 agosto, al quale vengono chiesti migliaia di miracoli, soprattutto nei momenti di crisi. Dopo la bancarotta del 2001 si è fatta strada una nuova icona, forse più appropriata al bisogno della gente in quel momento. È San Expedito, il patrono delle cause giuste e urgenti.

Questo santo è ospitato e celebrato nella chiesa di Nostra Signora di Balvanera, uno dei principali centri cattolici del quartiere Once situato all'angolo tra Bartolomé Mitre e Azcuenaga, poco distante dalle sinagoghe. La facciata della parrocchia si scorge da lontano perché è ricoperta da striscioni simili a quelli degli ultrà dello stadio, con scritto, in rosso, *Aquí está San Expedito. Todos los 19 de cada mes se venera esta imagen*[10]. Una delle particolarità di questa figura, nota come il «Santo dell'undicesima ora» perché interviene sulle emergenze e risolve casi di estrema urgenza, infatti, è che non viene celebrata solo una volta all'anno, il 19 aprile, data ufficiale della sua festa, ma ogni 19 del mese. L'usanza della multi-celebrazione è nata dal grande successo riscosso dal suo potere *expedito*, rapido. All'indomani della bancarotta, il popolo argentino non aveva tempo di aspettare. Necessitava di salvagente immediati per non affogare e aveva fretta di vedere esauditi i suoi desideri. Come un supereroe invisibile, a questo punto arrivò San Expedito, un ex soldato della Legione Romana che combatté per difendere l'Impero Romano dai barbari asiatici, molto noto anche in Brasile grazie a una telenovela che lo ha eletto protagonista.

In pocho tempo la parrocchia di el Once perse il suo nome originario e diventò per tutti la «chiesa di San Expedito». Dal 1997 il parroco è padre Fabrizio Maranzana, un uomo sulla quarantina, stempiato, paffuto, dall'aspetto bonario. È lui la memoria storica della nascita e dello sviluppo di questo fenomeno. «La mia chiesa è diventata come un *fast-food* delle grazie – spiega, accogliendomi nel suo ufficio ordinato e spoglio – La venerazione per San Expedito raggiunge numeri esorbitanti. È uno dei santi più invocati in Argentina. Ogni mese siamo inondati da pellegrini e devoti che arrivano da tutta la nazione. Nel 2002 abbiamo raggiunto addirittura picchi di 60.000 persone in una giornata. Ogni devoto porta con sé una richiesta disperata e urgente e, ascoltando i racconti dei pellegrini e i credenti, i miracoli chiesti vengono esauditi in un paio di giorni. Per questo motivo San Expedito è ormai famoso nel mondo per le sue grazie».

[10] Qui c'è San Expedito. Il 19 di ogni mese si venera questa immagine.

San Expedito fu un convertito al Cristianesimo. La leggenda racconta che nel momento della conversione, un corvo che simboleggiava lo spirito del Male, gli disse: «*Cras, cras, cras*», che in latino significa: «Domani, domani, domani», per persuaderlo a rimandare la decisione. Lui rispose: «*Hodie, hodie, hodie*», ossia: «Oggi, oggi, oggi, non aspetterò domani. Sarò cristiano da oggi» e si convertì. Questo comportamento non fu gradito all'imperatore Diocleziano che, il 19 aprile 303 dopo Cristo, lo fece uccidere a Melitene, sede di una delle province romane in Armenia, insieme ai suoi compagni Caio, Galatas, Hermogenes, Aristonico e Rufo. Così San Expedito diventò il Santo delle grazie dell'oggi, quelle che non possono aspettare domani. Prima era il Santo di giovani, studenti e infermi.

La vita di padre Fabrizio si è intrecciata con quella del Santo da quando una devota del quartiere un giorno arrivò in chiesa dicendo: «Voglio donarvi questa statuetta di San Expedito». «La lasciò e andò via, senza spiegarmi dove l'aveva trovata e perché voleva donarla alla nostra parrocchia» dice padre Fabrizio guardando in basso ed evitando il mio sguardo, come se stesse tutelando un segreto. «Il 17 gennaio 2004 – aggiunge – ne ho trovata un'altra. Era nascosta dietro l'altare. Provai un'emozione fortissima perché prima di quel momento non l'avevo mai vista lì. Da dove era arrivata? Chi l'aveva portata? Non cercai una spiegazione dell'evento, la accettai come dono divino. Oggi quella statua viene venerata ogni mese dai fedeli».

I miracoli a San Expedito si possono chiedere in vari modi, scrivendo la richiesta su un bigliettino che va imbucato in un apposito contenitore con su scritto *Intenciones*, predisposto all'interno della chiesa, o attraverso una preghiera intima e silenziosa recitata di fronte alla sua statua, o nel piazzale antistante la chiesa dove il prete di turno benedice i devoti presenti ogni ora, o durante la messa che si tiene ogni due ore, dalle 8.00 del mattino alle 21.00. Poi bisogna solo aspettare che il miracolo diventi realtà. Una delle emozioni che emerge maggiormente di fronte ai volti disperati e speranzosi del *fast-food* delle grazie argentino è la tenerezza. Mani grandi e piccole stringono l'immaginetta del Santo con il mantello rosso e la croce nella mano destra; occhi chiusi nascondono un'infinita speranza; lacrime liberatorie scendono su facce rugose e pelli lisce, anziani e giovani acquistano con fiducia la figurina colorata venduta in tutte le misure e le forme del Santo sulle bancarelle che il 19 di ogni mese invadono la *calle* Bartolomé Mitre, mentre mendicanti si dimenano tra i fedeli per racimolare pochi spiccioli. Nei giorni di festa la strada che porta alla chiesa si riempie di barboni e poveri disabili che chiedono l'elemosina dalla carrozzella o strisciando per terra per impietosire i passanti. Qualcuno aiuta i commercianti a vendere le icone di San Expedito riprodotte in vari modi: rosari e braccialetti, candele e portacandele, cornici e ciondoli, portachiavi e incesi profumati, tazze e fiori, tutto con l'immagine del Santo. Tra la mercanzia del suo banchetto qualcuno ha anche l'amuleto che porta salute, lavoro, amore, soldi, giustizia, felicità e scaccia via l'invidia. L'*oración*, l'orazione al Santo, è scritta ovunque in questo angolo della città e viene recitata infinite volte dai pellegrini: «Glorioso San Expedito, che intercedi per le cause giuste e urgenti, aiutami in questo momento di afflizione. Intercedi per la mia richiesta davanti a Nostro Signore Gesù Cristo. Tu, che sei il Santo della fedeltà e del coraggio. Dà attenzione alla mia richiesta (...), ascoltami e proteggimi da tutti i mali. Te lo chiedo la pace per la mia famiglia. Fai che mi unisca di più ogni giorno a Gesù e a Maria sua Madre, perché converta il mio cuore e io possa godere della sua presenza. Amen».

Capitolo nono
La memoria

Non fare falsa testimonianza contro il tuo prossimo
(Nono Comandamento secondo la tradizione ebraica,
tratto dal testo dell'Esodo)

Per comprendere un luogo occorre rivederlo. Per questo da *barrio* Norte, dove si trova il mio hotel, ogni mattina mi dirigo a el Once, a volte con il taxi, altre con un *colectivo* o il *subte*, altre addirittura a piedi, seguendo le ombre degli alberi riflesse sui marciapiedi. Sto imparando che per essere un vero viaggiatore bisogna saper tornare, come le rondini, eccellenti migratori che insegnano che viaggiare significa andare e tornare. E così torno a el Once per rivederlo e per sentirmi ancora straniera. Uno dei più grandi insegnamenti del viaggio, infatti, oltre quello del ritorno, è scoprirsi straniero. Non forestiero in un Paese lontano da quello di origine, quanto straniero nella vita. Sentirsi straniero tra gli stranieri è l'unico modo per rivelare una sincera fratellanza, un'unione, un'uguaglianza con l'Altro.

«La mia casa è Altrove» sosteneva il grande *reporter* polacco Ryszard Kapuścisński, incontrato a Roma nel novembre del 2005. Conoscerlo è stato un viaggio dentro di me. «La mia vita è un movimento perenne. Appena mi fermo in un posto comincio ad annoiarmi, sto male, devo ripartire» mi disse. E così Kapuścisński andava e tornava continuamente. Si cibava di spaesamenti visivi, olfattivi, uditivi, linguistici e culturali. Nato e cresciuto nella buia Polonia, era attratto dalla luce e, sin da bambino, sognava di varcare la frontiera di Pinsk, il villaggio dove è nato nel 1932. Kapuścisński ha passato una vita intera a «oltrepassare soglie» per il gusto di meravigliarsi delle differenze, sempre con lo sguardo di un bambino stupito. «Il mondo oggi non ha più frontiere» mi disse prima di salutarci. «Non ci sono più barriere ideologiche e distanze fisiche. Sempre più persone sono in movimento da un Paese all'altro e le diverse culture sono alla portata di tutti. Siamo messi alle strette: non esiste più la possibilità di sentirci divisi nel mondo. L'unica strada da prendere è tentare di capirci».

Quel giorno, in un ennesimo ritorno a el Once, le parole di Kapuścisński mi rimbombano nella mente. Incontrare il diverso è la strada per capire se stessi. «Io sono l'Altro – diceva Emmanuel Lévinas – l'Altro è il nostro Maestro e si trova più vicino a Dio di noi». Kapuścisński, infatti, mi aveva raccontato: «Grazie all'incontro con i neri dell'Africa ho scoperto il colore della mia pelle bianca». Confrontarsi con le diversità è come guardarsi allo specchio e riconoscere la propria identità. Appartenere, abitare e muoversi in un mondo poli-culturale, infatti, esige un maturo e forte senso di identità. Solo da questa consapevolezza dipendono la qualità e l'esito dell'incontro. Le persone in cui mi imbatto a el Once sono diventate per me tanti specchi in cui guardarmi senza timori, diffidenza e pregiudizi. Incrocio molti sguardi e mi rivedo in essi sentendomi sempre a un passo da Dio. I volti che popolano questo quartiere invisibile mi stanno insegnando che il vero luogo dove si crea una cultura è l'interazione tra le persone.

Seduta in un piccolo ristorante della *calle* Uriburu che profuma di cipolla e spezie piccanti, mentre aspetto un piatto di *asado* con insalata, continuo a pensare a Lévinas: «Fermati! Accanto a te c'è un altro uomo. Incontralo: l'incontro è la più grande, la più importante delle esperienze. Guarda il volto che ti offre. Attraverso di esso non solo ti trasmette se stesso, ma ti avvicina a Dio». Quando il cameriere arriva per servirmi la carne cotta alla brace, mi sorride dolcemente. La sua espressione mi fa ricordare le parole del regista Fernando Ezequiel Solanas, intervistato a Roma una settimana prima di partire per Buenos Aires: «Gli argentini sono un popolo accogliente!».

Solanas, classe '36, è uno dei più noti registi argentini. Era in Italia per presentare il suo documentario dal titolo *Argentina Latente*, terzo film della «pentalogia» progettata per smascherare pregi e difetti del suo Paese. Questo lavoro racconta l'Argentina nascosta, quella delle grandi menti, delle eccellenze e delle professionalità mai abbastanza apprezzate e valorizzate dallo Stato in settori quali tecnologia, aeronautica, automobilistica, energia, università e scienza, e arriva dopo *Diario di un saccheggio* (2004) e *La dignità degli ultimi* (2005). Il cinema di Solanas è sempre stato militante. Ogni suo film è un *puzzle* di testimonianze, riflessioni, accuse politiche e sociali. Insieme al regista Octavio Getino, nel 1969 ha scritto il Manifesto *Verso un Terzo Cinema*[1], un'idea di un cinema politico capace di sostenere la causa dei Paesi vittime del neoliberismo invece di perseguire il mero profitto economico rendendo lo spettatore un «consumatore dell'ideologia borghese». Per lui il film è un'«arma di liberazione» che deve rendere ogni partecipante un «guerrigliero» e in cui il regista fa parte di un «collettivo», un gruppo produttivo operante per conto degli oppressi. «La mia esperienza non si

[1] Per *Primo Cinema* Solanas intendeva quello hollywoodiano basato su valori economici, mentre per *Secondo Cinema* quello europeo, artistico e d'autore.

limita alla regia – sottolineò Solanas – Faccio cinema da 50 anni e sono convinto, inoltre, che si debba sempre lavorare con un'ipotesi precisa, ma allo stesso tempo con una sceneggiatura aperta. La realtà è talmente ricca che trovi delle cose che non immaginavi ci fossero ed è questa la cosa più importante, più ricca e più bella del cinema, di un cinema libero e di testimonianza. Perciò al posto della parola documentario, molto ancorato alla realtà televisiva, preferisco parlare di cinema come creazione libera con una forte base testimoniale».

In *Diario di un saccheggio* il regista mette insieme trent'anni di storia politica argentina, ricostruendo pazientemente le premesse del crollo del 2001 e prova a individuare senza retorica i responsabili. Scava negli atti dei governi e dei pirati della finanza, nelle privatizzazioni, nelle liberalizzazioni, nelle politiche monetarie e nei silenzi, mostrando gli effetti devastanti prodotti dal modello neoliberale e dal piano economico imposto dal Fmi e denunciando gli imbrogli del governo e delle società internazionali. «In quel film porto avanti l'idea che il governo argentino e l'Fmi sarebbero i responsabili di un genocidio sociale che costa all'Argentina 30.000 morti l'anno». Solanas ha sempre espresso le sue opinioni attraverso il cinema. È stato tra i primi a opporsi al presidente Carlos Menem nell'applicazione del piano neoliberale e nel 1991 subì addirittura un attentato che gli costò sette pallottole in una gamba.

«In *Diario di un saccheggio* – spiegò – mostro un ospedale pediatrico dove i bambini muoiono per malattie curabilissime, ma in cui i genitori non hanno soldi per acquistare farmaci. I medici e i paramedici raccontano che tutte le volte che il governo emana un nuovo piano economico sanno che dovranno aumentare il numero dei letti dell'ospedale perché salirà il numero di bambini denutriti. Tutto questo passa per la mafiocrazia: un'organizzazione mafiosa tra lo Stato e la collaborazione delle grandi banche internazionali. Sono crimini che non devono restare impuniti perché sono genocidi sociali, crimini contro l'umanità. Questa è una delle idee del film, che si conclude con l'insurrezione del 21 dicembre 2001». *La dignità degli ultimi*, invece, mostra la gente che non ha più nulla ma che lotta per le strade per rialzarsi dalla grande caduta. In questo documentario, Solanas aveva il desiderio di svelare la natura della grande contestazione sociale degli argentini. I volti de *los nadies*, i nessuno, gli anonimi quotidiani, e il coraggio, la volontà di vincere e la grande dignità di queste persone.

«L'Argentina è il Paese della solidarietà» sottolineò il regista, i cui occhi sprigionavano una passione contagiosa. «Ci stiamo risollevando grazie alla aggregazione, alla partecipazione e all'aiuto reciproco che i cittadini sono capaci di darsi. La disperazione, l'abbandono e la povertà si possono vincere con lo stare insieme e con il dividere quel poco che si ha. In *La dignità degli ultimi* volevo svelare questa qualità e allo stesso tempo, come in tutti i miei lavori, recuperare lo spazio e la voce di coloro che non possono esprimere il loro pensiero in altri modi. I mezzi di comunicazione di massa annullano l'individuo e allora io cerco di recuperare, con la maggiore oggettività possibile, quest'essenza. Cerco di creare un ponte, di stabilire un rapporto con loro. Tutto quello che sostenevo alla fine degli Anni '80 e nei '90 si è realizzato. Dicevo: "Andiamo a tutta velocità verso il precipizio" e tutti mi rispondevano che ero matto, un retrograda in fondo anche simpatico. Però ora nel precipizio ci siamo finiti. Com'è possibile che nel "granaio del mondo" si soffra la fame? Eppure è così».

In *Argentina Latente* c'è più speranza. «Ho sentito il bisogno di mostrare le ricchezze e le potenzialità che ha la nazione. Il film è un omaggio a tutti i professori universitari e i lavoratori mai valorizzati, anzi disprezzati e mal pagati dai governi di turno. Dobbiamo, invece, essere grati a loro per la passione messa nel lavoro e la difesa dei mestieri. Indagando su questo tema ho scoperto l'ignoranza assoluta degli argentini sul loro stesso grande patrimonio tecnologico e ho provato a recuperare questa memoria attraverso un documentario che è testimonianza, ma anche riflessione, come dovrebbe sempre essere. Il cinema è diventato gioco e divertimento, una sorta di continuità dei programmi televisivi che offrono solo prodotti di intrattenimento senza spessore. Non si va al cinema con la fidanzata per vedere un film impegnato, quelli magari li si vede a casa, al sindacato o all'Università. Al cinema oggi si va per mangiare pop corn. Purtroppo, però, viviamo nella società della mediocrazia, non della democrazia, e i mass media impongono i temi principali seducendo tutti in maniera straordinaria. Peccato che queste tematiche e valori diffusi tendono alla stupidità e al modello Usa e non alla denuncia e alla riflessione. Sono felice, però, che con la diffusione del digitale si producano molti più documentari d'inchiesta e che a Buenos Aires sia nato un canale dedicato alla cultura. Si chiama *Canal Encuentro* e trasmette prodotti culturali e non informazione politica. Anche i miei documentari sono diventati delle serie televisive, trasmesse da questo canale». Il prossimo film della pentalogia? «Si intitola *Le sette stazioni* ed è dedicato allo scandalo della distruzione del sistema dei trasporti in Argentina».

Gli occhi di Solanas mi ricordarono quelli di Kapuścisński. I loro sguardi arguti contengono intima profondità, empatia verso l'Altro e ingenua e insaziabile curiosità, simile a quella dei bambini che sentono l'irrefrenabile bisogno di scoprire ogni cosa: il dolce e il salato, il liscio e il ruvido, i sette colori dell'arcobaleno e i setti vizi capitali, i numeri e le lettere dell'alfabeto, le mappe, gli animali e gli astri, la fede e il dubbio. Uno dei vantaggi della giovinezza è l'ignoranza, infatti. Pur non essendo né giovani né ignoranti, Solanas e Kapuściński mi apparivano nella fruttuosa posizione di chi è disponibile a imparare dall'Altro. Nei loro volti rugosi, segnati da due vite profondamente diverse, riconoscevo la stessa spinta a raccontare la realtà frugando negli occhi della gente. Quando Solanas mi salutò, gli chiesi un'ultima riflessione: «Esistono forme di razzismo nell'Argentina di oggi?». «Sì, contro i nativi – rispose di getto – Se una bella ragazza indiana del nord viene violentata, nessuno sentirà la necessità di denunciare l'episodio perché per il mondo intero quella donna non esiste. Gli indiani sono stati sempre disprezzati e sterminati. Questo è uno dei paradossi dell'Argentina: la terra è stata tolta ai nativi e data allo straniero. Non tutti i cittadini hanno lo stesso valore nel mondo: gli indiani non esistono né per la società argentina né per il resto dell'Universo. Nessuno ha mai preso in considerazione il problema, eppure questo è il nuovo razzismo».

Sfogliando una vecchia copia del *Clarín*, mi trovo ancora una volta di fronte alle riflessioni di Silvia Bleichmar. Secondo la psicologa, «con le politiche neoliberiste in Argentina si è amplificata la separazione sociale tra *ganadores* e *perdedores*, vincitori e perdenti». «Si tratta di una categorizzazione che genera una bipartizione della società in due parti chiaramente differenti – scrive – quelli che riescono più o meno a sopravvivere alla condizione di marginalizzazione crescente e quelli che sono buttati a mare o che continuano a galleggiare attaccati al bordo di una imbarcazione sociale, sostenuti precariamente e con il rischio costante di annegare. In questo contesto non parliamo "del vincitore" di un concorso, un sorteggio, di una competizione, ma di "un vincitore", qualcuno che appartiene a un modo di essere con attributi che lo differenziano. È in questo passaggio da "il" a "un" che si sottolinea l'appartenenza a un rango che specifica una categoria che da descrittiva diventa valorativa. Essere vincitore o perdente si definisce dall'esito sociale raggiunto. Non si vince perché si ha un valore, ma si ha un valore se si vince».

La donna indiana di cui parla Solanas non appartiene a nessuna di queste due categorie perché semplicemente non esiste. Il vero Altro discriminato in Argentina sono gli oriundi del nord del Paese, riconoscibili dal colore della pelle meticcio. *Los nadies* di Solanas ne *La dignità degli ultimi*, invece, sono *los perdedores* dell'articolo di Silvia Bleichmar.

In una società fondata sull'incertezza e l'insicurezza come quella argentina, l'etica della solidarietà fa da rete di protezione e garanzia di certezza per molte persone dando loro fiducia e coraggio. Unirsi in gruppo per una causa comune ha permesso agli argentini di riscoprire quanto calore, incoraggiamento e piacere possano derivare dal condividere le proprie speranze con gli altri e ha fatto rinascere quella solidarietà che era stata la vittima principale delle pratiche neoliberali. Le sofferenze e i disagi sono diventati meno dolorosi e il popolo ha sentito sollievo e consolazione in un abbraccio collettivo. «Io trovo Dio nell'etica – diceva Lévinas – Il fatto che l'uno si occupa dell'Altro è il solo momento in cui c'è un'alterità totale, un'alterità che non rientra nell'ordine che io controllo, che non diventa mia».

«Solidarietà. Che bella parola!» esclama Grazia, un medico di origini italiane che incontro a una delle cene-filosofiche organizzate da Ariel, molto bravo a raggruppare persone provenienti da diversi ambiti, unite dal piacere del dialogo e del buon cibo. «Il sistema solidale interno di ogni Paese permette a tutti di sopravvivere ed è più importante di quello esterno» spiega con tono appassionato l'affascinante dottoressa bionda dagli occhi blu. «Essere solidale significa sintonizzarsi sulle corde dell'Altro e sentire il suo bisogno, ma con l'obiettività e quel pizzico di distacco che permette di aiutarlo. La solidarietà è una compassione con azione. Una vicinanza attiva. È sentire e farsi sentire. È una relazione, uno scambio tra persone, perciò non è niente di rigido, ma un modo di essere in divenire che richiede impegno e allenamento. Non si nasce solidali, come non si nasce generosi. Per me la solidarietà è una grande lotta contro i sette vizi capitali, perché essere solidale significa negarli tutti e sette».

«Secondo te Buenos Aires è la città al mondo dove ci sono più ballerini, macellai o psicoanalisti?» chiede la dottoressa. «Conosco la risposta – dico – È la terza!». L'esternazione di frustrazioni, rabbia e bisogni a Buenos Aires, infatti, avviene sia con la contestazione sociale per strada sia sul lettino dello psicoanalista. L'Argentina è la nazione con il maggior numero di psicoanalisti al mondo. Ce ne sono più di 19.000, uno ogni 200 abitanti, e la maggior parte ha origine ebraica. Sono stati, infatti, gli immigrati ebrei a introdurre questa cultura in terra argentina. Nel quartiere Palermo esiste addirittura una strada chiamata *calle* Freud perché vi lavorano più di mille psicoanalisti e psicoterapeuti concentrati in pochi isolati. La psicoanalisi in Argentina è una pratica socialmente accettata, è come andare dal dentista. Non è un tabù come in Europa. Tutti ne parlano senza vergogna. Può capitare addirittura di incontrare tassisti che invece di commentare le partite di calcio raccontino senza inibizioni le proprie conversazioni sul lettino del terapeuta e parlino con disinvoltura di Lacan. Il desiderio di analizzare e approfondire se stessi e il piacere di esternare le proprie emozioni da parte di persone di ogni età e ceto sociale si sono uniti al bisogno di elaborare forti choc. Oggi è attivo sul territorio anche un personale di 1.800 medici del servizio pubblico che segue gratuitamente cittadini meno abbienti che vivono nelle borgate di periferia. Per chi sceglie un dottore privato la spesa è di 20 *pesos* a seduta, costo accessibile anche ai più giovani. In generale, la fascia principale dei pazienti comprende persone dai 25 ai 40 anni, la generazione che vive nell'epoca della «passioni tristi»[2], come le chiamava Baruch Spinoza. Ossia l'epoca in cui il futuro appare come una minaccia e non più come una promessa. Il XX secolo ha segnato la fine dell'ideale positivista gettando gli uomini nell'incertezza. La storia dell'Argentina ne è un esempio perfetto.

Il passaggio repentino da Paese ricco a povero nel 2001 ha fatto dell'Argentina un caso unico al mondo. Sensazioni come provvisorietà, precarietà e incertezza del domani hanno invaso gli animi dei cittadini. «Eppure è possibile trovare tanti effetti benefici da una situazione di crisi» mi aveva detto James, un ragazzo cinese conosciuto a New York qualche anno prima. «Che significa il termine crisi?» disse mentre scriveva qualcosa sul mio taccuino: erano due parole in cinese tradotte in inglese: *danger* e *opportunity*, pericolo e opportunità. «Ogni momento di crisi crea pericolo, ma allo stesso tempo dà l'opportunità di migliorare la propria condizione». La parola crisi, infatti, deriva dal verbo greco *krinein* e significa «decidere, determinare». Ha più a che fare con il decidere di imprimere una svolta agli eventi che sprofondare nella catastrofe totale. Molti argentini nel 2001, probabilmente accecati dalle illusioni di benessere che avevano preceduto il momento della bancarotta, percepirono solo la valenza negativa del termine e non l'occasione di avviare un mutamento decisivo alla loro storia e a quella del loro Paese. «È vero – dice Ariel – una società in crisi non vive alcunché di critico al mondo d'oggi. Essere in crisi è uno stato normale della condizione umana e sociale. Lo stato di crisi non equivale allo stato di decisione, bensì a quello di impossibilità della decisione. Penso che la maggior parte degli argentini si è sentita in crisi prima di arrivare a questo punto e ha cominciato a rialzarsi solo quando ha ripreso a prendere decisioni».

[2] Miguel Benasayag e Gérard Schmit, *L'epoca delle passioni tristi*, Feltrinelli, Milano, 2004.

Tra una riflessione e un'altra, le ore passano e gli invitati alla cena di Ariel non appaiono stanchi. Le conversazioni a Buenos Aires durano sempre fino all'alba. È molto raro che un *porteño* saluti i commensali prima che il sole sia sorto. Lo scambio di idee e pensieri è una necessità vitale. Stavo scoprendo una Buenos Aires colta, in continua ricerca, insaziabile di conoscenza e scaltra nell'avere usato la cultura come un'arma per sconfiggere il senso di catastrofe che li aveva spesso travolti. Nei giorni successivi alla bancarotta musei, cinema e sedi di associazioni culturali non chiusero, anzi divennero i luoghi per dibattere e analizzare in gruppo l'accaduto. Alcuni posti continuarono anche la loro programmazione artistica. Mentre Ariel prepara ancora cibi prelibati servendoli conditi di teorie filosofiche di Déleuze e Bergson e *dulce de leche*, il dolce di latte, Chiara, una cantautrice italiana molto apprezzata negli Stati Uniti e in Europa, di passaggio per Buenos Aires, comincia a comporre una canzone accompagnandosi con la chitarra.

«Quando inizio a scrivere un pezzo, la mia paura più grande è che il numero delle combinazioni possibili delle note musicali si esaurisca. Tutto nella vita è un gioco combinatorio, un montaggio di piccoli pezzi. Ma se gli incastri finiscono? Che si fa?» chiede accarezzandosi i capelli lunghi che le scendono sulla spalla sinistra. Interviene Ariel per rassicurarla: «La musica, come tutte le arti, non è esauribile. Chiara, cerchi l'Infinito? Allora muoviti passo passo in un sistema finito. Penso che l'uomo viva una contiguità invalicabile di infiniti istanti presenti che racchiudono in sé il principio dell'ansia di eternità. Ogni momento memorabile, poetico, creativo come può essere quello che viviamo ora, mette a nudo l'essenza dell'istante e ci consente di percepire la tensione verso l'infinito. Pensa che l'istante è eterno e che il tuo atto creativo tende all'infinito e troverai la combinazione giusta delle tue note. Anche Spinoza ci ha ricordato che l'uomo fonda la sua finitudine sull'infinito. L'essenza della nostra finitudine sta esattamente nella lotta che conduciamo per esistere per sempre, per diventare infiniti».

Quella notte Chiara scrive una canzone dal titolo *Infinito*. Non so se l'ha mai incisa e cantata al suo pubblico, ma assistere a quell'atto creativo spontaneo e necessario mi dà una nuova chiave per accedere alla città.

«Le canzoni, i film e gli spettacoli teatrali sono stati il principale vettore per la conservazione e la diffusione della Memoria a Buenos Aires, più dei libri di storia» sostiene Vera Vigevani Jarach. Ho avuto la fortuna di incontrare questa meravigliosa donna in Italia, durante uno dei suoi tour nelle scuole e i centri culturali per contribuire a mantenere viva la Memoria delle vittime della Shoah e della dittatura militare argentina. Vera è una piccola signora con la forza di un gigante. Dietro l'armatura di ferro che mostra al primo acchito, si nasconde un'anima morbida. I suoi occhi urlano dolore e poesia. Ascolta con attenzione e parla con precisione. Nata in Italia durante il fascismo in una famiglia di origini ebraiche, a 11 anni, dopo l'approvazione delle leggi razziali del 1938, emigra in Argentina con i genitori. Sposa l'ingegnere Jorge Jarach, anch'egli ebreo, che per 40 anni lavora come giornalista presso la sede dell'agenzia *Ansa* a Buenos Aires. Con lui ha una figlia, Franca, che il 25 giugno 1976, nel pieno della repressione della dittatura, viene fatta sparire durante una retata di studenti nel bar *La Esedra*. Solo molti anni dopo Vera viene a sapere che la figlia è stata gettata in pieno Oceano in uno dei *vuelos de la muerte,* i voli della morte, con i quali gli ufficiali di marina uccidevano i *desaparecidos* torturati. Vera è una delle fondatrici dell'associazione *Madres de Plaza de Mayo*, che dal 1977 chiede giustizia alla Casa Rosada, e oggi ama esser definita «militante della Memoria».

«L'Argentina è stata una nazione senza Memoria. Ha imparato poco dalla Storia e l'ha ripetuta – spiega Vera – Quando non si impara dalla storia, qualsiasi Paese può trovarsi a ripetere gli stessi orrori: stragi, genocidi, persecuzioni, violenza. Nella mia vita mi sono scontrata contro tanti muri di silenzio. Oggi qualcosa sta cambiando. Le nuove generazioni, alle quali parlo nelle scuole in Argentina e in Italia, mi dimostrano una grande voglia di conoscenza. Capiscono che non devono essere indifferenti a quello che è successo nel passato, ma che devono far tesoro della storia per trovare forme e strategie nuove che possano evitare la ripetizione di fatti già accaduti. Trasmettere la Memoria implica un grande impegno per chi la tramanda e ancor più forte per chi la riceve. Non è vero che i giovani di oggi sono spensierati ed egoisti, come molti pensano. Le classi che incontro ogni giorno mi dimostrano un intesse sincero. Negli sguardi e nelle domande di questi ragazzi io trovo la profonda comprensione dell'importanza di ricordare e far ricordare. Bisogna mantenere aperto un ponte tra noi e loro. Questo è il mio compito. Del resto è sempre stato così in tutte le culture antiche: la tradizione veniva tramandata oralmente dai cantastorie e dagli anziani. Io nutro quotidianamente la speranza che chi riceve le mie parole non le dimenticherà e in futuro le trasmetta ad altri».

Ci sono canzoni a Buenos Aires che sembrano libri di storia. Una di queste è *La Memoria* di León Gieco. Risale al 2001 ed elenca gli eventi che non bisogna dimenticare in Argentina. *Los desaparecidos que se buscan / con el color de sus nacimientos, / el hambre y la abundancia que se juntan, / el mal trato con su mal recuerdo. Todo está clavado en la memoria, / espina de la vida y de la historia. [...] Todos los muertos de la Amia / y los de la Embajada de Israel, / el poder secreto de las armas, / la justicia que mira y no ve. / Todo está escondido en la memoria, / refugio de la vida y de la historia*[3]. Lo stesso vale per i film. È il caso di *18-J*, pellicola uscita nel 2004 che raccoglie dieci cortometraggi realizzati da altrettanti registi[4] per ricordare gli attentati terroristici all'ambasciata israeliana e all'Amia e che mostrano i diversi momenti delle due tragedie facendo ascoltare le voce dei testimoni che rappresentano oggi la memoria storica dell'accaduto. Anche per ricordare l'incendio della *República de Cromañón* il regista inglese Charles McDougall, affiancato dallo sceneggiatore argentino Alejo Flah, sta lavorando a un film in cui intende raccontare i fatti della notte del 30 dicembre 2004 attraverso le storie di diversi protagonisti: una coppia, due amici, una madre e una guardia di sicurezza.

Al civico 2.790 della *calle* Viamonte, nel *barrio* Once, si trova la casa dove, dal 1925 al 1970, visse Bernardo Alberto Houssay, scienziato, medico e fisiologo nato il 10 aprile 1887 che per la prima volta, nel 1947, portò un premio Nobel a Buenos Aires, assegnatogli per le scoperte sulla regolazione del livello di glucosio da parte degli ormoni pituitari. Oggi la struttura ospita una fondazione dedicata alla sua figura e al suo lavoro grazie al quale la fisiologia è diventata la disciplina medica maggiormente sviluppata in Argentina. Houssay si laureò in farmacologia nel 1904 e nel 1909 in medicina. Dal 1912 si dedicò sia all'insegnamento della fisiologia, cattedra che occupò per gran parte della sua carriera, sia all'attività sperimentale. Le sue principali ricerche erano concentrate sulla fisiologia del sistema endocrino, in particolare sull'ipofisi. Dimostrò che i prodotti ormonali di questa ghiandola influenzavano molti processi dell'organismo. Distinse, inoltre, le diverse sostanze secrete dalle due porzioni ipofisarie e identificò il ruolo degli ormoni ipofisari nel metabolismo dei glucidi e nell'insorgenza del diabete mellito. Fu molto attivo nel campo accademico ma la sua vita fu influenzata dagli eventi politici degli Anni '40. Dopo il colpo di stato del 1942, a causa

[3] I *desaparecidos* che si cercano / con il colore della loro nascita / la fame e l'abbondanza che si uniscono, / il cattivo trattamento con il loro brutto ricordo. / Tutto si fissa nella memoria / spina della vita e della storia. [...] / Tutti i morti dell'Amia / e dell'Ambasciata di Israele, / il potere segreto delle armi, / la giustizia che guarda e non vede. / Tutto è nascosto nella memoria, / rifugio della vita e della storia.

[4] I registi di *18-J* sono Daniel Burman, Israel Adrián Caetano, Lucía Cedron, Alejandro Doria, Alberto Lecchi, Sergio Renán, Marcelo Schapces, Carlos Sorín, Juan Bautista Stagnaro, Adrián Suar e Mauricio Wainrot.

della sua posizione favorevole ai democratici, fu allontanato dall'attività accademica che riprese solo dieci anni dopo. Espulso dalla cattedra, Houssay fondò l'Istituto di biologia e medicina sperimentale. Nel 1947 divenne socio straniero dell'Accademia dei Lincei. Houssay formò anche tanti giovani, tra cui Luis Federico Leloir che ricevette il Nobel per la Chimica nel 1970. Morì l'anno dopo lasciando la sua sapienza alla nazione.

Un'altra personalità conosciuta in tutto mondo nata nel *barrio* Once è Daniel Barenboim. «Oltre a essere stimato per il suo talento pianistico e di direttore d'orchestra è noto per il suo coraggio – dice Ariel – I suoi genitori erano immigrati russi di origini ebraiche che, nel 1952, quando aveva 10 anni, decisero di lasciare l'Argentina e trasferirsi in Israele. Barenboim ha, quindi, vissuto in Israele, considerando quella terra la sua patria, e ha viaggiato per il mondo con un passaporto israeliano. Già dagli Anni '60, però, non si è sentito più a suo agio in Israele a causa del conflitto arabo-iraeliano, e così nel 2007 ha deciso di prendere anche il passaporto palestinese in segno di pace. Avere un doppio passaporto per lui era "la prova vivente del fatto che solo una risoluzione pragmatica che preveda due Stati può assicurare la pace a quella regione", così ha detto».

Incontro Barenboim a Roma, in occasione della presentazione di un libro[5]. In abito scuro, camicia bianca, cravatta rosa, parlantina ammaliante e convincente, tiene a ripetere che per lui il conflitto tra il popolo israeliano e quello palestinese è «umano, non politico». Le sue parole sembrano la richiesta di risveglio collettivo e di dialogo sia nell'ambito della politica internazionale sia in quello della coscienza individuale. «Il dialogo non garantisce l'armonia perfetta, ma crea le condizioni necessarie per la cooperazione».

Barenboim considera la musica un modo per imparare la vita e costruire la pace. Per realizzare il suo sogno nel cassetto, la convivenza pacifica e armoniosa tra Israele e Palestina, nel 1999 ha fondato insieme all'intellettuale palestinese Edward Said il workshop *West-Eastern Divan*, che ogni estate riunisce giovani musicisti d'Israele e dei Paesi arabi per lavorare insieme in un'orchestra, oggi famosa in tutto il mondo come *West-Eastern Divan Orchestra*. Nel 2005 l'*ensemble* tenne addirittura un concerto a Ramallah, in Palestina, trasmesso in televisione e registrato su un dvd andato a ruba. Oggi l'orchestra è il simbolo di un dialogo possibile tra il popolo palestinese e quello israeliano. Nel 2002 a Oviedo, in Spagna, Barenboim ricevette il prestigioso *Príncipe de Asturias*, riconoscimento del suo impegno per la pace, per il progetto di

[5] Daniel Barenboim, *La musica sveglia il tempo*, Feltrinelli, Milano, 2008.

educazione musicale nei territori palestinesi, che comprende la fondazione di un asilo musicale e l'istituzione di un'orchestra giovanile palestinese.

Questo pianista prodigio, sin da ragazzino venne considerato un talento unico. Diede il suo primo concerto di pianoforte a Buenos Aires all'età di 7 anni e a 11 – per lui un anno di svolta – è già a Salisburgo per partecipare alle lezioni di Igor Markevitch. Durante l'estate del 1954 incontrò Wilhelm Furtwängler che quando lo sentì suonare disse: «Il ragazzo Barenboim, all'età di 11 anni, è un fenomeno…». Nei due anni successivi studiò armonia e composizione e debuttò come pianista a Vienna e a Roma, poi a Parigi, a Londra e a New York, nel 1957. Da quel momento ebbe regolari *tournée* in Europa, negli Stati Uniti, in Sud America, in Australia e in Estremo Oriente e cominciò a incidere i primi dischi come pianista. Nel 1966 incontrò la violoncellista Jacqueline du Pré e se ne innamorò. Lei si convertì all'ebraismo e i due si sposarono un anno dopo a Gerusalemme. Nel 1973 debuttò in campo operistico con *Don Giovanni* di Mozart al Festival di Edimburgo. La sua musica ha fatto il giro del mondo e dal 2007 una delle sue tappe fisse è l'Italia perché ha avviato una collaborazione con il Teatro alla Scala di Milano in qualità di Maestro scaligero.

«Il nome di Barenboim nel mondo è simbolo di Pace – aggiunge Ariel – Rispetto alla risoluzione del conflitto arabo-israeliano si definisce un pessimista a breve termine, ma un ottimista a lungo termine. E se gli chiedi: "Cosa ti dà speranza?" Lui risponde: "La musica. Perché davanti a una sinfonia di Beethoven, al *Don Giovanni* di Mozart o *Tristano e Isotta* di Wagner tutti gli esseri umani sono uguali"».

Esistono *tour* organizzati a Buenos Aires esclusivamente per gruppi di turisti ebrei che ripercorrono le zone della città più significative per il mondo ebraico, da quartieri come el Once, fino a zone come Barracas, dove si può visitare la sinagoga sefardita. Il luogo della Memoria ebraica maggiormente visitato è il museo dell'Olocausto, al civico 919 della *calle* Montevideo, rigorosamente chiuso il sabato. «L'obiettivo della Fondazione Memoria dell'Olocausto è di mantenere viva la conoscenza che è esistita una Shoah che ha ucciso sei milioni di ebrei» si legge sul sito internet della Fondazione, la cui attività si articola nella gestione di un archivio di documenti, nella pubblicazione della rivista *Nueva Memoria* e in un vasto programma di iniziative culturali ed educative. «Il dovere della Memoria – si legge – è come un mandato etico per le nuove generazioni. Dobbiamo ricordare il passato e trasmetterlo a chi non lo conosce». Ma, come sottolinea l'antropologo

Daniel Barman «è vero che si vuole trasmettere la memoria della Shoah attraverso le testimonianze dei sopravvissuti, l'editoria e gli sforzi di istruzione e delle commemorazioni, ma non si riesce a oltrepassare la formalità. In realtà, al di fuori del nucleo di persone già predisposte e ricettive nei confronti di questo argomento, la storia dell'Olocausto non diventa rilevante per la maggior parte della popolazione e, in particolare, a livello di massa nei ceti popolari. In parte, questo può essere dovuto al fatto che il messaggio che si trasmette non riesce a collegare la sofferenza delle vittime, perché successo in tempi e luoghi remoti, con altre forme di discriminazione e di persecuzione più vicine alle esperienze di persone provenienti da questi settori».

La *memoria perdida* a Buenos Aires può essere nascosta, sepolta nei luoghi più impensati e nei meandri più profondi dell'inconscio collettivo ma può bastare cantare l'inciso di una canzone o rivedere qualche sequenza di un film per farla riemergere.

Capitolo decimo
Non solo tango

Non desiderare la casa del tuo prossimo;
non desiderare sua moglie, né il suo schiavo,
né la sua schiava, né il suo bue, né il suo asino,
né cosa alcuna cosa che appartenga al tuo prossimo
(Decimo Comandamento secondo la tradizione ebraica,
tratto dal testo dell'Esodo)

«Conosci la storia di Tanguito?» mi chiede un'anziana minuta con il viso scavato da rughe profonde mascherate dal trucco poco appariscente, mentre sorseggia un caffè nel bar *La Perla*. La donna ha degli occhiali con la montatura spessa e scura e i capelli bianchi raccolti in uno *chignon*. Tra un sorso di caffè e un pasticcino giocherella freneticamente con una penna. «A Buenos Aires tutti scrivono appunti e annotano pensieri» dice, con un sorriso triste, volgendo lo sguardo verso un quaderno nero con le pagine bianche sul tavolino. Fa una pausa, poi riprende la danza tra le mani e la penna: «È un'abitudine antica, diffusasi negli Anni '60. I giovani dell'epoca, gli *hippy* argentini, avevano in tasca sempre un quaderno e una matita per scrivere il verso di una canzone ascoltata alla radio, le parole di una poesia o una frase del libro appena finito per poi leggerle agli altri e condividere conversazioni sul senso della vita che duravano fino all'alba».

Il nome della donna è Dolores. Faceva parte del gruppo di *hippy* che frequentava *La Perla* negli Anni '60 e '70 e ancora oggi ama le canzoni dell'epoca come *La Balsa*, uno dei brani più popolari della storia della musica *rock* in *castellano*. «Tanguito scrisse *La Balsa* nel bagno de *La Perla* in una notte del 1967 su un *papelito*, un foglio di carta come questo» racconta Dolores, mostrando una pagina bianca del suo quaderno. La osservo incuriosita mentre penso che le *toilette* dei locali a Buenos Aires sono luoghi ideali per fare filosofia. Mi accomodo al suo tavolino, ordino un altro caffè e mi predispongo all'ascolto. «Quando Tanguito uscì dalla *toilette* lesse il suo testo, entusiasta dell'ispirazione di quel momento. La canzone fu musicata solo qualche giorno dopo dall'amico Litto Nebbia». Dolores fa un'altra pausa, sospira e dice: «Erano anni meravigliosi quelli, liberi e felici. Tanguito era il capobanda ma con lui c'erano tanti altri amici infervorati dall'alcol e dalla droga, come Moris, Javier Martínez, Alejandro Medina, Pipo Lernoud, Billy

Bond, Miguel Abuelo, Horacio Martínez, Charly Camino, Carlon Mellino, Los Gatos, Ciro Fogliatta. Ogni notte era un naufragio nei propri sogni».

La Perla si trova a *plaza* Miserere, all'angolo tra Jujuy e Rivadavia. All'epoca di Tanguito era il rifugio di intellettuali, poeti e scrittori, tra cui Cortazar e Borges, che qui incontrava il suo maestro, oltre che di musicisti e cantanti che non riuscivano a dormire e sfogavano i loro tormenti bevendo e scrivendo. Dalla fine degli Anni '60 divenne il ritrovo della generazione di artisti che si esibiva a *La Cueva*, un bar-teatro situato al civico 1.723 dell'*avenida* Pueyrredón. Al termine di ogni concerto era un rito riunirsi per bere l'ultimo drink a *La Perla*. C'erano 17 *cuadras* da percorrere tra i due locali. La maggior parte andava a piedi, Tanguito prendeva sempre un taxi. Salire al volo su un'auto gialla era la sua passione, anche se non aveva mai i soldi per pagare. «Tanguito era sempre *sin centavo*, senza un centesimo – sottolinea Dolores – Chiedeva soldi in prestito a tutti, tanto che a un certo punto fu soprannominato *prestame cien pesitos*, prestami cento *pesos*. Ma dopo un po' nessuno più gli dava in prestito né denaro né altro, perché nulla tornava mai indietro. Gli abitanti del quartiere dove era nato, il *barrio* Caseros, lo consideravano un extraterrestre, *uno que caminaba por la calle vestido con una malla de baile y con un gorro de baño en la cabeza*, uno che camminava in strada vestito da ballerino e con un asciugamano sulla testa. In effetti, era un personaggio sopra le righe».

Mentre sorseggia il suo caffè ormai freddo, Dolores canticchia *La Balsa*: *Estoy muy solo y triste / en este mundo abandonado / tengo la idea: es de irme al lugar que yo mas quiera. / Me falta algo para ir pues caminando yo no puedo / construiré una balsa y me iré a naufragar. / Tengo que conseguir mucha madera / tengo que conseguir de donde pueda. / Y cuando mi balsa esté lista partir hacia la locura / con mi balsa yo me iré a naufragar*[1]. «*La Balsa* è un inno romantico al naufragio, all'ubriachezza, alla pazzia, alla fuga» dice. Le sue sopracciglia hanno un sussulto e gli occhi si riempiono di luccichii che sembrano nascondere un amore segreto per il cantante. Tanguito era una persona stravagante e impulsiva, considerato un ribelle perché non accettava le regole e aveva sempre voglia di scappare, sin dai tempi della scuola elementare, che terminò a fatica. Iniziò a frequentare la scuola secondaria, che a un certo

[1] Sto solo e triste / in questo mondo abbandonato / mi viene un'idea: andarmene dove più mi piace. / Mi manca qualcosa per andare perché non ci posso arrivare a piedi / costruirò una zattera e me ne andrò a naufragare. / Devo trovare / trovare molto legno / devo trovarlo a tutti i costi. / E quando la mia zattera sarà pronta partirò verso la pazzia / con la mia zattera me ne andrò a naufragare.

punto lasciò per mettersi a studiare giardinaggio. Nella testa aveva solo canzoni. La prima opportunità per entrare nel mondo della musica arrivò nel 1963 quando venne reclutato dal gruppo Los Dukers, occasione che gli aprì le porte per incontrare altri musicisti: Sandro e Los de Fuego, Los Pick Ups e Los Bobby Cats, Giuliano Canterini (Billy Bond). Il suo debutto discografico come voce solista fu con Los Dukers nella primavera del 1963. Aveva 18 anni. Incise due canzoni, *Decí por qué no querés* di Palito Ortega e Dino Ramos, e un brano suo, *Mi pancha*. L'anno successivo registrò con la stessa band *Carnaval carnaval* di Ball e Roger e *Maquillada* di Freddie Cora, ma già cominciava a sognare un disco da solista. Tanguito si era scelto anche un nome d'arte da presentare alla Rca, *Ramsés VII*. La sua carriera da solista inziò dopo la partecipazione all'iniziativa del giornalista Miguel Grinberg che riunì vari musiscisti per il concerto *Aquí, allá y en todas partes*, organizzato al Teatro *La Fábula* sulla *calle* Agüero 444 nel dicembre 1966. In questo spettacolo Tanguito cantò sia in inglese classici del *rock'n'roll*, come *Tutti frutti* di Little Richard, sia brani come *Perro feroz* di Leiber e Stoller e sfruttò questo palco come un'ottima vetrina per mostrare il suo talento dirompente.

Il 3 luglio 1967 Tanguito registrò *La Balsa* per la Rca con Los Gatos realizzando il suo sogno. La gioia, però, durò poco perché, a soli venti giorni da questa *session* gloriosa, la polizia fece irruzione a *La Cueva* per un controllo e chiuse il locale mettendo i sigilli alle speranze di tanti giovani. «Il locale aperto nel 1923 con il nome di *Jamaica*, poi fu ribattezzato *El Caimán* e *La Cueva de Pasarotus* – racconta Dolores – Solo nel 1964, dopo una ristrutturazione, diventò semplicemente *La Cueva* e non ospitò più spettacoli di cabaret, ma musica. Nel pieno della dittatura militare del presidente Arturo Illia, nota come Rivoluzione Argentina, per prevenire lo spaccio di droga e il verificarsi di episodi contro la moralità, la polizia cominciò una serie di controlli nei bar della città e prese di mira *La Cueva*, decidendo di chiuderla in seguito a numerose contravvenzioni e cause penali. Calò così il sipario su un palcoscenico importante della storia della musica di Buenos Aires dell'epoca. *La Cueva* non era solo il luogo che ospitò la nascita del *rock nacional*, il *rock* cantato in *castellano*, ma anche lo spazio in cui i musicisti argentini sviluppavano la loro identità. Sul suo palco si esibirono tanti artisti, noti e meno noti. Esattamente quando *La Cueva* cambiò nome e gestione, arrivò a Buenos Aires la cosiddetta "invasione britannica", l'onda di canzoni di gruppi inglesi, primi fra tutti i Beatles, tradotte e cantate in *castellano*. I giovani stavano vivendo un periodo di particolare fermento creativo, divertimento e libertà di espressione e fu proprio in quel momento che i rappresentanti del governo cominciarono a fare controlli ferrei in bar e discoteche. La polizia irrompeva durante i concerti arrestando alla cieca ragazzi e ragazze. "Ci facevano sentire guerriglieri e allora combattevamo..." mi disse un giorno l'amico Billy Bond. In realtà c'era poco da fare: era cominciata la violenta repressione dell'"Operazione Ariete", continuata per tutta la dittatura fino al 1983. Le forze armate capeggiate da Videla avevano un piano ben preciso: il massacro degli argentini e la repressione di ogni forma di democrazia. Come potevamo salvare la libertà della musica? Stava iniziando la *guerra sucia*, la guerra sporca...».

Quando *La Balsa* uscì nei negozi di dischi, il nome di Tanguito era già sulla bocca di tutti. Il suo talento e la personalità estrosa e ribelle avevano conquistato un vasto pubblico e la canzone divenne l'*hit* dell'inverno 1968. Fece segnare due record: disco più venduto e brano più trasmesso dalle radio. «Tanguito in quel momento era anche innamorato – dice con tono malinconico Dolores – Molte delle sue canzoni sono ispirate alla fidanzata, Mariana». In quel periodo incise altri due pezzi, gli unici incisi da solista, *La princesa dorada* e *El hombre restante*. L'album a nome di *Ramsés VII* con questi brani uscì tre mesi dopo, ma senza l'appoggio della diffusione della Rca. Fu un insuccesso di vendite e segnò l'inizio del declino di Tanguito. La delusione lo portò ad aumentare l'uso di droghe per sentirsi più forte, ma questo gli provocò continui sbalzi di umore e reazioni violente. Nonostante la depressione frequentava gli studi della Tnt, registrò alcuni brani per l'etichetta Manioca e cominciò a pensare a un nuovo progetto: registrare un disco solo con l'accompagnamento della chitarra acustica. Iniziò a lavorarci ma non riuscì a completarlo. Solo la canzone *Natural* fu utilizzata e inserita nella raccolta *Pidamos peras a Manioca*, uscita nella primavera del 1970. Non diede a questa partecipazione molto valore e cominciò a vagabondare, alternando periodi di detenzione a ritorni alla libertà. La polizia lo puntò e ogni occasione era buona per mandarlo in prigione, al Carcere Devoto, sempre con le stesse accuse: uso di sostanze stupefacenti e disturbo della quiete pubblica. Nel febbraio 1971 fu addirittura accusato di essere capo di una banda di narcotrafficanti e fu portato all'unità penitenziaria dell'ospedale Borda, e fu sottoposto a elettroshock. Nel maggio 1972 fu dichiarato infermo mentale. Dopo pochi giorni, esattamente il 19 maggio, Tanguito riuscì a scappare dall'istituto all'alba e, poche ore dopo, fu trovato morto sui binari del treno del Ferrocarril San Martín, vicino alla Stazione Palermo. Aveva 27 anni. Quel treno era diretto a Caseros, il quartiere in cui era nato e in cui viveva la sua famiglia. I giornali diedero poco risalto alla notizia della sua morte. Nessun poliziotto indagò mai sulle cause del decesso. Nessun amico cercò la verità: suicidio, omicidio o incidente? Oggi rimane il mistero di quell'alba del 1972. Si dice che Mariana, la musa ispiratrice delle sue canzoni d'amore, continuò ad amarlo, ma anche lei non fece nulla per dare dignità a un piccolo-grande mito della musica argentina.

La figura di Tanguito ebbe nuovo splendore 21 anni dopo la sua scomparsa grazie all'uscita del film, *Tango Feroz. La leggenda di Tanguito*, arrivato nelle sale in Argentina nel 1993 e subito diventato un cult. La pellicola era firmata da un giovane regista, Marcelo Pineyro, alla sua opera prima, che fu abile nel restituire all'artista l'alone di eroicità che ne aveva caratterizzato la vita e farne un ritratto profondo e delicato, sincero e malinconico, raccontando sullo sfondo la nascita del *rock nacional*.

«Non si ascolta solo tango a Buenos Aires! – esclama all'improvviso Dolores – Purtroppo, però, quando si parla di musica, l'immagine della nostra città nel mondo è fortemente legata al tango. È vero che per molte decadi è stata la colonna sonora di Buenos Aires, ma parallelamente si scriveva e ascoltava anche altra musica». Frugando tra le cartoline e gli opuscoli ammucchiati sul bancone de *La Perla* ho l'impressione che il tango continui a essere il genere musicale privilegiato in città. Figure di ballerini primeggiano sulla maggior parte degli inviti a disposizione dei clienti. Tra questi, però, ne noto uno senza immagini che riporta esclusivamente l'indirizzo del concerto e una frase: *Qué Buenos Aires sería el del 2008 si la miseria, la estupidez y la corrupción, no hubieran degradado la cultura, hasta dejarla en ruinas? Hypnofón es la manifestación de un futuro posible que no ha sido posible, un error en la matriz del espacio-tiempo*[2]. Il nome del gruppo, Hypnofón Orchestra diretta dal violista Alejandro Terán, è specificato solo sul retro del biglietto.

Un errore spazio-temporale? Che significa? Decido di andare al concerto che si tiene quel giorno a *plaza* Miserere. Mi basta attraversare la strada per unirmi alla folla che aspetta l'orchestra. Sono circondata da gruppi di giovani seduti sull'erba, anziani accomodati sulle panchine e altre persone in piedi che sorseggiano birra. I muscisti arrivano insieme a un bel venticello, che fa ondulare le gonne e i capelli lunghi delle ragazze e volare via i cappelli degli anziani. Sembra che questa brezza sia arrivata per portare la musica dell'orchestra altrove. Insieme al vento cala il silenzio e pochi minuti dopo

[2] Che sarebbe la Buenos Aires del 2008 se la miseria, la stupidità e la corruzione non avessero distrutto la cultura, fino a lasciarla in rovina? Hypnofón è la manifestazione di un futuro possibile che non è stato possibile, un errore spazio-temporale.

ha inizio un viaggio nei diversi luoghi evocati dai suoni. Il percorso è uno zig-zag tra sonorità antiche e moderne. Ogni brano è la tappa di un'esplorazione che conduce in diverse fasi della storia argentina, ognuna marcata dal passaggio repentino e brusco tra ritmi, melodie e atmosfere diverse: tango e cumbia, canzoni da salone da ballo e evocazione di figure mitologiche, suoni psichedelici e icone extraterrestri, mondi reali e immaginari. La musica della Hypnofón è una *mezcla* armoniosa di passato e futuro e sembra nascondere un segreto: espressione perfetta del *barrio* Once. Sono mescolati sapientemente vecchi inni patriottici come *Aurora*, usato in Argentina per issare la bandiera, le emozioni perse della generazione *beat* riportate in *Marcianita*, la *Rubias de New York*, brano che Carlos Gardel scrisse negli Stati Uniti, la storia dell'immigrante italiano che nel 1913 scopre di avere un figlio assassino, riproposta con tono ironico e malinconico in *Velorio De Fiore Godino*.

Al termine del concerto faccio i complimenti ad Alejandro Terán e gli chiedo di raccontarmi la storia dell'*ensemble*. «Recuperiamo musica in estinzione e la riproponiamo in forma contemporanea – dice – Siamo un'orchestra antica catapultata nel futuro che esprime la modernità del presente attraversando Spazio e Tempo. Non siamo assolutamente un *remake* delle antiche orchestre di Buenos Aires, ma una *búsqueda caprichosa del gen argentino,* una ricerca capricciosa del genio argentino».

Anche l'aspetto di Alejandro evoca un miscuglio armonioso di passato, presente e futuro: cappello in testa, *gilet* scuro fuori moda, sguardo sognatore e ironico, mani grandi e affusolate, atteggiamento autoritario e accomodante. Il musicista si presenta come l'incrocio tra un *gaucho* di campagna e un sofisticato direttore d'orchestra sinfonica. Ha vissuto, insieme alla moglie, la cantante María Gonzales, e alla figlia Isabella, per un decennio nel *barrio* Palermo prima di trasferirsi a el Once, sulla *calle* Bartolomé Mitre, a poche *cuadras* dal bar *La Perla*.

«Palermo è quartiere di classe media dall'ambiente *fashion* e *hippy* affetto dalla sindrome di Stoccolma: *el secuestrado, la cultura argentina, se enamora del captor, la trasculturalización*, il sequestrato, la cultura argentina, si innamora del suo sequestratore, la transculturalizzazione! – dice – El Once, invece, è agli antipodi. È sporco, brutto, disordinato, povero, pericoloso, ribelle, disperatamente *tanguero*, multi-etnico e abitato dai dimenticati, gli oppressi e da chi ha fallito nella scalata sociale, ma anche assolutamente un *barrio* magico. Le sue *avenidas* sono affollate da truffatori, prostitute, trafficanti, ladri, travestiti e ubriachi, eppure in nessun altro posto mi sono sentito così a mio agio e sicuro». Alejandro ha formato la Hypnofón nel 2005 riunendo intorno a sé musicisti provenienti di diversi Paesi ed esperienze musicali. «Il nome nasce dalla definizione dell'Hipnófono, una persona che canta e balla nel sogno, letta su un vecchio dizionario del 1912, il *Diccionario Enciclopédico Hispanoamericano* che io e Maria trovammo per caso nello scantinato di una casa di famiglia – racconta – Anni dopo abbiamo scoperto che questo termine curiosamente era stato cancellato dai dizionari moderni ed è stata proprio questa strana sparizione a ispirarci. L'errore è *en la matriz de la realidad*, una matrice della realtà, il futuro possibile che non è stato possibile, gli infiniti vettori spazio-temporali che convivono simultaneamente... Tutto questo ci ha fatto immaginare un'orchestra che attraversava l'Oceano e appariva in un altro punto, in un luogo dove le orchestre non esistono».

Alejandro in scena suona la viola da braccio, il clarinetto e il sassofono tenore, ma quando è solo a casa si diverte a strimpellare altri strumenti. «Il violino *muy mal*, molto male – dice – il violoncello, se qualcuno glielo presta, *muy mal*; il piano, che usa come mappa, *muy mal*; la chitarra, perché un *porteño* che non suona la chitarra è *porteño* a metà; il basso elettrico, perché ne ho uno a casa ed è estremamente piacevole da suonare restando sul sofà, e infine le *congas* latine, con le quali si può suonare un giorno intero lo stesso ritmo senza fermarsi e finire in *trance*». Mentre Alejandro parla, ripone nella custodia la viola da braccio, saluta i colleghi e mi invita a casa sua per regalarmi una copia del loro cd dal titolo *El Futuro*. L'appartamento di Alejandro somiglia a un museo di oggetti antichi e unici. Libri, riviste, cd e dischi in vinile, strumenti musicali, statuette, stendardi, fotografie, poster, bottiglie e bicchieri dalle svariate forme, tende, ninnoli e incensi padroneggiano sopra ogni mobile e nessuno spazio delle pareti è lasciato vuoto. Mi porta con orgoglio il cd. La copertina è rossa e raffigura un volto di donna sulla sinistra e una porta che lascia intravedere sulla destra due persone che parlano. È stato pubblicato nel 2007 dalla brillante etichetta *porteña Los Años Luz Discos* e ha il sapore fantastico e *callajero* tipico di Buenos Aires e della casa dove mi trovo. «La musica deve girare, lo porterò in Italia» gli dico accettando il dono.

«Le orchestre che non fanno tango in Argentina non hanno una vita facile – spiega Alejandro – Il concetto di orchestra popolare nata con funzione sociale di aggregazione e svago è praticamente sparito per questioni culturali ed economiche. I giovani oggi ballano solo con la musica dei dee-jay. Il panorama economico in Argentina è deprimente. La stessa Hypnofón, per esempio, non ha sponsor per mantenersi. Vive con gli spettacoli e la vendita dei cd. Questo è un tema delicato, va oltre le critiche etiche ed estetiche e affonda in una problematica integrale. Che spazio c'è a Buenos Aires per un artista che preferisce tenersi fuori dalla macchina delle imprese e del governo? In che modo ci sarà l'evoluzione culturale dell'Argentina in questo secolo? Se la musica dell'Hypnofón non può essere catalogata come sperimentale, di sicuro può esserlo la sua esistenza. Siamo come un miracolo di San Expedito». «Buenos Aires sta perdendo la sua identità culturale – aggiunge – Si sta *latinoamericanizzando*. I vecchi maestri tanghèri stanno morendo, i rockettari resistono come possono in una vita di eccessi, gli artisti giovani si dividono le sterili produzioni industriali delle compagnie discografiche. La miseria che ha distrutto la classe media colta, ha però dato nuovi stimoli alla musica popolare rappresentata dalla *cumbia villera*, diffusa nelle *villas de emergencia* e nelle *favelas*, e le bande *rolingas*, più urbane. La *cumbia villera* è una specie di hip hop dei quartieri poveri, interpretata da artisti molto talentuosi. Pablo Lescano è uno di questi. È autore della colonna sonora eccellente del film *El Bonaerense* di Trapero. La musica *rolinga* deriva dal culto quasi religioso verso i Rolling Stones ed è suonata nei quartieri popolari da musicisti come Pity Alvarez e Viejas Locas».

La maggior parte degli attuali investimenti di sponsor nazionali e internazionali sulla musica in Argentina sono concentrati su spettacoli di tango, che rappresentano uno dei principali affari del Paese. A partire dal 2001, l'attrazione nutrita dal mondo per questo genere musicale è stata sfruttata da molti come salvagente per non affondare nella miseria, sia sfruttando turisticamente l'universo *tanguero* per accontentare curiosi e appassionati di tango sia partendo con le scarpe da ballo in valigia per insegnare ballo, canto e musica all'estero.

Questo processo, però, esigeva la cristallizzazione del tango. Il tempo andava fermato perché quello che attirava i turisti era il passato glorioso: le melodie di Osvaldo Pugliese e Julio de Caro, l'immagine di Gardel, l'abbigliamento *demodé* dei danzatori, le rose nei capelli e la galanteria maschile perduta. Così la città fu contagiata da un inconscio blocco del tempo dettato dalla necessità della sopravvivenza, tanto che ancora oggi è possibile incontrare tassisti che ascoltando Carlos Gardel, commentano: «Canta meglio ogni giorno!», come se il cantante fosse vivo. Lo stesso blocco del tempo si avvertiva entrando nelle milonghe della città. Ballerini di tutte le età erano abbigliati come i danzatori di inizio Novecento: gonne con spacco laterale e scarpe rosse con tacchi a spillo per le donne e camicia e panciotto nero per gli uomini. Lo stretto legame della città all'antica immagine del tango, quella degli anni d'oro, era evidente anche dalle reazioni scatenate dall'entrata in scena di compositori rivoluzionari come Astor Piazzolla che si distaccavano dagli antichi standard e trattavano il tango come una materia viva, capace di trasformarsi ed evolversi stilisticamente e concettualmente. Ancora oggi si incontrano persone che, quando sentono la musica di Piazzolla, esclamano: «Ma questo non è tango!».

La vita di Piazzolla mi riporta al numero 11. Come per Carlos Gardel e Julio De Caro, anche la data di nascita del musicista e compositore di *Libertango* cade l'11. Piazzolla nacque l'11 marzo 1921 a Mar del Plata da genitori italiani arrivati in Argentina dalla Puglia. Il suo nome passò alla storia come l'uomo che ha infranto una delle regole principali di Buenos Aires: «Tutto si può cambiare, tranne il tango». Piazzolla toccò proprio quello che non si poteva toccare, la colonna sonora della città che i *porteños* volevano tenere immobile nel tempo. Affondando le mani nelle viscere di Buenos Aires, diede nuova linfa vitale alla sua musica inventando il *nuevo tango*, il tango nuovo, un genere contaminato da elementi jazz e dal suono di strumenti mai utilizzati prima, come il flauto, il sassofono, la chitarra elettrica, gli strumenti elettronici e la batteria *jazz*. I musicisti e gli studiosi più conservatori lo accusarono di aver mischiato con il tango elementi a esso estranei, pur lodando il suo ingegno e considerandolo il più importante musicista della seconda metà del ventesimo secolo in Argentina. Piazzolla, soprannominato *El Gran Ástor* o *El Gato* aveva attraversato in pieno l'universo tanghèro suonando in strada e nei cabaret, nell'orchestra di Gardel e in quella di Troilo. Poi andò oltre. La sua storia è lunga e ricca di evoluzioni. Si pensa abbia scritto più di 3.000 brani anche se ne registrò solo 600. Dal 1924 al 1937 visse con i genitori a New York, dove incontrò Carlos Gardel che lo invitò, appena quattordicenne, a incidere vari temi per il suo film *El dia que me quieras*. Nel 1937 tornò a Buenos Aires, dove iniziò a lavorare come *bandeonista* e arrangiatore con Anibal Troilo. Nel 1946 formò la sua prima orchestra, si dedicò alla musica da concerto e compose opere da camera e da grande orchestra. Nel 1950 decise di dedicarsi alla composizione e vinse numerosi premi con *Rapsodia porteña* e la sinfonia *Buenos Aires*. Andò poi a Parigi e dopo un breve rientro a Buenos Aires visse per un periodo a New York. Nel 1960 tornò a Buenos Aires, sempre più convinto che il tango fosse una musica da ascoltare e non da ballare. Tenne concerti, incise dischi e compì numerose *tournée*. Nel 1967 scrisse la piccola opera *María de Buenos Aires*, con cui intraprese una nuova strada: il tango-canzone. Nel 1969 il tema *Balada para un loco* divenne il maggior successo dell'anno in diversi Paesi sudamericani, battendo tutti i record di vendita in Argentina.

Questo genere, apparentemente più commerciale, gli diede la possibilità di avvicinarsi al grande pubblico e i suoi concerti furono apprezzatissimi. Nel 1971 la Municipalità della città di Buenos Aires lo scritturò per due anni per dare concerti in tutta l'Argentina e all'estero, e il 17 agosto 1972 tenne per la prima volta un concerto nel celebre *Teatro Colón* di Buenos Aires. Morì a Buenos Aires il 4 luglio 1992. Ha avuto importanti riconoscimenti postumi come la *nomination* al Grammy Award nel 1993 nella categoria *Best Instrumental Composition*; nel 1998 il brano *Libertango* vinse il Grammy Award sempre come miglior composizione strumentale dell'anno. «Sono stanco di sentire dire che quello che faccio non è tango – diceva – e siccome sono infastidito, vi dico che va bene, che quello che faccio è musica di Buenos Aires. Allora come si chiama? Tango. Pertanto quello che io faccio è tango».

Il giorno seguente al concerto della Hypnofón Orchestra torno a *La Perla*. Come se facesse parte dell'arredamento del locale, la signora Dolores è ancora lì. Siede allo stesso posto del giorno prima. Sul tavolo ci sono sempre una tazzina di caffè, un piatto di pasticcini e il quaderno nero. Lo apre e mi dice: «Oggi ho scritto una poesia su musica e dittatura che dice: *Stella piena di vento, grido della pioggia, il canto nella cascata risuona nel suo scorrere. Vedo le chiavi della luna, delle foglie, delle gocce, e d'improvviso l'ombra delle nuvole, l'orecchio sordo, il cielo scuro. China nella notte, d'improvviso sento calar le tenebre, l'acqua si secca, il suono è muto, la musica finita*». «Tutti siamo poeti, sai! Peccato però che i poeti spesso scrivono quello che non fanno e, pur essendo parte dell'inconscio della nazione, in quest'epoca sono troppo spesso dimenticati» dice Dolores, porgendomi il foglietto di carta con la sua creazione. È un dono per me: la poesia infatti non è di chi la scrive, ma di chi ne ha bisogno e la usa.

Il mondo ha bisogno di immaginazione. È per questo che molti scrittori e poeti sono convinti che la letteratura e la poesia possano contribuire a salvarlo. Per leggere pienamente, infatti, è necessario saper creare immagini nella propria mente. Dolores mi fa ricordare di una poetessa argentina, Delfina Muschietti, conosciuta mesi prima in Italia, che mi aveva regalato molte immagini con le sue parole. Per lei «la poesia è un furto al furto dell'oblio che impera nella nostra quotidianità. Ci permette di recuperare parti di noi stessi dimenticate e di dargli un senso. La poesia non si capisce, devi lasciarla arrivare. Si legge a voce alta e poi si aspetta che arrivi a te. Apre la percezione della Memoria, quella assoluta, quella cancellata».

Il dono fattomi da Dolores è un regalo anche per se stessa: leggendomi quella poesia ha aperto nuove porte della sua Memoria. «Sai, dopo la morte di Tanguito – dice – la musica a Buenos Aires cambiò molto. Cominciò una nuova era, quella del movimento acustico. Sulla scena c'erano nuovi protagonisti e tra il quali il grande Charly García che, insieme a Nito Mestre, formò i Sui Generis, la band principale del nuovo sviluppo della musica argentina. Ogni nuovo cd di García era atteso con impazienza e se la radio passava una sua canzone, tutta Buenos Aires si femava ad ascoltare. Era considerato un dio. Mentre i Sui Generis portarono il *rock* classico e acustico verso un suono più elettronico e viscerale, vedeva la luce anche una scena *underground*, sotterranea, caratterizzata da suoni ancora più sperimentali che portò nel 1975 alla diffusione del *rock* progressivo argentino. In quell'anno García e Mestre decisero di sciogliere i Sui Generis con un grande concerto di saluto al Luna Park il 5 settembre davanti a 30.000 persone. Questa data per molti storici segnò la fine del periodo "classico" del *rock* argentino. Dall'anno successivo si passò a una fase di maggiore sperimentazione e sofisticazione, nonostante la repressione che si respirava nell'aria, e la musica divenne più concettuale. Il mito García e le leggende sulla sua vita folle però continuarono a primeggiare per anni sui giornali e ancora oggi è una delle icone più idolatrate della musica argentina».

Anche Terán mi aveva parlato di García regalandomi la copia di un giornale con il suo volto in copertina. «García è la grande *antena porteña* degli ultimi 40 anni. Percepì la pulsazione della città e la descrisse come nessuno altro. Le sue canzoni, infatti, oggi si cantano ogni volta che c'è una chitarra e un gruppo di persone riunite. Dopo i Sui Generis fondò i Serú Girán. Poi cominciò la carriera solista e incise i dischi più rappresentativi del *rock* argentino, tra cui la sua versione dell'inno nazionale che è diventata un classico: *Filosofía barata y zapatos de goma*. È stato un iconoclasta incredibile, un *rocker* incurabile e ribelle cronico, basta dare un'occhiata ai titoli delle sue canzoni, come *Yo sé que soy insoportable*, Io che sono insopportabile. Viene ricordato anche per aver messo più volte la sua vita a rischio per dimostrare con forza le sue posizioni. È passato alla storia il giorno in cui era rincorso dalla polizia fascista di Mendoza e si buttò dal nono piano di un hotel finendo nella piscina per non essere preso».

Un'altra band degna di nota nella storia della musica argentina è rappresentata dai Sumo. «Il gruppo fu fondato da un artista nato a Roma in una famiglia benestante e vissuto in Inghilterra per gli studi, Luca Prodan – dice

Dolores – Arrivò in Argentina nel 1981 e morì a soli 34 anni a causa di una cirrosi epatica. Il suo corpo è stato trovato nella sua casa su Alsina e Defensa il 22 dicembre 1987. Era il cantante del gruppo, uno spirito errante, ma soprattutto un uomo colto, sensibile, energico, dall'intelligenza acuta ed estremamente talentuoso, carismatico e capace di improvvisazione, poesia e umorismo. La caratteristica della musica dei Sumo stava nella capacità di trasmettere la sofferenza con naturalezza. Luca diceva che "Tutti i temi delle canzoni dei Sumo erano predizioni". Amava Buenos Aires. Qui si sentì subito a casa. Io penso che la canzone che maggiormente descrive la sua relazione amorosa con la città, il suo spirito *tanguero* naturale e il suo dolore dell'anima sensibile e lacerata è *Mañana en el Abasto*. Luca è ricordato con rispetto e devozione e i testi delle sue canzoni vengono ancora menzionati in diverse situazioni per le pillole di saggezza che contengono».

Dolores di ferma un istante e mi guarda: «Te ne canto una strofa, la conosco a memoria: *Tomates podridos por las calles del Abasto, / podridos por el sol que quiebra las calles del Abasto. / Hombre sentado ahí, con su botella de Resero, / los bares tristes y vacíos ya, por la clausura del Abasto. / José Luis y su novia se besan por ahí en el Abasto, / yo paso y me saludan bajo la sombra del Abasto. / Parada Carlos Gardel, es la estación del Abasto, / Sergio trabaja en el bar en la estación del Abasto, / piensa siempre más y más, será por el aburrimiento. / Subte Línea B y yo me alejo más del cielo, / ahí escucho el tren, ahí escucho el tren, / estoy en el subsuelo, estoy en el subsuelo*[3]».

Dolores sembra un *juke box*. «Nel cuore di ogni argentino ci sono un tango e un racconto di Borges. A te interessa el Once, vero? Sai, ci sono vari tanghi ambientati a el Once, come *Mano Blanca* scritto nel 1939 da Homero Manzi, che si occupò del testo e Antonio Bassi che curò la musica. E poi c'è *El Once. A divertirse*, un tango di Osvaldo Fresedo. Non c'entra niente con il quartiere, però, contiene un bel messaggio: se a nessuno interessa il tuo dolore, allora non pensarci e divertiti. Te lo canto: *No deje que sus penas / se vayan al viento / porque serán ajenas / al que oye lo cierto. / No espere que una mano / le afloje el dolor, / sólo le dirán pobre y después se acabó... / Por eso*

[3] Pomodori marci lungo le strade dell'Abasto, / marci dal sole che spacca l'asfalto dell'Abasto. Un uomo seduto lì, con la sua bottiglia di Resero, / i bar tristi e vuoti ormai, per la chiusura dell'Abasto. / José Luis e la sua ragazza si baciano lì all'Abasto, / io li incrocio e loro mi salutano sotto l'ombra dell'Abasto. / Fermata Carlos Gardel, è la fermata dell'Abasto. / Sergio lavora nel bar della stazione Abasto, / pensa sempre di più, sarà per la noia. / Metro Linea B e io mi allontano ancor di più dalla terra, / mi allontano ancor di più dal cielo, pure / ecco, sento il treno, ecco, sento il treno, / sono al sottosuolo, sono al sottosuolo.

me divierto, no quiero sentirlas, / no quiero oír lamentos que amarguen la vida; / prefiero que se pierdan / y llegue el olvido / que todo remedia, / que es lo mejor. / Si busca consuelo no vaya a llorar, / aprenda a ser fuerte y mate el pesar. / Sonría llevando a su boca el licor, / que baile su almita / esperando un amor"[4]».

Vado via da *La Perla* con *Mañana en el Abasto* che mi ronza nella testa. Decido di chiamare Alejandro Terán per chiedergli se ha voglia di farmi da guida ad Abasto, per molti un prolungamento del *barrio* Once. Accetta e cominciamo a esplorare insieme l'area. Avverto subito il senso di continuità tra le due zone dettato dalla coesistenza di elementi contrastanti e dalla pacifica convivenza di comunità diverse che gestiscono ristoranti, hotel, teatri, cinema, *locutori* e *kioskos*. «Questo brano dei Sumo è l'espressione di un paesaggio desolante – dice Terán – È la sintesi della visione che Luca Prodan aveva della zona che frequentava spesso durante gli Anni '80, quando il mercato di frutta e verdura non c'era più. L'area dell'Abasto prese il nome proprio dallo storico mercato, inaugurato nel 1893 e chiuso nel 1984. I lavori per realizzare la struttura in ferro dell'edificio che avrebbe ospitato il mercato cominciarono nel 1890 e furono eseguiti dall'azienda Samap (*Sociedad Anónima Mercado de Abasto Proveedor*). Questa struttura oggi viene ricordata, oltre che per la sua bellezza, perché fu la prima a essere stata fabbricata interamente nel Paese. Con il passar degli anni, dal 1931 al 1934, il mercato fu ampliato con un nuovo edificio in cemento, che ricevette anche il *Premio Municipal de Fachadas* del 1937. Quando nel 1984 lo spazio fu liberato per trasferire il commercio di frutta e verdura fuori dalla città, l'area rimase abbandonata al degrado e si riempì di barboni, prostitute, ubriachi e nullafacenti che vegetavano sotto i portici che per un secolo avevo ospitato colorati banchetti».

«Luca non ha mai vissuto all'Abasto ma la sua figura, insieme a quella di Gardel, è associata a questo quartiere» sottolinea Terán. «Negli Anni '80 quest'area era uno spazio di *lumpen* e avanguardie artistiche. Era ricca di locali, come il *Babilonia*, dove si svilupparono movimenti di danza, teatro e musica. Luca veniva qui ogni giorno e, la notte, si trovava spesso ad aiutare

[4] Non permettere che le tue pene / vadano via con il vento / perché saranno estranee / a chi sente ciò che è vero. / Non pretendere che una mano / dia sollievo al dolore, / solo le diranno "Povero" e poi basta… / Perciò mi diverto, non voglio sentirle, / non voglio sentire lamenti che amareggino la vita; / preferisco che vadano perse / e arrivi l'oblio / che tutto fa rimediare, / che è il meglio. / Se cerchi conforto, attenta a non piangere, / impara a essere forte e ammazza l'afflizione. / Sorridi mentre bevi un sorso di liquore, / fa' ballare la tua anima / aspettando un amore.

mendicanti, suicidi e diseredati. Era attratto dalla forte poetica *porteña* di queste strade, che ebbe la sensibilità di percepire e cristallizzare nella canzone così magica e sottile, *Mañana en el Abasto*».

Nel 1999 l'area dell'Abasto subì un'ennesima metamorfosi: l'ex mercato ortofrutticolo fu trasformato in un grande centro commerciale che oggi comprende, oltre a negozi di vario tipo, anche un parco giochi, sale cinematografiche e tanti uffici. Poco distante, sulla *calle* Aguero, c'è un ostello verso il quale in quel momento si dirigono molti giovani. «L'ostello ospita spesso mostre ed eventi culturali. Andiamo a vedere cosa c'è oggi!» dice con entusiasmo Alejandro. Entriamo in un ambiente molto accogliente. Il colore predominante è il rosso e nello spazio comune sono disposte negli angoli comode poltrone. Nel patio centrale esterno un ragazzo sta suonando la chitarra e un altro un violino. La melodia è gradevolissima, anche se irriconoscibile. Mentre ci guardiamo intorno ci viene incontro Leticia Marrone, una sociologa che fa parte del gruppo di giovani che gestisce l'ostello, e ci accompagna a visitare le camere e la mostra di pittura di un artista argentino allestita nella sala centrale.

Leticia, una ragazza dolcissima dai capelli lunghi e castani, gli occhi chiari e un sorriso accogliente, parla italiano per averlo studiato in Italia. Si trova in Argentina per completare le ricerche per la sua tesi di laurea, dedicata al fenomeno delle imprese recuperate in Argentina, ovvero le aziende occupate e auto-gestite dai lavoratori dopo la crisi economica. «Quest'ostello, che chiamiamo Progetto Abasto, è la sede argentina di Progetto Sur, una onlus creata da un gruppo di argentini residenti in Italia che promuove l'affermazione della dignità e dei diritti dell'individuo e dei popoli». Leticia ci mostra il terrazzo, fa una pausa per darci il tempo di osservare la struttura e poi aggiunge: «Progetto Sur opera in Argentina sostenendo le organizzazioni locali attraverso una cooperazione dal basso e realizza in Italia campagne di diffusione e sensibilizzazione sui temi dei diritti umani e delle esperienze argentine di autogestione e tante attività di valorizzazione della cultura argentina. Aprire la nostra sede qui era anche un modo per creare un ponte tra Italia e Argentina. Ospitiamo chi vuole conoscere una Buenos Aires fuori del circuito turistico, genuina, solidale, di gente che si organizza per lottare contro la povertà e l'ingiustizia».

Uscendo dall'ostello ci si avvicina uno strano tipo. È una specie di mago che, tirando fuori vari oggetti dal cappello, ripete a raffica: «*Abracadabra*». Ci guarda fisso negli occhi, fa sparire un mazzo di carte e, sorridendo, dice:

«Una magia per voi, qualche spicciolo per me». «*Abracadabra* è una parola ebraica?» chiedo. «Sì, viene dall'espressione aramaica, l'antica lingua di Gesù, *avarà ve devarà* – risponde – Significa: "mentre parlo creo" e si riferisce a Dio che creò il mondo con la parola. Dio diede vita al mondo per mezzo dell'oralità basandosi sulle lettere dell'alfabeto ebraico, che quindi preesistevano alla creazione dell'Universo, come un compositore dà vita a una musica servendosi della tavolozza dei suoni». Mettiamo qualche *pesos* nel suo cappello apprezzando la sua buona volontà. Quello strano tipo doveva essere uno dei tanti giovani della città, sicuramente un ebreo, che, non trovando lavoro, prova a guadagnarsi da vivere con gli spettacoli di strada. Le sue parole mi fanno ricordare di aver letto che proprio nell'*Aleph* è contenuto il concetto base dell'acquisizione delle verità attraverso la voce, il linguaggio umano. «Con il suono della parola *Abracadabra* io non creo, ma faccio sparire oggetti! – dice salutandoci – *Gracias*. *Abracadabra* amici! Una magia per voi, qualche spicciolo per me».

Capitolo undicesimo

L'Undicesimo Comandamento

L'acqua dei lavandini a Buenos Aires gira al contrario. «Ma dai, non lo sapevi?» esclama Claire di fronte alla mia meraviglia. «Nei Paesi dell'Emisfero boreale la rotazione segue il senso antiorario, mentre in quelli dell'Emisfero australe è orario. È l'effetto Coriolis, dal nome del fisico francese Gaspard Gustave de Coriolis che lo sperimentò nel 1835. È normale che l'acqua qui giri nel senso opposto rispetto all'Italia». Claire è una danzatrice. Veste sempre di giallo, indossa abiti morbidi e lega i capelli lunghi e chiari con gli steli dei fiori. Ha solo 26 anni e già insegna tango a tempo pieno con fare professionale e magnetico. «Per capire l'anima dei *porteños* è necessario imparare a ballare il tango», cosicché, prima del mio ritorno a Roma, decido di prendere qualche lezione di ballo da lei. Per arrivare nella sala del palazzo della *calle* Junín dove Claire insegna ogni venerdì mattina, si deve salire una ripida e stretta scala a chiocciola. Ha la forma di una spirale che ruota in senso orario, come l'acqua dei lavandini di Buenos Aires. Nell'aria, salendo i gradini, si sente sempre il profumo d'incenso alla lavanda che scende dalle scale insieme al suono di *mantra* in sanscrito recitati da Claire prima di ogni lezione. Lo fa per favorire la concentrazione in una posizione che la ritrae inginocchiata con le mani sulle gambe, a occhi chiusi, di fronte allo specchio per 11 minuti. «Lo yoga permette di unificare gli opposti, superare le dualità e raggiungere equilibrio e pace» dice cambiando cd nello stereo e spiegando che la meditazione va fatta per 11 minuti, 31 o un'ora. Lei sceglie sempre la prima opzione.

Parte la melodia di un tango e l'atmosfera in sala muta completamente. Dall'India torniamo in Argentina e ci prepariamo ad abbandonarci all'abbraccio della danza tanghèra e a intraprendere un viaggio di scoperta del nostro partner. «Ogni arte ci permette di esplorare prima l'Altro e poi noi stessi» dice chiedendo a tutti di indossare le scarpe giuste per la lezione. Non è insolito a el Once incontrare ballerini di tango vestiti da guru indiani come Claire che porta un nome francese, legge la vita con gli occhi di un'orientale, prega il dio Brahmā e balla il tango con un perfetto stile *milonguero*. Claire fa parte di quella categoria di persone che ho incontrato solo a Buenos Aires: figure sapienti apparentemente contraddittorie, sospese tra sogno e realtà, capaci di volare mantenendo ben salde le proprie radici nella terra.

«Che traccia lascia l'acqua quando scorre nei lavandini?» chiede alla classe. Nessuno risponde. «Lascia una memoria, esattamente come l'impronta dei piedi sulla sabbia bagnata quando camminiamo sulla riva – spiega – Anche se le onde del mare poi la cancellano, qualcosa rimane: resta la memoria del nostro passaggio in quel punto. Così la danza lascia tracce nell'aria. Quando un movimento finisce, nello spazio resta una materia. Non solo un'immagine o una sensazione, ma una sostanza palpabile, anche se non si vede. Nel movimento del ballo non c'è un inizio e una fine, ma un flusso continuo teso all'infinito, come le onde che si rincorrono sulla riva dell'Oceano. Le nostre impronte sulla sabbia sono una memoria del nostro passato e per vederlo dobbiamo andarlo a cercare. Il desiderio di tutti è lasciare nel mondo tracce visibili e concrete. Pochi si rendono conto di lasciare segni tangibili anche nell'invisibile. Bene, questo sarà il nostro esercizio di oggi». Mentre ballo in quella stanza luminosa cercando l'equilibrio e conquistando spazio nell'aria e sul pavimento, ripercorro la tappe della mia ricerca e improvvisamente l'esperienza del corpo mi rivela i confini e la forma del *barrio* Once. Sono i miei movimenti a disegnare il perimetro del quartiere invisibile in cui mi ero mossa per giorni e a farmi sentire il punto di unione delle sue due parti contrastanti.

Dopo la lezione, ancora frastornata dai movimenti fisici e interiori provocati dalla danza, passeggio sulla *calle* Junín prima di entrare in un bar, prendere un caffè e rileggere gli appunti raccolti. Il momento di partire si avvicina ma non penso di essere pronta a scrivere la storia dell'Undicesimo Comandamento. Ogni frase annotata sui miei quaderni si biforca in infinite direzioni e il *puzzle* che provo a ricostruire mi dà sempre un'immagine incompleta. Nonostante i contorni del *barrio* Once mi si stiano sempre più chiaramente rivelando, mi sento ancora in un labirinto. «Scrivere un libro e costruire un labirinto sono una cosa sola» diceva Borges nel racconto *Il giardino dei sentieri che si biforcano.*

Qual è l'Undicesimo Comandamento? Scorro con lo sguardo gli appunti e trovo che per molti «non è affatto necessario aggiungere un nuova regola alla lista già esistente». «Se tutti comprendessero e rispettassero i primi Dieci, sarebbero già una guida ideale per l'Umanità» era l'idea di Vera Vigevani Jarach. «Non pensiamo all'Undicesimo Comandamento! Già le tavole date a Mosè sul Monte Sinai contengono la chiave del futuro. È lì che troviamo lo statuto di libertà, democrazia e universalità del diritto di cui tutti vorremmo e dovremmo essere figli legittimi» è stato il pensiero di Gael. Per Lycia, una psicologa conosciuta al concerto del Hypnofón Orchestra, «il *mandamiento numero once* si trova ogni giorno sui volti della gente, del popolo che ha bisogno di aiuto. Basta avere il coraggio di guardarlo in faccia allargando il senso del sé e cancellando le distanze». «L'Undicesimo Comandamento è il rispetto del Diverso nelle nuove società plurali» aveva sintetizzato Veronica, l'architetta amante della Qabbaláh. Netta era stata anche la risposta di Moni Ovadia: «Distinguerai! Oggi tutti tendono a fare di ogni erba un fascio: distinguere una cosa dall'altra e coglierne le differenze senza giudizi e pregiudizi può essere una nuova regola per il mondo». Anche Julian, l'uomo incontrato al *Café de los Angelitos*, pensava che il dialogo tra persone fosse possibile solo nell'accettazione primaria delle differenze degli altri. «Io posso conoscere l'Altro e dialogare con lui solo se conosco e accetto le diversità, quelle della sua persona, del colore della sua pelle, della razza, della lingua, della cultura, della religione, del carattere. Ecco la fratellanza universale». Ma ancora più ricorrente era stata l'affermazione: «Ti riferisci al detto popolare che dice: l'Undicesimo Comandamento è fatti gli affari tuoi?».

Ho appuntato tutto, anche quest'ultima risposta, ma nessuna sembra sciogliere l'enigma. Non mi perdo d'animo: ho ancora qualche incontro in agenda prima del mio volo per l'Italia che forse mi può fornire materiale utile per aprire tutte le stanze del Castello. Il rabbino Abrahamo mi aspetta alla cerimonia per lo *Shabbat* nel *Tempio Libertad*, un musicista di el Once, da poco trasferitosi a Parque Chas, attende che vada ad ascoltare le sue ultime composizioni e la sarta della *calle* Uriburu deve consegnarmi un vestito.

Le donne in sinagoga non hanno un ruolo. Nonostante l'ebraismo attribuisca loro la funzione di trasmettere la tradizione e l'identità ebraica alla prole, alle nuove generazioni, in sinagoga è imposto loro di stare in disparte e seguire il rituale da lontano, nei matronei, punti di osservazione da cui si guarda senza essere viste. È agli uomini che spetta il compito di leggere la Torah e celebrare il rito per lo *Shabbat*. Io naturalmente vengo invitata a sedere in disparte, con le altre donne. «Non scrivere, non è permesso» mi ammonisce subito una signora seduta alla mia destra quando tiro fuori dalla borsa penna e quaderno per registrare le prime sensazioni dell'esperienza. Avevo dimenticato che durante lo *Shabbat* non è consentito esercitare alcuna attività, neanche scrivere. Pur non essendo ebrea, sono costretta a rispettare questa regola e quindi a imparare a memorizzare gli eventi con gli occhi invece di prendere maniacalmente appunti, come sono solita fare. «Le fa piacere se dopo parliamo un po'?» mi chiede la signora, con la sguardo di una mamma apprensiva che sente il bisogno di spiegare qualcosa al proprio figlio. Le sue parole mi conducono in nuovi sentieri del labirinto della tradizione *judía*.

Torah in ebraico vuol dire dottrina, insegnamento. Per gli ebrei rappresenta la sacra scrittura ed è formata da cinque libri. Contiene la storia del popolo di Israele dalla Creazione in poi e un insieme di leggi e regole, tra cui i Dieci Comandamenti ricevuti nel deserto da Mosè riconosciuti anche dal cattolicesimo. Ebrei e cristiani hanno in comune i libri dell'Antico Testamento che sono la prima parte della Bibbia. La Torah è scritta a mano su una pergamena che si arrotola su due bastoni. Viene letta in sinagoga tre volte la settimana insieme alle preghiere. Nel giro di un anno vengono letti tutti e cinque i libri della Torah ed esiste un giorno, *simchat torah* (gioia), che cade nel periodo delle feste autunnali dopo il capodanno e la festa delle capanne, in cui si finiscono di leggere le ultime parole del quinto libro e si ricomincia subito dopo la lettura dall'inizio. Simbolicamente non ci deve essere interruzione in questa lettura.

Quando i rotoli della Torah non sono in lettura devono essere sempre ricoperti, protetti da mantelli. Devono essere aperti nel giorno dedicato dalle persone giuste e poi riposti nel santuario della sinagoga. Le donne educano i figli e praticano la circoncisione (*milà*) ai bambini maschi all'ottavo giorno dalla nascita. Quest'atto è il simbolo della consacrazione del patto stabilito tra il popolo d'Israele e Dio fin dai tempi di Abramo. Verso i cinque anni, allorché il bambino è in grado di leggere viene avviato allo studio dei testi religiosi per prepararsi all'esame della cerimonia del *bat-mitzvà*. Quest'ultima per i maschi si tiene all'età di 13 anni e segna la "maggiorità religiosa", l'ingresso nella comunità da membro-adulto, mentre per le femmine si svolge un anno prima.

Ascolto senza scrivere una riga sul mio taccuino. Gli occhi della signora sembrano chiedermi un commento ma io preferisco rispondere con il silenzio. Conoscere una cultura diversa significa ascoltare e rispettare, senza giudicare, assolvere o demonizzare le differenze. «Il Talmud ci dice che un uomo deve fare tre cose nella vita: piantare un albero, scrivere un libro e fare un figlio – aggiunge – *Tevorach,* che Dio ti benedica. *Shalom* ragazza coraggiosa, pace!». La ringrazio e prendo un taxi, «Parque Chas, *por favor*». Per la prima volta dopo tanti giorni decido di trascorrere un giorno lontano da el Once.

A Parque Chas mi aspetta David, un musicista autore di colonne sonore conosciuto come «il costruttore dei labirinti». È stata una giornalista incontrata a casa di Ariel a insistere: «Prima di partire devi assolutamente ascoltare la musica di David». Detto fatto. Sono uscita dal *barrio* Once per conoscere le composizioni di questo musicista cresciuto in una casa sulla *calle* Mitre e oggi padrone delle strade di Parque Chas. Ci incontriamo all'incrocio della fermata del *subte* della linea B *De Los Incas – Parque Chas*. David ha poco più di trent'anni, capelli scuri, folti e ricci, occhiali tondi sul naso, sguardo birichino e indossa una t-shirt bianca, *gilet* grigio e scarpe da tennis. Cammina saltellando. Mi dà il benvenuto e mi invita a seguirlo nel *barrio laberinto*. Per seguire il suo passo scattante e baldanzoso, mi è impossibile prendere appunti. Così mi lascio guidare per le stradine curve e verdeggianti di Parque Chas con mani e sguardo liberi. «Da questo punto comincia il labirinto» dice David. Ogni via appare come un tunnel scuro e inquietante. La luce filtra solo attraverso gli spazi lasciati vuoti dalle foglie degli alberi. Le ombre dei rami creano a terra disegni indecifrabili, eppure sono proprio quelle sagome a contenere indicazioni sulla direzione da seguire. A Parque Chas non esistono cartelli stradali. La sua forma sembra concepita apposta per perdersi e provare le vertigini. «È uno dei pochi quartieri di Capital Federal che nasce su un perimetro irregolare – spiega – Qui non trovi le *cuadras* che somigliano ai *blocks* di New York, come nel resto della città. Esiste una sola strada retta, la *calle* Gándara, il resto è formato da viuzze circolari che fanno perdere non solo tassisti e postini, ma anche chi ci vive da anni. Ogni strada somiglia a un'altra e ti trovi sempre davanti a un bivio che costringe ogni volta a prendere una decisione».

«Testa o croce?» chiede David maneggiando una medaglia che ricorda lo *zahir*, la vecchia moneta argentina. Non suggerisco nulla, non voglio entrare nel tormento della scelta. Anzi, immagino di trovarmi dentro una rosa i cui i petali si avvolgono come in una spirale che porta a un centro. Chiedo a David di scegliere, e prendiamo la direzione suggerita dalla moneta. Ci ritroviamo nel cuore del quartiere nel quale confluivano sei strade. Qui l'aria è più fruttata. Ogni strada porta il nome di una città europea. Arrivati nel centro c'è una fontana, un *kiosko* e un piccolo mercato. Percorrere queste viuzze strette e alberate mi dà la sensazione di essere seduta su un mappamondo che gira vorticosamente. Guardare l'Argentina dall'Europa restituisce l'immagine di una terra ai margini del globo. Del resto, l'Argentina è il Paese più meridionale del mondo che si appuntisce calando giù fino a Capo Horn verso l'Antartide. Eppure, guardare l'Europa dall'Argentina mi dà la stessa sensazione. Saltello intorno al mondo e mi diverto a capovolgerlo di continuo. «Ma qual è il centro?» chiedo. «I centri sono danzanti, si rinnovano continuamente – dice David – Non saprei dirti qual è il centro, ma mi accorgo quando mi sto dirigendo verso la sua direzione. Può essere qualsiasi punto. Lo stesso avviene nella musica. Andiamo nel mio studio, ti faccio ascoltare qualcosa».

Il suo studio è pieno di fotografie in cornici arabesche, piante rampicanti sulle pareti e mozziconi di sigarette nei posacenere. Ogni brano contiene armonie circolari e melodie che si biforcano, come Parque Chas. «Sono un architetto di suoni e cerco l'Assoluto con la musica – spiega – Lo faccio viaggiando a Parque Chas ogni giorno e cercando l'esistenza di due polarità, un punto A e un punto B, come l'Artide e l'Antartide. Penso che il contenuto sia nascosto nel centro, celato dietro simboli e numeri. Studio la Qabbaláh. Sai, anche Bach era innamorato dell'arte del numero! È noto che nella sua biblioteca c'era lo scritto *Judaismus* (Amburgo 1707) del teologo luterano a lui caro, Johannes Müller: "Se si ricorre alla Qabbaláh non soltanto per illustrare la Sacra Scrittura – vi si legge – bensì anche per alludere al proprio ingegno, ciò non sarà contrario al volere di Dio, né rientrerà tra le pratiche magiche, ma sarà prossimo alla fede cristiana (...). Ciò può accadere senza che la coscienza ne sia ferita"».

Lascio Parque Chas frastornata e con un gran desiderio di tornare nel *barrio* Once, diventato per me ormai come uno *zahir* borgesiano, un qualcosa che, una volta scoperto, non si dimentica. Più mi allontano da el Once, infatti, più si rafforza in me la sua presenza. Nel racconto *El Zahir*, Borges prese in prestito questo termine dalla lingua araba che nei Paesi musulmani è usato sia per indicare uno dei 99 nomi di Dio, sia per definire «gli esseri e le cose che hanno la terribile virtù di essere indimenticabili e la cui immagine finisce per rendere folli gli uomini». «Il tempo, che attenua i ricordi, rafforza quello dello *Zahir*» diceva lo scrittore aggiungendo che «Per perdersi in Dio, i sufi ripetono il suo nome o i novantanove nomi divini finché questi non vogliono più dire nulla». Come un sufi, in quel momento, immagino di girare su me stessa ripetendo all'infinito il nome el Once, moltiplicandone i significati. Il vortice si ferma solo quando il taxi accosta e mi lascia sulla *calle* Junín.

Quando scendo vedo sul marciapiede di fronte, esattamente dove lo avevo incontrato tempo prima, il mendicante che mi sorrise. Ha un bell'aspetto ed è ben vestito, con un cappello da marinaio in testa. Dimostra circa sessant'anni. Lo saluto e lui mi risponde dicendo: «Il cappello è il mio fedele amico, lo porto sia d'estate che d'inverno». Siede sul marciapiede come tutti gli altri mendicanti che ho incontrato a Buenos Aires, ma la sua postura è diversa e il suo sguardo non sembra chiedere nulla ai passanti, anzi dimostra una gran voglia di dare. Ha a fianco un mucchio di giornali stropicciati e libri malandati che sembra aver consumato con la lettura. Non faccio domande, ma lui sembra leggere le curiosità che navigano nei miei pensieri. «Leggo ogni giorno. La lettura per me è un vizio. In questo momento sono concentrato sulla storia di un topo che per cibarsi rosicchia libri invece di succhiare il seno della mamma. Mi identifico con questo animale che guarda il mondo da un angolo nascosto, appartato e lontano dalla luce, ma vive a contatto con tutta la sapienza del mondo. E poi faccio la barba ogni giorno. Ho un rasoio che porto sempre con me. Oggi non l'ho ancora fatta».

Il mendicante fa una pausa poi dice, mentre una raffica di vento gli sposta il cappello, «Mi chiamo Saverio, piacere!». Dalla tasca del cappotto fuoriesce un rosario dal quale penzolano ciondoli con piccole fotografie. «Prego ogni giorno in orari differenti. Quando mi va. È una cosa importante, alla faccia di chi bestemmia. A Buenos Aires tutti invocano Dio. Dio maledice solo la politica e i politici». Visto il nome che porta, Saverio potrebbe essere un cattolico forse di origini italiane, penso. «I miei genitori sono nati in Basilicata – dice infatti – Tutta la mia famiglia è morta. Sono rimasto solo. Piango ogni giorno perché sono solo». Saverio parla quattro lingue, spagnolo, italiano, inglese e tedesco e conosce la letteratura, la filosofia, la psicologia, l'astrologia e la teologia. Ha letto i Vangeli, il Corano, la Torah. «Questi libri dicono la stessa cosa» dice stringendo le labbra come se stesse archiviando un'informazione, poi comincia a elencare poesie, favole e barzellette. Racconta che abita da sette anni sui marciapiedi di el Once. È percepito dagli abitanti del quartiere come un «arredamento fisso» delle strade. «Che ti preoccupa cara bimba? *¿Cuantas vueltas tiene la oreja*? Gli argentini usano questa frase, che letteralmente significa "Quanti giri fa l'orecchio", per dire: "In quante cose ti stai ingarbugliando?". Oscar Wilde diceva: "Se hai trovato una risposta a tutte le tue domande, vuol dire che le domande che ti sei posto non erano giuste". Tutte le persone che incontro cercano sempre qualcosa, io non cerco più. Qui l'uomo cerca la libertà anche nella divinità. Ma cercare la libertà è la più grande delle catene. Si è liberi solo quando la libertà non è più la nostra meta. Anche Dio non va cercato risolvendo enigmi difficili. Se ci guardiamo intorno, lo scorgiamo mentre gioca con i bambini, mentre si muove tra le nuvole e allarga le braccia ai lampi e poi scende con la pioggia. A primavera lo si vede sorridere nei fiori e agitare le mani negli alberi. A primavera mi sono innamorato di una ragazza che lavorava al bar della *calle* Junín, ma anche lei mi ha lasciato solo. Sempre solo».

Continuo ad ascoltare le parole di Saverio senza fiatare. «Se cerchi una storia da scrivere pensa che il segreto della grandi storie è che non hanno segreti. Le grandi storie sono quelle che abbiamo già sentito e che vogliamo sentire di nuovo perché già sappiamo come vanno a finire. Le ascoltiamo come se non conoscessimo la fine, allo stesso modo in cui sappiamo che un giorno dovremmo morire, ma viviamo come se non lo sapessimo». Poi d'improvviso smette di parlare e guarda il cielo. Si alza da terra, fa un inchino e mi saluta baciandomi la mano con eleganza: «Ciao bimba. Ogni passo è la meta. Ora devo andare a fare la barba. Sono impresentabile. Ricorda però: la conoscenza è mettersi all'ascolto dell'Altro. Forse l'Undicesimo Comandamento è ascoltare l'Altro, come stai facendo tu».

Il volto di Saverio non è affatto impresentabile. È sì consumato dal tempo, le rughe si fanno strada su una pelle poco curata, ma la sua espressione esprime una pace che non ho scorto in nessun'altra persona. «Il volto umano non è la testimonianza del trionfo istituzionale del bene, ma della possibilità del bene, della possibilità per l'uomo di essere buono verso l'altro uomo o piuttosto della possibilità di leggere sul volto dell'altro uomo la vocazione, il richiamo alla bontà» diceva Lévinas. Saverio mi regala questo richiamo: la reale possibilità di una fratellanza universale, la stessa idea che mi aveva donato il rabbino Abrahamo qualche giorno prima. «Nella bontà c'è la parola di Dio che nel Levitico dice al suo popolo: "Davanti a me siete tutti stranieri". Ne consegue il più importante principio del pensiero ebraico: "Amerai lo straniero"». Esiste solo un modo per vivere in pace in questo mondo, infatti: da stranieri tra gli stranieri.

Il mio tempo sta per scadere. Il volo per Roma è fissato alle 11,00 di questa sera. Vado a salutare Claire, mentre le parole di Saverio si avvolgono nella mia testa come una spirale che gira al contrario, esattamente come l'acqua nei lavandini di Buenos Aires, amplificando l'effetto che ogni volta mi fa salire la scala a chiocciola. Entrando resto incantata dai movimenti di Claire; danza da sola e le sue braccia disegnano un otto nello spazio. L'8 è il simbolo dell'Infinito, lo stesso della Forza, la carta XI dei Tarocchi pescata nel mazzo della maga.

«Quando ballo – dice Claire – mi sento vicina all'Infinito. Dio e Infinito possono essere la stessa cosa». Le sue parole sono una chiave per aprire una porta del Castello. Etere in ebraico si dice *avir*, che letteralmente vuol dire aria. È sinonimo di quintessenza e ha a che fare con il Cielo. Questa parola nella Qabbaláh si riferisce al velo che copriva i corpi di Adamo ed Eva prima del loro peccato. Dopo aver mangiato dall'Albero della conoscenza del Bene e del Male, Adamo ed Eva «si accorsero di essere nudi»[1]. Questo è il momento in cui scompare il velo di *avir* e diventano umani.

Il *barrio* Once mi ha regalato la nudità. Giocare a nascondino e contemporaneamente a caccia al tesoro in questo quartiere è stato come entrare nella cantina in cui Borges scoprì l'*Aleph*. «Vidi l'*Aleph* da tutti i punti, vidi nell'*Aleph* la terra e nella terra di nuovo l'*Aleph* e nell'*Aleph* la terra, vidi il mio volto e le mie viscere, vidi il tuo volto, e provai vertigine e piansi, perché i miei occhi avevano visto l'oggetto segreto e supposto, il cui nome usurpano gli uomini, ma che nessun uomo ha contemplato: l'inconcepibile Universo. Sentii infinita venerazione, infinita pena»[2].

Claire si offre di accompagnarmi in aeroporto, ma prima mi affretto ad andare a provare l'abito che Mara, la prosperosa e materna sarta della *calle* Uriburu, ha cucito per me. Sono ansiosa di vedere il vestito perché non ho scelto la fantasia del tessuto al momento dell'ordinazione. Ho solo lasciato le mie misure e indicato il modello. «Eccolo» dice la signora, porgendomi l'abito con le sue mani lunghe e affusolate. «I fiori sono quelli della Principessa della notte e il colore è il giallo, il colore del Sole, l'unica stella che si vede a occhio nudo. Spero che lo indosserai con la fierezza di una stella. Questo vestito è come el Once: caldo al tatto e alla vista, liquido e mobile come il movimento degli steli dei fiori della tela che sembrano galleggiare sull'acqua e ricco di infinite possibilità come l'albume dell'uovo, al centro tra il nucleo e il guscio. Puoi indossarlo come vuoi. Con questo modello puoi essere elegante e sportiva, bambina e donna, aggressiva e accogliente, figlia e mamma, santa e prostituta. Puoi essere infinite donne. *Suerte*! Buona fortuna!».

Con le valigie pronte e il biglietto aereo in mano, vedo sempre più chiari i confini del *barrio* Once e sento tra le sue strade un senso di unione, ma ancora non capisco perché i *porteños* negano ogni appartenenza a questo quartiere, perché l'hanno reso invisibile. Ho l'impressione che gli abitanti di Buenos Aires evitano di guardarsi allo specchio.

Ricordo le parole di Gael: «Se si raschia a fondo sotto la pelle degli *porteños*, si può scoprire che le fondamenta di chi vive in questa città sono impregnate di cultura ebraica più di quanto il suo popolo ne sia consapevole. Questa cultura arrivata alla fine dell'‘800 ha influenzato nel profondo, più

[1] Versetto della prima *Parasha* del primo libro della Bibbia ebraica.
[2] Jorge Luis Borges, *L'Aleph*, op. cit.

di quella italiana e spagnola, l'anima degli abitanti di Buenos Aires. Pur essendo un popolo poco abituato a rispettare le regole, al contrario delle comunità ebraiche, gli argentini, comunemente definiti "italiani che parlano spagnolo, vestono come gli inglesi e credono di essere francesi", sono più ebrei di quanto se ne rendano conto per la raffinatezza, il senso critico e autocritico, l'amore per la famiglia, un sotterraneo senso di inferiorità, la voglia di mettersi in discussione e migliorarsi e la tendenza a rimpiangere ciò che si è perso. Accettare l'esistenza del *barrio* Once, così snobbato ma pregno di identità *porteña*, potrebbe essere un modo per specchiarsi».

«Puoi partire soddisfatta – dice Claire – A te che sei un'*incurable preguntona*, un'inguaribile curiosa, el Once ha insegnato a fare meno domande e a prendere meno appunti».

E l'Undicesimo Comandamento? Forse il quartiere me lo ha donato... Ma se lo avessi ascoltato e poi dimenticato? Scoprire un segreto nascosto e poi lasciarlo andare nei territori dell'oblio della propria anima permette di moltiplicare il piacere della ricerca. In questo *barrio* apparentemente invisibile, infatti, ho imparato a dimenticare le strade percorse per poi cercarle ancora solo per il gusto di perdermi e ritrovarmi nuovamente in un sistema dove ogni punto è connesso a infiniti altri punti. Esplorare el Once è stato come imbattermi in uno specchio che di fronte ha un altro specchio e nel quale, specchiandosi, si può entrare in contatto con l'effetto ottico della molteplicità che conduce all'Infinito, in cui lo specchiato si scopre Infinito.

«Ogni essere umano è nato per scrivere un libro, perché nessuno passa sulla terra senza lasciare una traccia. Non importa su quale argomento, tradizione o cultura. Dobbiamo pensare che il nostro patrimonio è l'Universo e che esiste un Dio unico per tutti – dice Claire dandomi un bacio – Chiama ogni tanto dall'Italia! E ricorda: il prefisso di Buenos Aires è 011».

Glossario

Arrabal – periferia di Buenos Aires;
asado – tipico modo di cucinare la carne;
avenida – strada grande;
barrio – quartiere;
boliche – discoteca;
cabalechero – commerciante di roba vecchia;
café contado – caffè con un po' di latte;
calle – strada piccola;
caftano – lungo vestito tradizionale degli ebrei;
carapintadas – corrente di miliari ribelli e contraria alle istituzioni democratiche presente nella polizia e nell'esercito argentino e coinvolta nella dittatura 1976-1983;
cartoneros – gruppi di persone che per sopravvivere, dopo la crisi del 2001, hanno iniziato a raccogliere cartone e carta fra la spazzatura per rivenderla alle cartiere;
charla – chiacchierata;
clapers – venditori ambulanti;
colectividad – collettività;
colectivos – autobus cittadini;
compadrito – abitante tipo dell'Argentina;
conventillos – enormi edifici di periferia con cortile;
criollo – sudamericano di origine spagnola;
cuadras – reticolato di strade;
cuenténikes – venditori ambulanti;
desaparecidos – parola entrata nel linguaggio comune e si riferisce ai più di 30.000 scomparsi durante la dittatura militare del 1976-1983;
empanadas – pietanza tipica, raviolo ripieno di carne o verdure;
esquina – angolo tra due strade;
fiesta – festa;
fileteado – decorazione tipica di Buenos Aires;
gauchos – abitante della pampa;
guerra sucia – guerra sporca;
indios – indirgeni;
kiosko – chioschetto;
judíos – ebrei;

lunfardo – antico dialetto di Buenos Aires;
manzana – isolato;
medialuna – cornetto;
mezcla – miscuglio;
milonga – luogo dove si balla il tango;
milonguero – ballerino di tango;
músico – musicista;
negocios – negozi;
omnibus – autobus per fuori città;
porteños – sono definiti gli abitanti di Buenos Aires per la vicinanza con il porto;
puta – prostituta;
papelito – foglio di carta;
piqueteros – disoccupati che protestano;
reductos – scantinati usati per feste;
semana tragica – settimana tragica;
tablita – calendario che stabiliva in anticipo i ritocchi del cambio tra il dollaro e il *peso*;
tomar – bere;
triple frontera – tripla frontiera.

Ringraziamenti

Ringrazio di cuore Eduardo Almirantearena, Francesca Ambrogetti, Joaquin Amenábar, Roberta Arcangeli, Luis Bacalov, Luca Bellino, Mourad Ben Cheikh, Alfonso Benadduce, Marcelo Birmajer, Valerio Bispuri, Fiammetta Bises, Claire Buisson, Grazia Caleo, Luciano Ceccarelli, Chiara Civello, Gabriele Coen, Ulisés Conti, Ivana Costa, Romina Cozzani, Giorgiana Cristalli, Jorge Ithurburu, Daniel De La Seta, Renato Del Mastro, Stefania Divertito, Javier Garnica, Federico Geremei, Vera Giovannini, María Gonzalez, Maximiliano Gonzales, Nora Glűckmann, Dario e Ariel Gabriel La Rosa, Meri Lao, Giacometta Limentani, Leandro Lopez, Silvia Luzi, Alessandra Martinelli, Mara Matta, Valerie McGuire, Katiuscia Magliarisi, Leticia Marrone, Carlotta Mismetti Capua, Veronica Morello, Ariel Pennisi, Silvia Ponte, Jolanda Provato, Lidia Riviello, Marianna Rizzini, Maurizio Salvi, Marino Scarpocchi, Giorgia Sciandro, Thomas Seyler, Serafino, Andrea Spizzichino, Raffaella Spizzichino, Emma Stitzman, Emilio Sturla-Furnò, Alejandro Terán, e ancora l'ambasciata argentina, la Provincia di Salerno, Icei, Asal, Progetto Sur, i miei genitori e tutte le persone che mi hanno raccontato la loro storia.

www.infinitoedizioni.it
info@infinitoedizioni.it